管理者之翼

Management Wings

张晓成 著

企业管理出版社
ENTERPRISE MANAGEMENT PUBLISHING HOUSE

图书在版编目（CIP）数据

管理者之翼 / 张晓成著. —北京：企业管理出版社，2024.5

ISBN 978-7-5164-3061-3

Ⅰ.①管… Ⅱ.①张… Ⅲ.①企业管理 Ⅳ.①F272

中国国家版本馆CIP数据核字（2024）第080950号

书　　名：	管理者之翼
书　　号：	ISBN 978-7-5164-3061-3
作　　者：	张晓成
策　　划：	蒋舒娟
责任编辑：	刘玉双
出版发行：	企业管理出版社
经　　销：	新华书店
地　　址：	北京市海淀区紫竹院南路17号　邮　编：100048
网　　址：	http://www.emph.cn　电子信箱：metcl@126.com
电　　话：	编辑部（010）68701661　发行部（010）68701816
印　　刷：	三河市荣展印务有限公司
版　　次：	2024年5月第1版
印　　次：	2024年5月第1次印刷
开　　本：	700毫米×1000毫米　1/16
印　　张：	16.5印张
字　　数：	295千字
定　　价：	78.00元

版权所有　翻印必究　·　印装有误　负责调换

自序

我历来相信,自然、人文和实践三大因素,构成了管理行为中相互依存、相互作用、相互制衡的复杂关系。

于是,在先后完成讲求"自然"的《管理者之道》和注重"实践"的《管理者之鉴》的写作之后,在无数个流火或是清冷的日子里,我都会把自己的目光投注于这本以"人文"见长的《管理者之翼》的写作上。

在本书中,我既要揭示过去未曾揭示的在管理理论中不易探究的本原,也要回答以前没有回答的在管理实践中容易忽略的问题。其中,某些立场和观点可能并不成熟和笃定,但我仍指望其能为管理者深入观察和审视企业与企业环境,发现并适应企业生存与发展的客观规律,顺势而为,提高企业的运行效率和市场竞争力,提供若干带有一定开创性、哲理性或前瞻性的管理思想。

拿破仑有一句名言:"世上有两种力量——利剑和思想;从长而论,利剑总是败于思想之下。"

托尔斯泰也曾说过:"文明的建立,靠的不是机器而是思想。"

而在管理中,思想的价值是什么?

我以为，思想可以指引并鼓舞现在或未来的管理者，前行不辍，它就像一条小路，穿过荆棘，越过荒原，一头扎进了光明的所在。

张晓成

二〇二一年秋

目 录

第 1 章　理论与方法　// 001
 1.1　对企业的基本认识　// 001
 1.2　企业运营其实很简单　// 003
 1.3　经营管理的终极目标　// 004
 1.4　企业经营的"锦囊妙计"　// 005
 1.5　"闭门造车"与"生搬硬套"孰是孰非　// 007
 1.6　对待管理理论与方法的态度　// 008
 1.7　值得遵从的观点　// 011
 1.8　应该谨记的法则　// 022
 1.9　如果对企业管理来一番哲学思考的话　// 027
 1.10　扼要易用的"管理学理论 2×2 体系"　// 030

第 2 章　企业文化　// 032
 2.1　话说企业文化　// 032
 2.2　精神的力量　// 037
 2.3　企业的使命　// 038
 2.4　什么叫好企业　// 040
 2.5　初衷不改　// 041
 2.6　无愧我心　// 045
 2.7　品牌是企业生命的符号　// 046

2.8 "自我"究竟好不好   // 047
2.9 仰望星空与脚踏实地的关系   // 049
2.10 企业文化不能仅仅停留在认识层面   // 051

第3章 战略管理   // 053

3.1 商业的本质   // 053
3.2 成功的商业模式   // 055
3.3 对战略选择的考量   // 057
3.4 真正可以称作"战略"的战略其实并不多   // 059
3.5 没有什么战略可以"通吃"   // 061
3.6 "赌徒""懒汉"的心态是企业战略决策的天敌   // 062
3.7 多元化战略真的很香吗   // 064
3.8 企业成功的秘诀   // 066
3.9 生存与发展的战略冲突   // 069
3.10 在企业欣欣向荣的时候   // 071
3.11 失败与成功常常是一对"欢喜冤家"   // 072

第4章 组织架构   // 075

4.1 组织设计和组织管理的根本目的   // 075
4.2 组织为何总爱分分合合   // 077
4.3 职能部门和业务单元：常见且有区别的两类组织   // 078
4.4 直线式组织：一场管理层级与管理跨度的博弈   // 080
4.5 矩阵式组织：聚焦于组织整体的协同效应   // 081
4.6 球链式组织：旨在充分满足客户的需求   // 083
4.7 集成式组织：靠他人唱戏而由自己搭台赚钱   // 085
4.8 非典型组织：形形色色且各领风骚   // 086
4.9 临时组织：因工作任务而聚散   // 090
4.10 虚拟组织：因市场机会而离合   // 091
4.11 组织会消失吗   // 093

第5章 　行政管理 　// 096

- 5.1 　对"办公室主任"一职的再认识 　// 096
- 5.2 　行政管理也不应脱离市场化 　// 098
- 5.3 　文件管理的关键在于分类管理 　// 100
- 5.4 　会议管理的核心在于计划管理 　// 101
- 5.5 　让沉睡的档案活起来 　// 103
- 5.6 　负面舆情处置的原则就一个 　// 104
- 5.7 　领导说了算天经地义 　// 105
- 5.8 　决策的要义 　// 107
- 5.9 　个人决策与集体决策之"尺有所短，寸有所长" 　// 109
- 5.10 　没有执行，再好的决策也是瞎扯 　// 111
- 5.11 　"防患未然"应该比"惩前毖后"要来得高妙 　// 113

第6章 　人力资源管理 　// 115

- 6.1 　人力资源管理的实质 　// 115
- 6.2 　职位管理是开展人力资源管理的前提 　// 117
- 6.3 　相马赛马应"彼所属、此所依" 　// 118
- 6.4 　对企业来说，智商情商孰轻孰重 　// 119
- 6.5 　招人之难与破解之道 　// 123
- 6.6 　帕金森定律的"爬升金字塔"不是不可撼动 　// 124
- 6.7 　彼得原理的"魔咒"并非无法破解 　// 126
- 6.8 　人怎样才能成长和进步 　// 128
- 6.9 　领导与管理者其实并无二致 　// 130
- 6.10 　企业应成为改造人性弱点的舞台 　// 131
- 6.11 　选用干部的基本原则 　// 133
- 6.12 　人力资源部门的新使命 　// 135

第7章 　财务管理 　// 140

- 7.1 　财务管理的本质 　// 140

7.2 与业务部门最"亲"的职能部门当属财务部吗 // 141

7.3 让预算成为企业年度经营工作的定海神针 // 143

7.4 影响企业重组成败之关键 // 144

7.5 企业并购中的盲点 // 146

7.6 热衷于投资的福兮祸兮 // 148

7.7 在投资项目失败时的上上之策 // 150

7.8 企业上市之利弊 // 151

7.9 千万不要放松对"二金"的管控 // 154

7.10 该如何理解"现金为王" // 156

7.11 利润，是"算出来"的还是"干出来"的 // 157

7.12 税务筹划，也许是天堂，也许是地狱 // 160

7.13 财务里最大的"黑洞" // 162

第8章 市场营销 // 164

8.1 企业赚钱的秘诀就这一条 // 164

8.2 谁是你的客户 // 165

8.3 "满足客户需求"绝不只是标语或口号 // 166

8.4 做市场与做销售是一回事吗 // 168

8.5 什么人会成为发现"蓝海"的"关键先生" // 170

8.6 营销计划是事关经营活动成败的重中之重 // 172

8.7 应对市场需求多样化之策 // 173

8.8 产品策略更为重要 // 174

8.9 应守住的价格的底线 // 176

8.10 分销已走上穷途末路了吗 // 177

8.11 千万别碰这朵罂粟花 // 179

8.12 企业最该在意的商业文化 // 180

8.13 不要让整体解决方案变成一种噱头 // 184

第9章 产品研发 // 187

9.1 产品研发关乎企业生命的长度 // 187
9.2 创新的不二法门 // 188
9.3 创新，可庙堂之高，亦可江湖之远 // 190
9.4 产品研发的模式之争 // 191
9.5 不能产业化的科研成果什么都不是 // 194
9.6 没有项目带头人，就没有产品研发 // 195
9.7 保证合作研发一帆风顺的要件 // 197
9.8 产品研发项目实施的关键流程 // 198
9.9 产品研发的市场化生存法则 // 201
9.10 对产业化之路的不同选择 // 203
9.11 产品研发面临的新的挑战 // 206

第10章 生产运营 // 209

10.1 生产运营管理的最终目的 // 209
10.2 要流程再造之"革命"，还是要流程优化之"改良" // 211
10.3 精益化生产只是对"理想"不断追求的"过程" // 213
10.4 在均衡生产计划下的舒服日子已一去不复返了 // 215
10.5 不解决问题的生产分析会还是不开为好 // 217
10.6 要抱西瓜而不要捡芝麻 // 218
10.7 解决大、小单生产问题的妙招 // 220
10.8 供应链管理的两种思路 // 221
10.9 现场管理的重要之处 // 223
10.10 生产系统的能工巧匠多多益善 // 225
10.11 怎样做才可以杜绝事故的发生 // 227

第11章 信息化 // 229

11.1 信息化在企业中扮演的角色 // 229
11.2 一个好的信息系统应该是什么样子 // 230

V

11.3　企业信息化就像一条乌篷船　// 232
11.4　规划对信息系统建设至关重要　// 233
11.5　企业信息系统的基本架构　// 235
11.6　云与云的两面性　// 236
11.7　私有云会被公有云取代吗　// 238
11.8　云的泛在化将势不可当　// 239
11.9　企业人工智能的主战场　// 240
11.10　从ChatGPT的石破天惊所想到的　// 242
11.11　企业数字化改造的行为与结果　// 247
11.12　企业信息化的未来　// 249

后记　// 253

第1章 理论与方法

1.1 对企业[①]的基本认识

倘若把人类社会比作浩瀚无垠的宇宙，企业就如同散布其中的繁星。

何为企业？

企业是从事销售产品或提供服务等经济活动，自主经营、独立核算、自负盈亏、独立承担民事责任的最常见、最基本的经济组织，包括各种工厂和公司等。

在企业的"两自、两独立"，即"自主经营、独立核算、自负盈亏、独立承担民事法律责任"中，企业真的能够做到"自主经营"吗？恐怕不能！

为什么？

因为不论在何种经济体制下，即便是在市场经济体制下，很多企业也会有实际控制人，而这一实际控制人——自然人或法人，会在企业的重大经营决策上影响甚至干预企业，使企业绝对的"自主经营"只能是绝对的"一句空话"。

还因为企业所处的外部环境，包括各个供应商和客户、各级政府、各种自然条件等，会以各种方式影响甚至左右企业，使"自主经营"的企业就像汪洋大海中的一条船。譬如，美国政府以"威胁美国国家安全"为由，对华为实施一系列的制裁，就使华为的手机产业在境外遭遇重挫。

企业有哪些基本特征？

[①] 本书中所称的"企业"，均不包括个体工商户。

企业有章程和"三证合一"①的营业执照，有资本——包括注册资本和实收资本，有组织机构和人员，有相应的设备器材和经营场所等。正常经营的企业还应该有购销合同或订单，有反映其收入支出、资产负债、缴纳税费、利润分配等经济活动的凭证、账目和财务报表等。

企业是做什么的？

企业研发、生产和销售产品，或设计、培育和提供服务，或者既研发、生产和销售产品，又设计、培育和提供服务。

企业的基本行为准则是什么？

企业以最低的业务成本，获得最高的业务收入，赚取最多的业务利润。

企业是一成不变的吗？

肯定不是。

为什么？

按照辩证唯物主义的观点，世界是物质的，自然界和人类社会均统一于物质，而物质具有多样性，始终遵循其客观规律运动和变化。正如列宁所说："除了运动的物质以外，世界上什么也没有。"②

依据形式逻辑的推定，"万物皆变化"，而企业属于"万物"，所以企业就不可能一成不变。

那么，企业或企业中某一业务的基本变化形式是怎样的？

通常为"四段式"的周期变化，即由初创期，到成长期，再到成熟期，最后到衰退期。其中，某段时期持续的时间可能很长很长，也可能呈现为"火箭式"的上升或"断崖式"的下降，企业或企业中的某一业务也可能"跳过"某一时期，或尚未进入下一时期就"戛然而止"了。

---

① 从2015年10月1日起，在全国范围内推行"三证合一、一照一码"的企业登记模式，将原来分置的营业执照、税务登记证、组织机构代码证"三证"合为"一证"，通过"一口受理、并联审批、信息共享、结果互认"，企业即可取得由一个部门核发的、加载了统一社会信用代码的营业执照。

② 中共中央马克思、恩格斯、列宁、斯大林著作编译局.列宁选集[M].3版.北京：人民出版社，2012.

1.2　企业运营其实很简单

不同的企业，由于所有制形式不同、体量大小不同、发展阶段不同、社会和自然环境不同、向市场提供的产品或服务不同……，企业运营的内容和形式也会千差万别。

那么，该如何面对让人眼花缭乱的，企业文化、战略、组织、行政、人力、财务、销售、研发、生产、信息化等方面的企业运营问题，做到从容不迫、胸有成竹？又该如何从这些错综复杂的，可能各自独立也可能相互联系的企业运营问题中理出企业运营的脉络走向，发现和把握运行规律，做到抽丝剥茧、入木三分？

倘若你在中华大地上行走，应该不难看到一些典型的中国古代建筑。它们中有的"可追溯至四千年以上"[1]，除去那些经天灾人祸而早已彩画斑驳、雕花不在的墙体外，其下部的台基、中间的立柱和上部由一个个斗拱[2]承托起来的屋顶，往往依旧不朽和从容，仍倔强地挺立在你的面前。当你立于高台之上，身倚金柱，若有风来袭，伴随着飞檐下叮当作响的铜铃声，你仿佛可以听到那些从遥远的岁月里飘来的或低沉或激扬的乐章……

我想，企业运营的基本内容和形式何尝不像这些构成典型的中国古代建筑的基本要素——台基、立柱和屋顶呢？其中，企业运营的社会和自然环境等宛如厚实的台基，企业文化、战略、组织、行政、人力、财务和信息化等犹如挺拔的立柱，而产品研发、生产、销售等俨如华美的屋顶。

由此，作为管理者，尤其是主要的管理者，你必须时刻盯住产品研、产、销这一"业务顶"，这是企业运营的核心，事关企业的生存与发展，重点是要解决有无的问题、生死的问题。其他的，诸如企业文化、战略、组织、行政、人力、财务和信息化，统统是"资源柱"，是为"业务顶"提供保障、支撑的，是企业运营的护卫和后盾，重点是要解决效率的问题——快慢的问题及

---

[1] 梁思成. 中国建筑史 [M]. 上海：生活・读书・新知三联书店，2011.
[2] 斗拱，中国建筑所特有的一种承重并使屋檐较大程度向外延伸的结构，位于立柱和屋顶横梁的交接处。从柱顶加的一层层探出的弓形木块叫"拱"，拱与拱之间的方形垫木叫"斗"，合称"斗拱"。斗拱之间通常采用榫卯连接、固定。

好坏的问题。而企业运营的社会和自然环境，则构成了企业运营"业务顶"与"资源柱"的"供/需平台"，其要获取"业务顶"和"资源柱"需要的物质或精神"食粮"，并将"业务顶"和"资源柱"产生的物质或精神"成果"输送出去，离开此"供/需平台"，"业务顶"和"资源柱"就失去根基，企业运营的大厦也就行将倾覆了。

换句话说，企业运营其实很简单：先划分"业务顶""资源柱""供/需平台"三部分，再依据某些管理理论与方法，并凭借自己积累的管理经验和教训进行通盘考量，然后针对问题分门别类地提出解决策略和计划安排，脚踏实地地组织实施，见招拆招、各个击破，直至最终达成企业运营的既定目标。

当然，你也可以把"业务顶"称为"业务线"或"产品线"，把"资源柱"称为"资源线"或"职能线"，把"供/需平台"称为"平台线"或"基础线"，因为这只是对某一事物称谓的纯粹个人化的选择，本无定论，就随你自己好啦。

1.3　经营管理的终极目标

企业是社会中最常见、最基本的经济组织。在任何一个企业中，应该都能够看见企业管理者们或轻松、潇洒，或沉重、拘谨的身影。

加拿大的亨利·明茨伯格（Henry Mintzberg）曾在 1973 年出版的《管理工作的本质》[1] 一书中，揭示了管理者的三类行为、十种角色。

一是人际关系类行为，包括形象者（作为组织的代表展现企业形象和承担社会责任）角色、领导者角色、联络者（特别是与外部联系）角色。

二是信息类行为，包括监测者（获取关于企业运作的信息）角色、发送者（向下属传递信息）角色、发布者（向组织外部发布信息）角色。

三是决策类行为，包括创业者或投资者角色、排除障碍和解决问题者角色、资源分配者角色、谈判者（与各种人及群体打交道）角色。

其实，亨利·明茨伯格当年并未充分观察经理们的工作行为，尚未涉及搭

---

[1]　亨利·明茨伯格. 管理工作的本质 [M]. 杭州：浙江人民出版社，2017.

建组织架构、考核和激励下属等工作，以及一些传统的角色，诸如计划者、组织者、指挥者、协调者和控制者等的工作。

那么，问题来了，管理者在企业经营管理中有如此多的工作行为，扮演了如此多的角色，他们的工作目标会是相同的吗？答案显然是否定的——不同的管理者在不同的工作行为和不同的角色中的工作目标是不同的，不能一概而论。

他们的工作目标会有相通之点或共同之处吗？换句话说，经营管理的终极目标是什么呢？

我以为，不论是什么管理者——处于企业顶层的也可，处于企业基层的也可；负责企业整体的综合性工作的也好，负责企业某一领域的专门性工作的也好；开会、打电话、做"案头"工作、与同僚或下属面谈也罢，去一线调研、对外谈判、参加公关活动或庆典礼仪活动也罢——其经营管理的终极目标都只有一个：通过提高效率和效益来增强企业的市场竞争力，并发现和主动适应企业生存与发展的客观规律。

只有这样，企业才能不惧风吹浪打而始终勇立潮头，虽经百折千回而不断发展进步。

1.4　企业经营的"锦囊妙计"

无论是创立一个新企业，还是接手一个存续企业，管理者要面对的工作，诸如培育企业文化、制订发展战略、设计组织架构、处理行政事务、对重大事项做出决策、实施人力资源管理和财务管理、开展市场营销、组织产品研发和生产运营，以及推进信息化建设，等等，可谓千头万绪、纷乱繁复。如何解决企业各种各样的经营管理问题？如何使企业尽快步入持续健康发展的轨道？

要回答和解决这样一些问题，一定有不少已成型，甚至已被列入"殿堂级"，并为许多管理者所推崇的管理理论和办法，用之则如《三国演义》中关羽提偃月刀，驰骋疆场、所向无敌一样。

我以为，除了这些被广为推崇的管理理论和办法以外，还有两个企业经营的"锦囊妙计",实用、好用、管用。这两个"锦囊妙计"就是"知"与"行"。

在二十世纪三四十年代,"伟大的人民教育家"陶行知曾提出"生活即教育""社会即学校""教学做合一"三大主张,倡导"行是知之始,知是行之成",即"知行合一",并先后在南京创办晓庄学校,在上海创办山海工学团和报童工学团,在重庆创办育才学校和社会大学等,使学校为大众服务,知识为实践服务,培养了无数为社会所需要的人才。

而当年令中国教育界耳目一新,被奉为圭臬的"知"与"行",依我看,就是今天企业经营中的"有法可依"和"执行到位"。

"有法可依"中的"法",不仅指企业的规章、制度、办法,还涵盖了企业的发展战略、销售计划、研发计划、生产计划、预算计划,以及已确定的会议纪要或会议决议、商业模式、工作措施,等等,是企业的所有文件,是企业上上下下所知晓、认同的企业经营中的"知"。这种"知"不是一成不变的,应随着企业自身条件和客观环境的变化而变化,适时进行修订、调整和完善。

"执行到位"中的"执行"就是"做",就是"干"。如果不做、不干,再好的"法"也不管用,统统无法实现。而且仅仅"做了""干了"还不行,还要看做得、干得是否彻底,执行得是否到位。如果还有水分,就不算做得、干得彻底;如果执行得还有余地,就不算执行得到位,也就不算落实了企业经营中的"行"。这种"行"不是妄为和盲目的,是在"知"的规范和引导下的"行",是可对"知"进行检验,并构成"知"不断发展的源泉和动力的"行"。

虽然略显武断,但我还是要说:如果一个企业的"知"与"行"都做好了,这个企业的经营就出不了太大的问题;反之,如果一个企业的"知"与"行"没有做好,哪怕没有做好的只是其中之一,这个企业也早晚会消亡。

对此,你可能不以为然,可能认为我说这话是危言耸听。如果是这样,说明你尚未体会其对企业经营的神奇作用,尚未品尝其带给你的种种甜头。如果真是这样,我就敢再说一句"危言耸听"的话:"你可看好了,企业经营中出现问题和麻烦的种种苦头,可能正在不远的地方鬼魅般地冲着你招手呢。"

1.5 "闭门造车"与"生搬硬套"孰是孰非

在企业运营中，管理者往往要制订发展战略或制度规定、编制计划或项目方案、提出措施和方法等，即便顶层管理者与需要自己操刀的事情渐行渐远，但所谓"出出思路""把把方向"的事情还是会经常摊到自己的头上。

这时，不论是哪一层级的管理者，通常有两种较为极端的工作方式："闭门造车"与"生搬硬套"。

"闭门造车"是说某人一向聪慧过人，自负之心满满，认为既不用学习世间已有的理论和方法，也不用借鉴他人的经验和教训，只需关起门来，单凭自己的想象就能造出一辆人们闻所未闻的车子。结果这种闭门造出来的车子，一套上马就散了架，更别说"出门合辙"了。其寓意是，不论是什么人，如果完全不向外界学习，绝对不向他人求教，只凭自己的主观臆想做事，则结局不是不停地推倒重来而效率低下，就是一触即溃、折戟沉沙。

"生搬硬套"是说某人不想下力气去探索、创新，只想取巧图便，走走捷径，又尊崇教条主义，一味相信"典籍""圣言"，于是对于世间已有的理论和方法或他人的经验和教训不做任何改动、修正，就照单全收，不管三七二十一，统统搬来使用。这种生搬硬套的做法，就像囫囵吞枣，不但无法消受，还可能把自己给噎死。其寓意是，不论是什么人，如果是图省事儿和贪便宜的想法作祟，只囿于世间已有的理论和方法，只相信他人的经验和教训，以为采取"拿来主义"的态度就能做成事，则结局不是因理论脱离实际而一波三折，就是四处碰壁、头破血流。

那么，如何做才更为合理呢？

对此，我想起了毛泽东的两句让人耳熟能详的话："百花齐放，百家争鸣"和"古为今用，洋为中用"。

1951年，国内戏剧界就京剧的发展问题出现了一些争论，有的主张全盘继承，有的主张全部废弃。在这一年的4月3日，由梅兰芳任院长的中国戏曲研究院在北京成立，毛泽东为此亲笔题词——"百花齐放，推陈出新"，主张对京剧艺术要去其糟粕，取其精华，不断地加以发扬光大。

1953年，郭沫若与范文澜曾为中国历史的断代分期问题争论得不可开交。

在这一年的 8 月 5 日，中国历史问题研究委员会经批准设立，负责该委员会工作的陈伯达在向毛泽东请示工作方针时，毛泽东指出，对历史研究工作还是要"百家争鸣"。

在此基础上，1956 年 4 月 28 日，在中共中央政治局扩大会议的总结讲话[①]中，毛泽东明确指出："艺术问题上的百花齐放，学术问题上的百家争鸣，我看应该成为我们的方针。"

1964 年 9 月 27 日，毛泽东就中央音乐学院学生陈莲在给他的一封信中反映的该院在音乐教学和演出中过分"尊古""崇洋"的问题，给时任中央书记处书记、中宣部部长的陆定一的批示[②]中指出："……信是写得好的，问题是应该解决的。但应采取征求群众意见的方法，在教师、学生中先行讨论，收集意见。"同时，针对如何对待中外文艺遗产的问题，毛泽东又加批了"古为今用，洋为中用"这个言简意赅的原则，主张对"古"的、"洋"的文化不能全盘否定，要加以利用，以作为"为人民服务""为社会主义服务"的文艺创作的一种有益的借鉴。

因此，在企业运营上，对世间已有的理论和方法，以及他人的经验和教训，作为管理者，既不能不学习、不借鉴，不闻不问，闭门造车，非要独出心裁地弄出个"人造太阳"才甘心，也不能不加选择地全盘接受，生搬硬套，心里只信九斤老太的口头禅"一代不如一代了"，眼中只有"外国的月亮"，却对"现在和未来的一代"不屑，对"中国的月亮"无睹。

显然，对世间已有的理论和方法，以及他人的经验和教训，"闭门造车"和"生搬硬套"这两种较为极端的工作方式都不可取，而"以我为主，博采众长，融合提炼，自成一家"才是一个管理者应该采取的正确的工作方式。

1.6　对待管理理论与方法的态度

迄今为止，学术巨匠和思想先哲们已就各种各样的社会行为和自然现象的产生、发展与变化的客观规律，留下了无数的理论和方法，其数量之多可谓

---

① 毛泽东. 毛泽东文集 [M]. 北京：人民出版社，1999.
② 毛泽东. 毛泽东文艺论集 [M]. 北京：中央文献出版社，2002.

浩如烟海，其体量之大可称遮天蔽日，当中自然也少不了大量的管理理论和方法。

对于各种管理理论，管理者应有所了解，知道其基本内容和核心观点，知道如何运用其开展企业运营工作就可以了，毕竟大多数管理者并不专门从事相关的理论研究工作。

譬如，美国的泰勒（F. W. Taylor）的古典管理理论认为，实施标准化管理可以降低差错率、提高生产率。我们据此可以在产品研发、生产和销售过程中更多地采用通用元器件和标准零部件，在开展行政、人力、财务和信息化工作时更多地使用规范化做法与标准化程序，以达到降低产品废品率和提高工作效率的目的。

又如，美国的亚伯拉罕·马斯洛（Abraham Maslow）的需求层次理论认为，人的需求可分为生理的需求、安全的需求、社交的需求、尊重的需求和自我实现的需求。我们据此可以针对不同需求层次的员工设计不同的激励工具（手段）并予以实施，以获得更好的调动员工工作积极性的激励效果。

又如，美国的卡斯特（F. E. Kast）、约翰逊（R. A. Johnson）等的系统理论认为，关于企业的一切活动在本质上是一系列相互联系、相互依赖、相互作用，向其环境开放并为环境所影响的事物的有机集合。我们据此可以充分考虑市场、技术、人员、资金、社会和自然环境等各种内外部变量，使制订的战略计划的信度和效度得到实实在在的提升。

又如，美国的弗雷德·卢桑斯（Fred Luthans）、菲德勒（F. E. Fiedler）等的权变理论认为，没有什么是普遍适用的"最好的"管理理论，管理者在实践中做什么完全取决于给定的情境条件。我们据此可以在做出冷静和合理分析之后临机处置，而不是拘泥于某些管理理论，任由其扼住自己的咽喉，缚住自己的手脚。

……

而对于各种管理方法，管理者应切实掌握，熟稔其内容和形式，在企业运营活动中自觉地加以运用，并可以不断地拓展其应用的范围。

譬如5W2H问题分析法，其具体内容是"谁做（Who）—做什么（What）—为何要做（Why）—在何时做（When）—在何处做（Where）—如何做（How）—要花费多少钱去做（How much）"，我个人将其简化成了

3W1H 问题分析法[①]，即将"在何时做（When）""在何处做（Where）""要花费多少钱去做（How Much）"归入了"如何做（How）"之中，这样更简便，也更容易记忆。在企业中，打算启动一项工作时，甚至是在做任何一件事情之前，先搞清楚"3W1H"是至关重要的。这可以帮助我们厘清工作思路，排除干扰项，避免忽视关键因素，从而全面、正确地考虑问题，以做出正确的决策。

又如 PDCA 工作程序法，即"戴明环"，由"计划（P）—执行（Do）—检查（Check）—处置（Act）"四个程序构成，可用于企业运营的各个领域。在企业中，要完成某一项工作，甚至是想做成任何一件事情，遵循 PDCA 工作程序法，往往可以事半功倍。这可以防止我们遗漏关键环节，帮助我们提高执行力，一步一个脚印地向着既定的目标前进。

又如时间矩阵管理法，即将待处置的事项按紧急和重要程度分别列入一个 2×2 矩阵。其中，处于该矩阵左上角的为"紧急且重要"的事项，右上角的为"不紧急但重要"的事项，左下角的为"紧急但不重要"的事项，右下角的为"不紧急且不重要"的事项，然后对列入其中的事项分别做出时间安排，包括处置的先后顺序和花费的时间长短。显然，对左上角"紧急且重要"的事项和右下角"不紧急且不重要"的事项，能够很容易地做出时间安排。需要费点儿心思的是那些处于右上角的"不紧急但重要"的事项和处于左下角的"紧急但不重要"的事项。你这时会怎么做呢？我一般喜欢先处置右上角"不紧急但重要"的事项，对左下角"紧急但不重要"的事项则采取一种"急事缓办"的策略。

又如二八定律工作法。二八定律，即帕雷托法则（Pareto's Principle）。该定律认为，在任何一组事物中（客户、供应商、产品、人员、资产等），重要的往往只占小部分，约 20%；而其他不重要和不太重要的却占了大部分，约 80%。因此，管理者应该把自己的工作重心放在占 20% 的所谓"关键少数"之上。在通常情况下，只要抓住了这 20%，就像"庄稼把式揪住了牛鼻子"，不知从何下手的工作往往就一顺百顺、一好百好了。

……

还有一些适用于专门领域的管理方法，也是管理者应该熟悉和掌握的管理

[①] 张晓成. 管理者之道 [M]. 北京：企业管理出版社，2020.

工具。譬如在战略管理和项目管理中的 SWOT 分析法[①]，在人力资源管理中的 SMART 绩效指标确定法[②]，以及在财务管理中涉及融资、投资和经营资金管理的多种因素分析、回归分析、钩稽分析、横向结构分析和纵向历史分析等方法。如果你能在具体的工作领域出神入化地使用这"十八般兵器"，你就一定可以在企业运营中奋力开拓，闯出一片全新的天地来。

1.7 值得遵从的观点

美国的泰勒（F. W. Taylor）和法国的亨利·法约尔（Henri Fayol），分别在 1911 年和 1916 年发表了专著《科学管理原理》[③]和《工业管理与一般管理》[④]，由此拉开了现代管理学的大幕。

时至今日，在现代管理学一百多年的发展历史里曾出现过各种各样的管理学观点，其中，一些观点可能失之偏颇，片面、局限；而另一些观点也许与实际脱节，抽象、空泛……。那么，有哪些观点是值得管理者，尤其是企业管理者遵从的呢？

我以为，只要是符合企业运营客观规律的观点，就是值得遵从的。

这些观点主要有人性的观点、相对的观点、平衡与变化的观点、系统的观点、权变的观点，等等，大多带有一些哲学思辨的味道。

1.7.1 人性的观点

所谓人性的观点，是对人性究竟具有哪些本质特征的认识和看法。

在中国古代，有孔子、孟子等的人性本善论，荀子、韩非子等的人性本恶论，老子、庄子、告子、苏轼等的人性自然论和人性无善无恶论，以及贾谊、

---

① SWOT，即一种对 S（Strengths，自身优势）、W（Weaknesses，自身劣势）、O（Opportunities，环境机会）、T（Threats，环境威胁）四个因素进行定性分析的工具。
② SMART，指绩效考核指标应该具有 5 个特征，即 S（Specific，具体的）、M（Measurable，可测量的）、A（Attainable，可实现的）、R（Relevant，相关联的）、T（Time-based，有时限的）。
③ 弗雷德里克·泰勒. 科学管理原理 [M]. 北京：机械工业出版社，2013.
④ 亨利·法约尔. 工业管理与一般管理 [M]. 北京：机械工业出版社，2013.

董仲舒、王充、朱熹等将人分为"三品"或将人性分为"二元"后的人性有善有恶论（或称"人性可善可恶论"）等。

在外国古代，有古希腊苏格拉底（Socrates）、柏拉图（Plato）的人性本善论和亚里士多德（Aristotle）的人性理性论，意大利乔万尼·薄伽丘（Giovanni Boccaccio）的人性本能论，英国弗朗西斯·培根（Francis Bacon）的人性善恶两趋向论和托马斯·霍布斯（Thomas Hobbes）、约翰·洛克（John Locke）等的人性自私论，法国孟德斯鸠（Montesquieu）的人性自然环境论和伏尔泰（Voltaire）的人性物欲论，德国黑格尔（G. W. F. Hegel）的人性思想决定论，以及费尔巴哈（L. A. Feuerbach）结合亚里士多德和乔万尼·薄伽丘观点的人性理性论与人性本能论等。

在外国近现代，尤其是在现代管理学诞生之后，则主要有 X 理论、Y 理论、Z 理论等涉及人性的观点。

1960 年，美国的麦格雷戈（D. M. MeGregor）在其著作《企业的人性面》[①]中，提出了两种相对立的管理理论：X 理论和 Y 理论——作为群体行为或组织行为流派代表人物之一的麦格雷戈，自然会反对 X 理论，而推崇 Y 理论。

X 理论建立在"经济人"假设[②]的基础上。其基本观点，一是多数人本性懒惰，他们会尽可能地逃避工作；二是多数人没有雄心壮志，他们宁可接受别人指派，也不愿主动承担工作责任；三是员工的个人目标都与组织目标相矛盾，必须用强制，甚至惩罚、威胁的办法，才能使他们为达到组织目标而努力；四是员工工作都是为了满足基本的生理需求和安全需求，因此只有金钱和地位才能激励他们更好地工作；五是多数人都属于"经济人"，只有少数人能够自己管理自己并具有自我激励能力和创造能力，而只有这样的少数人可以承担组织管理的责任。

而 Y 理论建立在"社会人"假设[③]的基础上。其基本观点，一是多数人本

[①] 麦格雷戈. 企业的人性面 [M]. 杭州: 浙江人民出版社, 2017.

[②] "经济人"假设，又称"实利人"假设或"唯利人"假设。该假设最早由英国的古典自由主义经济学家亚当·斯密（Adam Smith）提出。他认为人的行为动机根源于经济诱因，人都要争取最大的经济利益，工作就是为了取得经济报酬。为此，企业需要用金钱的刺激与权力机构的控制，使员工服从并为企业效力。

[③] "社会人"假设，最初由美国管理学家、人际关系学派代表人物之一梅奥（G.E.Mayo）提出。他在主持著名的"霍桑实验"后发现，人除了物质需求外，还有社会需求，人是社会的产物，员工需要从社会关系和社会交往中寻找工作的乐趣。为此，企业除了需要用金钱的刺激与权力机构的控制之外，更要提供能够满足员工社会需求的条件和措施，以激励员工为企业效力。

性并不懒惰，如果有适当的机会，他们会喜欢工作；二是多数人往往愿意承担工作责任，渴望在工作中发挥自己的才能；三是使用强制甚至惩罚、威胁的办法，并不是使员工为达到组织目标而努力的唯一手段；四是可以在员工需求的各个层次上进行激励，而不仅限于金钱和地位激励；五是多数人都属于"社会人"，具有自我激励能力和创造能力，应该把他们安排到具有吸引力和挑战性的岗位上工作，信任他们，鼓励他们参与自身目标和组织目标的制定。

1981年，面对20世纪70年代日本企业异军突起、赶超美国企业的发展态势，日裔美国人威廉·大内（William Ouchi）在详细分析了美国企业和日本企业在管理方式上的异同和得失后，在其著作《Z理论——美国的企业如何迎接日本的挑战》中提出了一套既有别于X理论又有别于Y理论的Z理论[①]。

Z理论在Y理论已建立的"社会人"假设的基础上，补充了日本企业家庭亲情式管理中的积极因素，对"社会人"假设予以完善。其基本观点，一是畅通管理体制，给予中、低层管理者对相应问题充分的处置权，保证上情下达，下情上报；二是鼓励一线员工提出合理化建议，开展广泛的技术革新和管理创新；三是采取员工长期雇佣政策，增强员工的安全感和责任心，使其与企业共荣辱、同命运；四是对员工进行全面的知识培训和技能培训；五是对员工进行长期的考核和评价，全面评定员工各方面的表现，并采取稳步的晋升制度，以在企业中建立家庭亲情式的、彼此信任的人际关系，实现员工目标和组织目标的相互一致。

显然，对管理者来说，在企业中坚持"社会人"假设，比只重视"经济人"假设要可行得多，也更符合现今企业在知识经济和信息社会发展形势下的人力资源管理和组织管理等的实际情况。

1.7.2 相对的观点

所谓相对的观点，是指任何一个事物的存在与发展变化，是相较于其他事物的存在与发展变化而言的，是有条件的而不是无条件的，是暂时的而不是永恒的，是有限的而不是无限的，即总是相对的而非绝对的。

在先秦时期，《庄子》中有："天下莫大于秋毫之末，而泰山为小；莫寿

---

① 威廉·大内. Z理论[M]. 北京：机械工业出版社，2021年.

乎殇子，而彭祖为夭。"①这说的是，没有什么比秋毫的末端大，而巍峨的泰山也很小；没有比夭折的儿童更长寿的，而活了百岁的彭祖也是短命的。因此，万物之间有差别，但所有的差别其实都是相对的。

到了宋代，《梦溪笔谈》中就朱砂炼丹一事有："朱砂至凉药，初生婴子可服，因火力所变，遂能杀人。以变化相对言之，既能变而为大毒，岂不能变而为大善？"②所以，万物如朱砂，是救人还是杀人，是大毒还是大善，其实都是相对的，是根据其条件变化而变化的。

在西方，古希腊爱利亚学派的巴门尼德（Parmenides）把作为精神本体的"存在"视为一种"绝对"，是完整的、无限的、不动的，只承认"存在"，而否认"非存在"；而智者学派的普罗泰戈拉（Protagoras）则把一切都看作相对的，无绝对可言，认为万物在不断地运动变化，"人是万物的尺度"，人的感觉是怎样的，事物就是怎样的，事物的存在是相对于人的感觉而言的。

在中世纪的宗教哲学盛行之后，荷兰的斯宾诺莎（Spinosa）认为宇宙间只有一种实体，即作为整体的宇宙本身；宇宙实体是绝对的，是不动、不变的，而上帝与宇宙合一。

德国的伊曼努尔·康德（Immanuel Kant）推崇主观唯心主义，认为人类辨别是非的能力是与生俱来的，是"绝对"的，是无上命令，适用于所有情况，是普遍性的道德准则；不应该让人的认识向外部事物看齐，应该"颠倒一下"，让外部事物向人的认识看齐。黑格尔（G. W. F. Hegel）的整个哲学体系是客观唯心主义的，认为世界的发展是"绝对精神"的自我运动，而宇宙万物的最初成因和内在本质就是"绝对精神"，早在自然界和人类社会出现之前它就独立地存在着，整个客观世界都是由它派生或转化而来的；但黑格尔认为，绝对的、普遍的东西，既是同一的，又是有差异的，绝对和相对是具有辩证关系的对立的统一体。费尔巴哈（L. A. Feuerbach）则由唯心主义转向了唯物主义——虽然还是形而上学的唯物主义，他认为自然界是一切物质的总和，是唯一的、永恒的、绝对的客观实在，其存在和变化源于自身原因；在物质和人的意识的关系上，物质第一，意识第二，物质决定意识，意识只是物质的反映。

马克思主义哲学认为，世界上任何事物既是绝对的，又是相对的；各个具

---

① 方勇译注. 庄子 [M]. 北京：中华书局，2015.
② 诸雨辰译注. 梦溪笔谈 [M]. 北京：中华书局，2016.

体事物的存在和发展变化都是有条件的、暂时的、有限的、相对的，而整个宇宙的存在和发展变化是无条件的、永恒的、无限的、绝对的。绝对和相对的关系，是辩证的统一：绝对存在于相对之中，并通过无数相对体现出来；而在相对中有绝对，离开了绝对，相对则无从谈起。人类对事物存在和发展变化的客观规律的认识和把握也是如此：真理是绝对的，又是相对的；绝对真理存在于相对真理之中，相对真理中包含着绝对真理的颗粒，无数相对真理的总和构成绝对真理，相对真理或间断或连续地向绝对真理转化。

毛泽东《在中国共产党第八届中央委员会第二次全体会议上的讲话》中也说："我们马克思主义者认为，不平衡、矛盾、斗争、发展，是绝对的；而平衡、静止，是相对的。所谓相对，就是暂时的、有条件的。"

因此，对于各个具体事物的存在与发展变化的过程，我们应持相对的观点，黑与白、长与短、好与坏、对与错，等等，都是有条件的、暂时的。对企业而言，模式也好，机会与挑战也罢，都是相对的。于是"没有最优""不可能最差"等说法才可以为大家所接受，才可以在世上流行。

显然，对管理者来说，在企业中坚持"事物的存在与发展都是相对的"这一观点，摒弃绝对化的思维，防止决策与执行中的固执己见和过于理想化的倾向，在查找问题和处理问题时保持必要的弹性，留有适当的回旋余地，方能在复杂多变的经营形势与千头万绪的工作任务面前，做到得心应手、无往不胜。

1.7.3 平衡与变化的观点

所谓平衡与变化的观点，是对所有事物总是由平衡到失衡，再由失衡到新的平衡间不断运动、变化的认识和看法。

如果要讲平衡与变化，我们中国人肯定是这方面的"祖师爷"。

相传距今5000年前，甚至更远的上古时代，就有"三皇"之一的伏羲氏创立了蕴含"天人谐和"思想的八卦。据说距今3000多年前，又有周文王姬昌写下了《周易》之《易经》[①]，这部名为以"阴""阳"间的平衡与变化而测吉凶、断祸福的占筮、占卜之书，实为以"阴""阳"间的平衡与变化而揭示事物的矛盾构成及其发展规律的哲学著作。

---

① 杨天才，张善文译注. 周易 [M]. 北京：中华书局，2011.

在《易经》的六十四卦中，除了均有"阴""阳"爻的六十二卦之外，即便是六爻全为"阳"，已无"阴"作平衡的乾卦，以及六爻全为"阴"，已无"阳"作平衡的坤卦，也会通过不同时期、不同地点或不同状态下各爻的不同，来反映不同事物间的平衡与变化的特征和规律。

譬如，乾卦为"元亨利贞"，指天能使万物创始，一切通达，祥和有益，持正坚固。又有《象传》道："天行健，君子以自强不息。"

其初九（爻）为"潜龙勿用"，指虽为龙，但在水中潜伏时也不宜有所作为。

九二（爻）为"见龙在田，利见大人"，指龙现于田，有利于大德之人出来治世。

九三（爻）为"君子终日乾乾，夕惕若厉，无咎"，指贤德之人每天勤勤恳恳，在夜晚仍保持警惕，谨慎行事，这样一来，虽有些许危险，也不会灾难临头。

九四（爻）为"或跃在渊，无咎"，指游龙跃或不跃出深谷，都不会有什么问题。

九五（爻）为"飞龙在天，利见大人"，指龙在天上高高飞翔，对大德之人出来治世十分有利。

上九（爻）为"亢龙，有悔"，指虽为龙，但如果恣意妄为，也会做出让人后悔的事情。

而乾卦独有的用九（爻）为"见群龙无首，吉"，指如果群龙出现且均不居于首领位置，则不会出现"过阳之灾"，此时阴阳平衡而天下大吉。

再如，坤卦为"元亨利牝马之贞。君子有攸往，先迷后得，主利。西南有朋。东北丧朋。安贞吉"，指地可使万物创始，一切通达，祥和有益，像母马一样守持正固。贤德之人往来，如果一味占先会迷失方向，反而是谦让后退可获得更大的利益。往西南方向将有朋友相助，往东北方向则将失去朋友的帮助。总的结论是平安、持正、吉祥。又有《象传》曰："地势坤，君子以厚德载物。"

其初六（爻）为"履霜坚冰至"，指一旦踩到地上的薄霜，那么严寒结冰的冬天就不远了。

六二（爻）为"直方大，不习无不利"，指地是平直、端方和宏大的，一个人如果也具备这样的德行，即使不学习也不会遭遇什么不幸。

六三（爻）为"含章可贞。或从王事，无成有终"，指蕴含美好，可持正坚固。若能辅佐君王，即便没有很大的成就也会有不错的未来。

六四（爻）为"括囊，无咎无誉"，指要把口袋（泛指如钱匣、米袋、人嘴等事物）收紧，这样尽管得不到赞誉，也至少不会遭到责难。

六五（爻）为"黄裳，元吉"，指穿黄色衣裳——显得温文、贤良，就会一直吉祥。

上六（爻）为"龙战于野，其血玄黄"，指龙在旷野里厮杀，流出黑黄色的血——已穷途末路。

而坤卦独有的用六（爻）为"利永贞"，指有利于永久地持正坚固。

显然，对管理者来说，在企业中坚持平衡与变化的观点，厘清影响企业生存和发展的各类因素——涉及短期与长期、局部与整体、主业与副业、业务与职能、内部与外部、机会与风险、成功与失败，等等，做好各因素间的平衡，并根据变化情况及时做出相应资源的动态调整，因势利导、乘势而上或顺势而为，才可以保证企业逢凶化吉、安康泰达，"各美其美、美人之美、美美与共、天下大同"[①]的美好愿景才能最终成为现实。

1.7.4 系统的观点

所谓系统的观点，是对事物是否会相互依赖、相互作用、相互影响，并构成一个统一体的认识和看法。

在中国古代先秦时期，由多人所著而合集的《周易》之《易传》云"有天地然后有万物，有万物然后有男女，有男女然后有夫妇，有夫妇然后有父子，有父子然后有君臣，有君臣然后有上下，有上下然后礼仪有所错"[②]，讲天地、万物和以礼仪为行为规范的人，合为一个统一整体；又有子思所著《中庸》曰"唯天下至诚，为能尽其性；能尽其性，则能尽人之性；能尽人之性，则能尽物之性；能尽物之性，则可以赞天地之化育；可以赞天地之化育，则可以与天地参矣"[③]，讲至诚的人方能够充分发展自己的本性，可以实现人性、物性和整个天地（自然界与人类社会）的合一；又有《老子》谓"人法地，地

---

① 费孝通. 文化与文化自觉 [M]. 北京：群言出版社，2016.
② 杨天才，张善文译注. 周易 [M]. 北京：中华书局，2011.
③ 陈晓芬，徐儒宗译注. 论语·大学·中庸 [M]. 北京：中华书局，2015.

法天，天法道，道法自然""道生一，一生二，二生三，三生万物"①，阐述了道即客观运行规律与天、地、人等之间存在的辩证统一的关系；又有《庄子》道"天地与我并生，而万物与我为一"②，阐述了天地、万物和人齐同一体的观点。

到西汉时期，董仲舒明确提出"以人随君""以君随天"和"天人之际，合而为一"的哲学命题，力求进一步加强中央集权，维护大汉朝的一统天下，以适应国家朝政改革的政治需要。

至宋明时期，先有程（程颐、程颢）朱（朱熹）理学将超时空的精神之"理"即"天理"视为宇宙本体，属"天地万物之根"；后有陆（陆九渊）王（王守仁）心学将主观的"吾心"即"良知"视为宇宙本体，"宇宙便是吾心，吾心即是宇宙"，人及宇宙万物以及关于人及宇宙万物之理，都统一和同一到"吾心"之中，从而在哲理思辨的高度上发展了"天人合一"的思想，形成了"万物一体"的整体观。

在古希腊，最早将希腊神话转变为西方哲学雏形的米利都学派的泰勒斯（Thales）、阿那克西曼德（Anaximander）和阿那克西美尼（Anaximenes）等，分别认为宇宙是由水、"无定形"、气组成的，是一个不断循环和变化的自然物质的总体；而智者学派的留基伯（Leucippus）和德谟克利特（Demokritos）等创立的"原子说"将宇宙分为若干层次，并把原子视为其最基本的要素，试图从世界统一性和整体性的角度来回答世界的本原问题。德谟克利特写下的，虽在历史上有记载却未能传世的著作《宇宙大系统》，可能是最早使用"系统"一词的西方哲学著作。

到了近代，随着自然科学的不断进步，以往的系统"元素说"得到了极大的拓展。自然科学家与哲学家们认识到，从基本粒子到宇宙，从单细胞结构到复杂的生命体，从自然界到人类社会，如一个村落、一个工厂、一个社团、一个国家等，都是系统或更大系统的存在形式。

进入现代后，德国的黑格尔（G.W.F.Hegel）关于事物相互联系、相互作用和相互转化的辩证法思想潜移默化地渗透到了自然科学与工程实践中，促成了现代系统理论的诞生。

1968年，奥地利裔美国人贝塔朗菲（L.V.Bertalanffy）发表了其重要著作

---

① 汤漳平，王朝华译注. 老子[M]. 北京：中华书局，2014.
② 方勇译注. 庄子[M]. 北京：中华书局，2015.

《一般系统理论——基础、发展和应用》[1]，产生了巨大的学术影响。其基本观点：一是系统的整体性——系统是其组成要素的有机的集合；二是系统的关联性——在一定的组织结构基础上，系统存在整体与要素和外部环境之间的有机关系；三是系统的动态性——系统的组织结构会随时间发展而变化，系统应与外部环境进行物质、能量和信息的交换，不存在完全封闭的系统；四是系统的有序性——系统要素结构及其变化方向所具有的有序性是系统存在的必然表现，系统从有序走向无序，其稳定性将随之降低，直至系统完全解体；五是系统的目的性——系统的发展方向不仅取决于偶然的状态，还取决于其自身所存在的、带有某一目的的方向性。

随着经济与社会的发展，企业规模越来越大，组织结构越来越复杂，面对的外部环境也越来越多样化。在此情况下，由美国的卡斯特（F. E. Kast）、约翰逊（R. A. Johnson）和罗森茨威克（J. E. Rosenzweig）等在一般系统论的基础上创立的系统管理理论应运而生。其基本观点：一是企业是一个由人、物资、机器和其他资源等为达成一定目标而组成的一体化系统，在企业的成长、发展中，人是有决定性的组成要素，但也受到所有其他组成要素的影响；二是企业是一个由许多子系统和更小的子系统组成的开放的社会技术系统[2]，这些子系统包括目标与价值子系统、技术子系统、社会心理子系统、组织结构子系统和管理子系统，并与周围环境（顾客、供应方、竞争者、政府机构等）在相互影响中实现动态平衡；三是企业是一个具有投入与产出基本职能的"箱子"系统，投入的是劳动力、物料和各种信息，产出的是各种产品或服务，投入与产出的比值越大、越合理，企业的整体效率就越高，整体效益就越好。

显然，对管理者来说，在企业中坚持系统的观点，就既要考虑人的要素，也要考虑其他要素；既要注重内部各子系统的相互关系，也要注重企业与外部环境在相互影响下的动态平衡；既要强调投入的数量、质量和不同投入的比例关系，也要强调产出的数量、质量和不同产出的比例关系，从整体上实现系统的优化、稳定和高效，以达到企业预期的长远发展目标。

---

[1] 贝塔朗菲. 一般系统理论——基础、发展和应用 [M]. 北京：清华大学出版社，1987.
[2] 社会技术系统是管理学中社会技术系统流派对企业所持的基本看法。该流派的代表人物——英国的特里司特（E.L.Trist）及其在英格兰塔维斯托克（Tavistock）研究所的助手们，在研究煤矿采掘生产率问题时发现，仅仅分析社会系统（个人和群体行为）是不够的，技术系统（机器和方法）也会对社会系统产生重要影响。因此，对企业来说，应将社会系统和技术系统结合在一起加以考虑，管理者的主要任务就是确保这两个系统的和谐。

1.7.5　权变的观点

所谓权变的观点，是指世间并不存在什么普遍适用、永恒不变的理论和方法，一切计划、方案和措施都需要根据具体情况进行权衡，并做出适当调整。

需要指出的是，前面提及的平衡与变化的观点，同这里的权变的观点存在一定的相关性。事物无时无刻不处在平衡与变化之中是"因"，而采取权变的观点和做法加以应对是"果"；前者是客观存在，而后者是人相对于前者的主观认识与反应。

在中国，权变的观点就是人们常说的"随机应变"或"因时制宜""因地制宜""因人制宜"……

我不由得想起孔子、孟子等的几则故事。

《论语》[①]中有："子曰：'可与共学，未可与适道；可与适道，未可与立；可与立，未可与权。'"

孔子这是说：能一起学习的人，未必都能一起追求道；能一起追求道的人，未必能一起坚守道；能一起坚守道的人，未必能灵活地运用道。

在《墨子》[②]中记载了孔子的一桩趣事。"孔某穷于蔡、陈之间，藜羹不糁。十日，子路为享豚，孔某不问肉之所由来而食；号人衣以酤酒，孔某不问酒之所由来而饮。哀公迎孔子，席不端弗坐，割不正弗食。子路进请曰：'何其与陈、蔡反也？'孔某曰：'……曩与女为苟生，今与女为苟义。'"

这讲的是，孔子被困在蔡、陈的时候，用藜叶做的羹中没有什么米粒。到了第十天，子路为他蒸制了一只小猪，孔子并不问肉是从哪里来的就吃了；又扒下别人的衣服卖了换了酒，孔子也不问酒是从哪里来的就喝了。后来鲁哀公迎接孔子，当宴席的座位摆得不端正孔子就不坐，肉品切得不方正孔子就不吃。子路讨教说："您为何与在陈、蔡时的表现相反呢？"孔子说："……当时我和你是要求生，但现在我和你是要求义。"

在《孟子》[③]中有孟子与齐国名士淳于髡的一段对话。"淳于髡曰：'男女授受不亲，礼与？'孟子曰：'礼也。'曰：'嫂溺，则援之以手乎？'曰：'嫂溺不援，是豺狼也。男女授受不亲，礼也。嫂溺，援之以手者，

[①]　陈晓芬，徐儒宗译注. 论语·大学·中庸 [M]. 北京：中华书局，2015.
[②]　方勇译注. 墨子 [M]. 北京：中华书局，2015.
[③]　方勇译注. 孟子 [M]. 北京：中华书局，2017.

权也。'"

在这段对话里,淳于髡问:男女之间不亲手递接东西,是礼的规定吗?孟子答:是的。问:那么,假如嫂嫂掉进水里,可以用手去拉她吗?答:嫂嫂掉进水里而不去拉,这是豺狼啊!男女之间不亲手递接东西,这是礼的规定;而嫂嫂掉进水里,用手去拉她,这是变通。

除了孔子、孟子等具有权变意识之外,孙子也是运用权变思想的高手。

《孙子兵法》[①]中有:"计利以听,乃为之势,以佐其外。势者,因利而制权也。"

这是说,如果权衡利害后听取了此计谋,就能形成有利的态势,以助我方进行对外军事行动。所谓有利的态势,就是依据有利的情形而采取的机动灵活的措施和行动。

《孙子兵法》中还有:"故将通于九变之利者,知用兵矣;将不通九变之利者,虽知地形,不能得地之利矣;治兵不知九变之术,虽知五利,不能得人之用矣。"[②]

这是说,如果将帅精通"九变"(泛指在各种情况下灵活应变)的战略战术,就真正懂得用兵了;如果将帅不精通"九变"的战略战术,即便知道地形,也不能获得地形带来的优势;统领兵马而不知道"九变"的战略战术,纵然知道"五利"(泛指各种地形的利弊),依旧无法很好地发挥全军将士的战斗力。

而在西方,权变理论是在二十世纪六七十年代发展起来的,是曾经给管理的理论与实践带来很大冲击的管理学流派之一,其代表人物有美国的弗雷德·卢桑斯(Fred Luthans)、菲德勒(F. E. Fiedler),以及英国的琼·伍德沃德(Joan Woodward)等。

权变理论认为,没有什么放之四海而皆准的、一成不变的管理理论和方法,任何组织都需要根据自身内部情况和所处环境情况的发展、变化而做出应对,去选择更适合自己的管理理论和方法。

其基本观点:一是要审视环境形势;二是要考虑组织的内部情况;三是要

[①] 陈曦译注. 孙子兵法 [M]. 北京:中华书局,2019.
[②] 原文为"……圮地无舍,衢地交合,绝地无留,围地则谋,死地则战,途有所不由,军有所不击,城有所不攻,地有所不争……",说的是九种战略战术,其中,圮地、衢地、绝地、围地、死地为五种地形地貌所形成的优劣形势。

与时俱进，以变应变；四是可依从假设提前做出应对安排；五是可实施"奇正管理"，"正"是用正常法则处理普通事务，"奇"是用特殊手段处理非常事务。

显然，对管理者来说，在企业中坚持权变的观点，而不是拘泥于既有的管理理论与方法的"教条"，就可以在对自身内部情况和所处环境情况做出冷静和合理分析之后随机应变，予以"临机处置"。这才是一个管理者应该选择的真正符合企业发展客观规律的、实事求是的正确做法。

1.8 应该谨记的法则

在我们周围，各种各样的社会行为和自然现象总是纷纷扰扰、千变万化，组成了一个带有几分神奇意味的世界。

数学、化学、物理学、生物学、心理学等各门学科都在努力解释这个神奇的世界，于是产生了很多被证实的、可用以反映某些社会行为和自然现象客观规律的法则。

其中，管理者应该谨记的法则有墨菲定律、黄金定律、鲇鱼效应、短板效应、生命周期法则，等等。

1.8.1 墨菲定律

该定律源自美国的墨菲（E. A. Murphy）对自己的一位同事说的一句玩笑话："如果有什么方法会让事情出错，那他就一定会这么做。"但让墨菲没有想到的是，这句原本并无太多特别之处的调侃之语竟会迅速走红，并最终演变成了"凡是可能出错的事情必定会出错"这样一句带着真谛色彩的话。

其实，墨菲定律是符合数理统计原理的。在数理统计中，假设在一次实验中发生某一事故的概率为 p（$1>p>0$），则在 n 次实验中至少发生一次该事故的概率就为 $P=1-(1-p)^n$。如此一来，当实验的次数 n（$n>0$）很大且趋近 ∞ 时，$(1-p)^n$ 将趋近 0，则 $P=1$，即该偶然发生的事故最终会变成必然发生的事故。

当然，墨菲定律对成功的事情来说也是成立的："凡是可能成功的事情必定会成功。"只不过，人们往往不怎么把墨菲定律用于成功的事情。

为了不落入墨菲定律的魔咒，管理者在进行方案论证和做出重大决策时就应考虑周全，提前做好防范措施，将所有出错的可能性预先"掐灭"。

这就先要做到"三慎三求"：一要慎急、求稳，要开展细致周密的调查研究工作，循序渐进，避免冲动行事；二要慎独、求共，要同舟共济，发挥集体的智慧，避免个人独断；三要慎虚、求实，要尊重客观规律，实事求是，避免脱离实际的主观臆想来左右我们的行为。

即使项目已进入执行阶段，也不能图省事、嫌麻烦，要跟踪项目进展情况，进行项目检查，及时发现问题，必要时要亡羊补牢，立即纠错和止损。

1.8.2 黄金定律

黄金定律，一说为"黄金法则"，是励志成功理论的代表人物美国的拿破仑·希尔（Napoleon Hill）所力荐的人生成功定律。该定律认为，以积极心态（Positive Mental Attitude，PMA）去面对、支配自己的人生，将终获成功；反之，以消极心态（Negative Mental Attitude，NMA）去面对、支配自己的人生，则往往失败。

因此，管理者要想成功，就应该心怀阳光和希望、高昂头颅、拥抱理想，微笑地面对艰难困苦，想方设法化解内外矛盾，从一次次失败中站立起来，百折不挠地向前、向前，直至取得最后的成功。当然，如果管理者不想成功——这样的人本来并不多，但或许遭遇的种种失败让其疑虑、彷徨，失去了信心，再也看不到成功的希望——则只能是悲观、消极、空虚、苦闷、颓废，最终一步步地步入那万劫不复的深渊。

这就是态度与命运的逻辑关系：态度决定行为，行为决定习惯，习惯决定性格，性格决定命运。

1.8.3 鲇鱼效应

挪威人爱吃沙丁鱼，尤其是活的沙丁鱼。由于渔船返程的路途遥远，加之沙丁鱼天性懒惰，爱聚集成团，极易造成鱼群缺氧，因此即便是采用水槽式渔船运输，当渔船回到码头时，从船上卸下来的沙丁鱼也大多死了，自然也卖不出太高的价钱。但相传从某一个渔民的船上卸下来的沙丁鱼总是活蹦乱跳的，他赚的钱当然也就比别人多得多。而这个渔民对"让沙丁鱼不死"的诀窍一直守口如瓶。直到他过世后，这个秘密才得以破解——人们打开他渔船上的水槽，发现里面只不过多了一条鲇鱼。鲇鱼善游，又以小鱼为食，进入水槽后，会到处游动捕食沙丁鱼。而沙丁鱼发现这一"杀手"后，就会拼命地上蹿下跳。如此一来，水中就不再缺氧，沙丁鱼也就活着回到了码头。

这就是所谓的"鲇鱼效应"。

运用鲇鱼效应，管理者通常希望实现两个目标。

一是通过竞争上岗、公开招聘、猎头搜寻等方式，把个别思想活跃、观点独特，不循规蹈矩，甚至以传统观念来衡量有几分"另类"的人，引入职工队伍甚至管理层中来，给多年来因故步自封、一团和气而变得因循守旧、死气沉沉的职工队伍和管理层带来思想、观念和言辞、行为上的巨大冲击，打破以往万马齐喑的沉闷局面，提升群体的生存意识、上进意识、求胜意识和竞争意识，从而持续地激发企业人力资源的积极性和创造性。

二是通过学习、借鉴、引进、合资、合作，甚至收购、兼并等方式，从企业外部不断引入新技术、新产品、新观念和新机制等，一举突破企业原有的老技术、老产品、老意识、老规矩，即各种老框框，让企业重新焕发活力，由里到外、从上到下都彰显着勃勃生机，从而使企业能够再一次站上可以大有作为的航船，在市场需求的大海上挺立潮头、直挂云帆。

1.8.4　短板效应

如果我们用一个立板长短不齐的木桶来装水，那么在桶底大小确定的情况下，该木桶最多能盛多少水将取决于该木桶最短的那块立板。

这说明，在某一事物的发展过程中，"短板"才是决定其整体的发展方向和发展程度的关键因素，必须想方设法地予以补齐。譬如，一个组织是由众多成员组成的，这个组织是否具有战斗力，能否战胜各种艰难困苦而实现组织的整体目标，往往并不取决于这个组织里那些优秀成员的表现，反倒取决于这个组织里那位最不优秀成员的表现。同样，一枚运载火箭是由成千上万个零部件和运行、控制系统组成的，可能存在质量问题的那个零部件或那个运行、控制系统将决定火箭能否成功发射，只有在保证该零部件或该运行、控制系统不出质量问题的前提下，该运载火箭才能够成功发射，并将运载体成功送入预定轨道……

这就是所谓的"短板效应"，又称"木桶理论"。

要破解短板效应，管理者通常需要开展两类工作。

一是要强化团队建设，包括发现整个团队的弱项和找出团队中最不优秀的成员，通过人力资源管理的各种手段，如制订新的人力资源规划、进行工作分析与职位设计、开展人员选拔和招募、安排系统培训和培养、实施考核和激励等，对存在的"短板"进行补齐。如果发现或意识到自己就是团队中的那个"短板"，管理者要以一种壮士断腕的勇气，对自己存在的"短项"开刀，刮骨疗伤，洗心革面，方能凤凰涅槃，浴火重生。

二是除了选人、用人、培养人和改造人，还要在其他方面，诸如企业文化、战略管理、组织架构、行政和决策管理、财务和投融资管理、市场营销、产品研发、生产运营、信息化等方面，找出企业运营的薄弱环节，消除"短板"的形成因素，有计划、有重点地对存在的"短板"进行补齐，是方向偏离的就调整方向，是措施不力的就强化措施，是质量不高的就提升质量，是效率低下的就提高效率。一句话，要朝着缺陷去，对着弱项来，把严重影响和制约企业运营的关键问题尽早解决掉，最大限度地提高企业运营的整体效能，以保证企业做优、做强，能够在市场竞争中始终立于不败之地。

1.8.5 生命周期法则

与世间万物，尤其是生物体都会依照自身固有的"由生到死"的生命周期变化、发展一样，企业的生命周期也如一只无形的手始终左右着企业变化、发展的方向、过程和结果。

美国的伊查克·爱迪思（Ichak Adizes）是研究企业生命周期法则的代表性人物之一。他在《企业生命周期》[1]一书中把企业生命周期划分为10个阶段，即孕育期、婴儿期、学步期、青春期、壮年期、稳定期、贵族期、官僚早期、官僚期、死亡期，并生动准确地描述了每个阶段的特征，告知企业管理者该如何判断出现的问题，以做出相应的对策调整。

按照较为成熟的企业生命周期法则，企业发展一般会经历四个阶段，即初

---

[1] 伊查克·爱迪思. 企业生命周期 [M]. 北京：中国人民大学出版社，2017.

创期、成长期、成熟期和衰退期。

在初创期，企业的业务单一，人员不多，组织架构简单，工作流程也不正规，创始人能够对每个人施加影响，实行直接控制，大家高度团结，因此效率很高。此时，企业面对的主要问题是如何进行市场拓展，以及如何开展产品研发或服务设计等。

在成长期，企业的业务迅速膨胀，由单一产品或服务转向多条产品线或多个服务领域；人员大量增加，跨部门的协调越来越多、越来越复杂，主要管理者只能通过一定的组织体系和一定的工作流程实行间接控制。此时，企业面对的主要问题是如何进行与业务迅速膨胀相适应的组织设置，以及如何开展跨部门和跨地域的协同等。

在成熟期，企业面对的市场趋于饱和，业务陷入"滞胀"，创业与创新精神逐渐萎靡，人员冗杂，组织体系和工作流程僵化，运作效率明显下降，主要管理者已成为或"被成为"只会习惯性地发号施令的"官僚"。此时，企业面对的主要问题是如何保持业务的持续增长，以及如何开展流程再造、组织再造等，否则，等待它的就只能是步入衰退期了。

在衰退期，企业的产品或服务被市场所遗弃，业务不断萎缩，入不敷出，人心浮动，逐步演变为变卖资产，遣散人员，企业被兼并重组或破产歇业，直至走向灭亡。

当然，也有极少数企业经过剧烈、彻底的业务变革和组织变革，没有进入衰退期，而是由成熟期转入持续发展期，实现了所谓的"永续经营"——像一些已历经百年而不衰的企业，如"世界500强"中的杜邦（美国，1802年设立）、招商局集团（中国，1872年设立）、美国电话电报（美国，1877年设立）、埃克森美孚（美国，1882年设立）、戴姆勒-奔驰（德国，1890年设立）、通用电气（美国，1892年设立）、交通银行（中国，1908年设立），等等。

不同的企业生命周期有长有短，生命周期的阶段也有全有缺——有的企业的生命周期只有20～30年，而有的企业的生命周期却有好几个世纪；有的企业由生到死每个阶段的特征表现得极为明显，各个阶段"一个也不能少"，而有的企业由生到死每个阶段的特征却表现得不那么明显，可以从某个阶段直接就"跳"到了下一个或再下一个阶段，甚至可以通过业务变革和组织变革实现"重生"，但企业在生命周期中所表现出来的特征仍具有某些共性。了解这些共性，能够让管理者了解自身企业正处于和将会处于生命周期的哪个阶段，从而主动修正或提前修正企业的业务结构、组织架构和制度体系等，通过战略转型得以蜕变，拓展企业的成长空间，让其持续充满活力和竞争力，以尽可能延长其生命周期。

作为管理者，如果做到了这一点，所在的企业也可能成为像杜邦、招商局集团、美国电话电报等一样的"百年老店"。

这不是一句空话，努努力，真的实现了也未可知啊！

1.9　如果对企业管理来一番哲学思考的话

哲学是在各种具体科学学说的基础上形成的，具有思辨性、概括性、系统性、普遍性的关于世界观、方法论和社会历史观的一般科学学说。

哲学的根本问题是物质与精神即存在与意识的地位和关系的问题，是以辩证法还是以形而上学的方式方法来处理世间一切事物矛盾的问题，是采取唯物主义还是采取唯心主义的立场来认识人类社会发展更迭的问题。

根据对这些问题的不同的观点，形成了两个几乎完全不同的哲学体系：辩证唯物主义和历史唯物主义——以唯物主义世界观、辩证法和唯物史观为核心的哲学体系；形而上学唯心主义和历史唯心主义——以唯心主义世界观、形而上学法和唯心史观为核心的哲学体系。

哲学既然是关于世界观、方法论和社会历史观的一般科学学说，自然就涵盖了各种具体科学学说，包括管理学，并对其理论和方法具有基本性、整体性、统一性的指导作用。

事实上，相较于数学、化学、物理学、天文学等自然科学，以及文学、艺术、历史、宗教等社会科学，现代管理学的历史要短了不少，而在其诞生之前，哲学早已长成了一棵枝繁叶茂的参天大树。

因此，如果对企业管理来一番哲学思考的话，管理者可以更深刻地认识和理解各种管理理论和方法，进而能够更高效地运用这些管理理论和方法，来面对和处理企业经营管理活动中出现的各种实际问题。

依照唯物主义世界观，在世间一切事物中，物质始终是第一位的；物质决定精神，精神只是物质在人们头脑中的反映，尽管这种反映不是机械的、照相式的，而是能动的、有差异的。

于是，就有了管理学上美国的泰勒（F. W. Taylor）、法国的亨利·法约尔（Henri Fayol）的古典管理理论，美国的德鲁克（P. F. Drucker）、欧内斯特·戴尔（Ernest Dale）、斯隆（A. P. Sloan Jr.）的经验或案例流派，英国的帕特里克·布莱克特（Patrick Blackett）及其曼彻斯特大学运筹学小组、兰彻斯特（F. W. Lanchester）、希尔（A. V. Hill）和美国的伯法（E. S. Buffa）的数学或管理科学流派，以及加拿大的亨利·明茨伯格（Henry Mintzberg）的经理角色流派等。这些管理学理论和方法尊重企业生产经营活动的各种事实，强调客观存在决定主观意识，只有在实际的经营管理中通过观察、记录、归纳……才能抽象出管理概念，发现经营管理活动中存在的客观规律，甚至建立一定的数学模型或相应的科学架构，形成某一管理理论和方法，并得到经营管理实践的检验，以发挥这一管理理论和方法对企业生产经营活动的规范和指导作用。

依据辩证法，任何事物都是由矛盾构成的，矛与盾是对立的统一体，二者既相互对立，又相互统一；矛盾双方由平衡、冲突、变化，达到新的平衡，从而推动事物的变化发展；任何事物都是发展的，是绝对运动和相对静止的统一，运动是无条件、绝对的，静止是有条件的、相对的；事物发展是内外因共同作用的结果，内因是事物发展的根据，外因是事物发展的条件，外因通过内因起作用；事物发展是由量变到质变的过程，量变是质变的前提，质变是量变的结果，量变达到一定的"度"则必然引起质变；事物发展存在一定的客观规律，客观发展规律可以被认识、被利用，但不能被创造、被消灭；任何事物都不是孤立的，而是处于普遍的联系之中，各种事物构成一个相互联系的统一的整体；事物间的联系具有多样性，包括因果联系、时间顺序联系、空间位置联系、部分与整体联系等。

于是，就有了管理学上意大利的维尔弗雷多·帕雷托（Vilfredo Pareto）、美国的切斯特·巴纳德（Chester Barnard）的协作社会系统流派，英国的特里司特（E. L. Trist）的社会技术系统流派，美国的西蒙（H. A. Simon）、马奇（J. G. March）的决策理论流派，美国的卡斯特（F. E. Kast）、约翰逊（R. A. Johnson）、罗森茨韦格（J. E. Rosenzweig）的系统流派，美国的弗雷德·卢桑斯（Fred Luthans）、菲德勒（F. E. Fiedler）、英国的琼·伍德沃德（Joan Woodward）的权变或情境化流派，美国的波特（M. E. Porter）、伯格·沃纳菲尔特（Birger Wernerfelt）、加里·哈默尔（Gary Hamel）和印度的普拉哈拉德（C. K. Prahalad）的企业竞争力流派，以及美国的迈克尔·哈默（Meker Hammer）、詹姆斯·钱匹（James Champy）的业务流程再造流派等。这些管理学理论和方法关注企业生产经营活动中的各种矛盾和矛盾运动，重视对经营管理走势与结果有影响的诸如人文、技术、市场、社会和自然环境等内外部因素，主张采取持续可变化的、全局性的系统思维来研究、分析和解决企业运营中的实际问题，从而为企业找到一条与自身情形相适应的科学、合理的发展道路。

依循唯物史观，社会存在决定社会意识，社会意识是社会存在的反映，并对社会存在产生一定的反作用；个人是社会中的个体，社会是由个人组成的不同的群体，个人与社会相互依赖，密不可分，个人的生存和发展离不开社会，社会的存在和发展也离不开个人；在个人与社会的相互关系中，社会起决定作用——"人民，只有人民，才是创造世界历史的根本动力"[①]，而个人，包括英雄、领袖等，只有在其顺应社会发展的趋势，能够代表人民群众的根本利益的时候，才能推动社会的发展和进步，反之，则会阻碍社会的发展和进步。

于是，就有了管理学上澳裔美国人梅奥（G. E. Mayo）和美国的罗特利斯伯格（F. J. Roethlisberger）的人际关系流派，美国的亚伯拉罕·马斯洛（Abraham Maslow）、弗雷德里克·赫茨伯格（Fredrick Herzberg）、麦格雷戈（D. M. McGregor）和德裔美国人库尔特·勒温（Kurt Lewin）的群体行为或组织行为流派，以及日裔美国人威廉·大内（William Ouchi）的Z理论等。这些管理学理论和方法重视对企业生产经营活动中个体行为和群体行为，以及个体行为与群体行为甚至社会行为间相互作用的研究，强调人本管理思想，力求通过有效提高经营管理中的领导力和广泛采用各种激励手段，来达到大幅提升经营管理效率和充分调动员工工作主动性、积极性和创造性的目的。

可见，无论是对各种管理理论和方法，还是对实际的企业经营管理活动，管理者只要略加思考，都不难发现哲学这棵枝繁叶茂的参天大树在阳光下留下的偌大的影子——它挡住了各种刺眼的耀光、杂光……，使人们可以看得更清、看得更远，理当成为管理者思想宝库中的一种有力的武器。

---

① 毛泽东. 毛泽东选集[M]. 2版. 北京：人民出版社，1991.

1.10 扼要易用的"管理学理论2×2体系"

理论来源于实践；反过来，正确的理论又推动或引领实践前行。

现代管理学亦如此。

至20世纪初叶，工业革命的标志性产物——蒸汽机的轰鸣声不绝于耳，重复性生产、流水线生产、机械式生产逐渐成了企业生产的主流。于是，美国的泰勒（F. W. Taylor）和法国的亨利·法约尔（Henri Fayol）等的古典管理理论问世。该理论倡导"科学管理""职能管理"，提出工时定额、计件工资制、标准化生产、对组织分权授权，还主张将管理权限划分为计划、组织、指挥、协调和控制等，这在一定程度上提高了员工与管理者的工作质量以及整个企业的劳动生产率。

在此基础上，一百多年以来，现代管理学又出现了包括经验或案例流派、人际关系流派、群体行为或组织行为流派、协作社会系统流派、社会技术系统流派、决策理论流派、系统流派、数学或"管理科学"流派、权变或情境化流派、经理角色流派、运作（理论）流派、企业竞争力流派、流程再造流派、知识管理流派等的十余种现代管理学流派。

这些流派，有的发展了古典管理理论，认为企业遇到的诸多困难都可以通过"客观存在的"数理方法和技术手段去破解；有的重视人的自然需求和社会需求，提倡管理是一门综合的"艺术"，而非一门纯粹的"科学"；有的偏爱"眼见为实"，热衷于"设身处地""亲力亲为"，希望从大量的实践活动中发现管理工作的必由之路；有的强调系统思维，倡导将一个个独立的企业放到更为广阔的环境体系之中加以认识；还有的相信"唯一不变的就是一切都在变"，只有站在"权变"的立场上认识企业、再造企业，才可以找到解决具体管理问题的灵丹妙药……

客观地说，这些流派都在某些方面对现代管理学的发展做出了或多或少的贡献，但又存在着这样或那样的不足。

依我看，尽管众多管理学理论或流派看似纷乱繁杂，但其在形式上不外乎两种，一是以人本的方式或称"艺术的方式"来认识和对待管理问题，二是以机械的方式或称"科学的方式"来认识和对待管理问题；而在内容上，众多

第 1 章 理论与方法

理论或流派大体可分为两类，一类重在探究企业内部的组织架构和运行控制，以及对有限资源进行最佳配置的原理和方法等，另一类在探究企业如何与外部环境发生交互作用，在不断的运动、变化中强化自身的竞争优势，使自己销售的产品或提供的服务为市场所接受的同时，分析企业从外部环境中获取最大利益的原理和方法等。这样就构成了一个"管理学理论2×2体系"（如下图所示）。

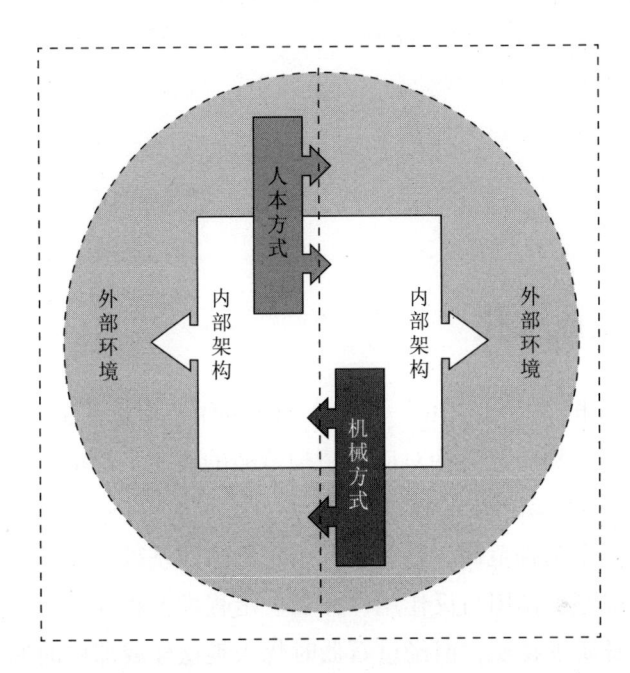

这样的一个"管理学理论2×2体系"，既包括"机械的"或称"科学的"观点，又包括"人本的"或称"艺术的"观点，既覆盖"架构的"或含"平衡的"观点，又覆盖了"环境的"或含"变化的"观点，是我对现代管理学理论所做的一种归纳和发展的成果。

其特点是扼要、易用，可以在各式各样的管理实践活动中发挥很好的指导作用。对此，管理者不妨一试。

第2章 企业文化

2.1 话说企业文化

在现代汉语里,"企业文化"是一个偏正词组,专指"企业"的"文化"。

文化是一个与物质范畴相对应的精神范畴的概念,泛指人类全部的精神活动,以及所有精神活动产生的精神成果。

文化既然属于精神范畴,就离不开一定的物质基础,会与物质成果和物质成果的创造过程发生作用与反作用,并在一定程度上相互转换。譬如,自然界中的石头,本身属于物质,但经过石器时代人类这样或那样的加工,变为可用于击打、砍砸和切割的工具,甚至成为部落或族群间战争的武器,就显现了石器时代的文化特征,转化成蕴含着石器时代"文化"的"物质",成了远古遗存下来的"文物"。

而文化既然属于精神范畴,就必然与某一特定的群体相依存。譬如,按活动的地域划分,有黄河流域文化、尼罗河流域文化、恒河流域文化、底格里斯河和幼发拉底河流域文化等;按信奉的宗教划分,有佛教文化、伊斯兰教文化、基督教文化等;按生产力的典型特征划分,有石器时代文化、青铜时代文化和铁器时代文化,近现代的蒸汽时代文化、电气时代文化,以及现在仍在持续的信息时代文化——包括计算机时代文化、网络时代文化、人工智能(Artificial Intelligence,AI)时代文化和万物互联时代文化等;按社会属性划分,有原始社会文化、奴隶社会文化、封建社会文化、资本主义社会文化、社会主义社会文化等。

同样,"企业"的"文化"也是一个与企业"物质"范畴相对应的企业"精神"范畴的概念,泛指某一企业特定群体全部的精神活动,以及所有精神活动产生的精神成果。

因此,企业文化必然离不开企业的物质基础,并与企业的特定群体相依存。

譬如,创立于1669年(康熙八年)的同仁堂,是一家传统的中医药企业,其企业文化就源于其物质基础(如黄连、黄芩、栀子、郁金、地黄、山药、茯苓、青蒿、红参、甘草、当归、白芍、川芎、香附等植物类药材,牛黄、麝香、犀牛角、珍珠、鹿角、牡蛎等动物类药材,朱砂、雄黄、石膏、胆矾、钟乳石等矿物类药材)与物质成果(如安宫牛黄丸、六味地黄丸、乌鸡白凤丸等著名中成药),与其物质成果的创造过程(如选方、用料、配比、炮制等)相关联,并与特定的群体(如过去的乐良才、乐显扬、乐凤鸣、乐平泉等乐氏家族传人和现在的成千上万的干部员工)密不可分,由此才孕育出了同仁堂"同修仁德,济世养生""修合无人见,存心有天知""炮制虽繁必不敢省人工,品味虽贵必不敢减物力""但愿世间人无病,哪怕架上药生尘"等的文化理念,铸就了富有同仁堂特质的企业文化。

再如,1987年诞生的华为,现已发展成为一家全球领先的信息通信技术(Informaion and Communication Technology,ICT)产品供应商,其企业文化就源于其物质基础(严格地说,已包括了研发、设计等"精神"因素,如各种分离式电子元件、IC芯片等)与物质成果(严格地说,更包括了大量的研发、设计、系统集成等"精神"因素,如运营商业务、企业业务、消费者业务、云与AI业务等ICT产品),与其物质成果的创造过程(如ICT产品的研发、制造、安装、调试、运维和一体化服务等)相关联,并与特定的群体(如任正非等公司创始人和十余万干部员工)密不可分,由此才有了华为"把数字世界带入每个人、每个家庭、每个组织,构建万物互联的智能世界"的愿景,以及"实事求是是我们行为的准则""尊重知识、尊重个性、集体奋斗和不迁就有功的员工,是我们事业可持续成长的内在要求""在顾客、员工与合作者之间结成利益共同体""质量是我们的自尊心""机会、人才、技术和产品是公司成长的主要牵引力""我们追求在一定利润水平上的成长的最大化""效率优先、兼顾公平、可持续发展,是我们价值分配的基本原则""顾客的利益所在,就是我们生存与发展的最根本的利益所在""我们的产品开发遵循在自主开发的基础上广泛开放合作的原则""市场地位是市场营销的核心目标""我们的生产战略是在超大规模销售的基础上建立敏捷市场体系"等经营管理理念,承托起了富有华为特质的企业文化。

企业文化是从哪里来的?

是从天上掉下来的?肯定不是。别说企业文化不是,所有的文化都不是。就连某些宗教,往往也都有某一源头和各种各样自然的或社会的归因。

是剽窃来的?剽窃不但无益,而且有害。先不说剽窃行为有可能违法,即便够不上违法,也至少会让人感觉不怎么高尚,对内推广和对外宣传起来,企业大概也不会那么信心十足、理直气壮。

是别人给的?可能性也不大。因为企业文化属于企业无形资产的一部分,别人会无缘无故把自己的无形资产拱手相送吗?

是从别人那里照猫画虎学来的?这倒有可能。但客观地说,这样得来的企业文化不是人云亦云,脱离了企业的自身实际,就是千人一面,过于空泛。例如,你现在走进不少企业,常常可以发现其企业精神都有"团结""凝聚""务实""高效""开拓""创新""拼搏""进取"等"标准"的字眼,而看不出这样的企业精神是否承载了企业的文化基因和核心价值观,是否与企业的历史、现在和未来,以及企业的自身定位、经营和管理行为特征等相结合,是否能够对企业上上下下起到凝聚、引导、规范和激励的作用。

一句话,真正的企业文化,应该来自企业自身,是企业特定群体全部的精神活动和所有精神活动产生的精神成果。它形成于企业的运营活动之中,并伴随着企业的成长、发展而从无到有、生机勃勃。

企业文化通常具有形成、推广和发展"三段式"变化过程。

在形成阶段,企业的关键动作:一是对在长期的运营活动中企业创始人或企业领袖的所作所为和重要讲话、员工的突出事迹和感人话语、企业战胜各种艰难险阻获得的主要成就和取得的宝贵经验等进行记载、汇集、留存和积淀;二是对上述经记载、汇集、留存和积淀而形成的企业文化素材进行归纳、总结、发掘和提炼;三是对上述经归纳、总结、发掘和提炼而形成的企业文化雏形进行研讨、论证、完善和取得共识,最终形成具有企业自身特点的、为企业成员所普遍认可和共同遵从的企业文化,包括企业精神、愿景和经营管理理念等。

在推广阶段，企业的关键动作：一是利用各种媒介和推广手段进行广泛宣传，包括布置企业展馆和电子屏，制作企业文化手册、画册、光盘，安排教育、培训，开展正向或反向激励等；二是既可以实施纵向推广而使企业文化得以传承，也可以实施横向推广而使企业文化能够在企业上下级之间、同级之间、各职能部门和业务单元之间，以及企业内部与企业外部之间获得全方位的传播；三是既可以实施对内推广以发挥企业文化内聚力量的作用，也可以实施对外推广以发挥企业文化外塑形象的作用。

在发展阶段，企业的关键动作：一是有计划地对既有的企业文化进行梳理，确定企业文化体系是否完整，有无多余项或暂缺项，并开展综合评估，包括评估其是否符合企业的实际情况，是否能够发挥凝聚、引导、规范和激发作用，是否满足企业发展的需要；二是在对既有的企业文化进行梳理和评估的基础上，对其进行删减、增补和更正；三是对上述经删减、增补和更正的企业文化组织研讨，广泛征询意见，从历史、现实和未来等多个层面进行反复论证，取得各层级干部、员工的共识，以最终形成更新后的企业文化。

那么，究竟是谁创造了企业文化？是企业创始人或企业领袖，还是企业员工？

依我看，是企业特定的群体创造了企业文化，既包括企业创始人或企业领袖，也包括企业员工。只不过二者在企业文化的形成、推广和发展"三段式"变化过程中扮演的角色不同，履行的职责不同，发挥的作用不同。因为，按照历史唯物主义的观点，是人民群众创造了历史，但也不否认英雄人物在历史创造过程中发挥的重要的或特殊的作用。

不同企业的企业文化，往往在称谓、表述上林林总总，不尽一致，如"企业精神""核心理念""路线""愿景""使命""经营方针""经营管理理念""原则""准则""守则""作风习惯""行为规范"，等等，但究其根本，大体可以归为三大类。

第一类为企业精神，指企业成员一致推崇的群体意识和共有的心理特征，体现了企业所倡导的核心价值观。企业的"价值观"就是企业的精神。譬如，大庆油田的企业精神是"爱国、创业、求实、奉献"，由"为国争光、为民族争气"的爱国主义精神、"独立自主、自力更生"的艰苦创业精神、"讲求科学、'三老四严'"的科学求实精神、"胸怀全局、为国分忧"的奉献精神所构成。

第二类为企业愿景，指企业为之奋斗的美好愿望和远景目标，体现了企业的神圣使命。这就如同哲学中常常提及的"人生观"一样。企业的"人生观"就是企业的愿景。它是企业生存、发展的最终目的，可以引导企业向着某一既定方向努力前行，并最终能够成为达到某一标准、某一水平的企业。譬如，茅台集团的愿景是"打造国际一流企业，塑造世界一流品牌"，通用电气（General Electric Company，GE）的愿景是"使世界更光明"，腾讯的愿景是"用户为本，科技向善"。

第三类为企业经营管理理念，指企业开展各种经营管理活动时所坚持的各种准则，体现了企业始终如一的行为规范和行动作风。譬如，海尔集团的经营管理理念就有：生存理念——"永远战战兢兢、永远如履薄冰"；用人理念——"人人是人才，赛马不相马"；职能工作服务理念——"您的满意就是我们的工作标准"；质量理念——"高标准、精细活、零缺陷"；市场理念——"市场唯一不变的法则就是永远在变""只有疲弱的思想，没有疲弱的市场""否定自我、创造市场""绝不对市场说'不'"；市场竞争理念——"打价值战，不打价格战"；营销理念——"先卖信誉、后卖产品"；售后服务理念——"客户永远是对的"；出口理念——"先难后易"；资本运营理念——"东方亮了再亮西方"；技术改造理念——"先有市场、再建工厂"；技术创新理念——"市场的难题就是我们创新的课题"；等等。

通常，一个企业有什么样的企业精神，就会产生什么样的愿景；而有什么样的企业精神和什么样的愿景，就会产生相应的经营管理理念。这些企业精神、愿景和经营管理理念等会相互关联、相互拱卫，共同支撑起这一企业的"精神世界"，成为企业众多员工心中的"奋斗之火""热情之火""希望之火"。

企业文化，包括企业精神、愿景和经营管理理念等，其存在的形式大体可以体现在"人"的方面和"物"的方面。

在人的方面，主要体现在内化于"心"的思想、观念和外化于"行"的作风、习惯上；在物的方面，则主要表现在文字——如规章、制度、讲话、报纸、杂志等，图案——如商标、标牌、照片、宣传画等，音/视频——如厂歌、公司文艺汇演、企业宣传片等，以及各类物品——如服装、旗帜、车辆、文具、礼品、纸袋等的宣传、展示上。

企业文化正是通过这些人的或物的"载体"得以渗透、吸纳、扩张和不断地传承、延续，影响着、左右着，甚至支配着企业特定的群体，使其为企业的既定目标而齐心协力，尽情地写下自己的锦绣文章。

2.2 精神的力量

毛泽东说过，"人是要有一点精神的"。德国的马克斯·韦伯（Max Weber）也曾说过，"任何一项事业背后，必须存在着一种无形的精神力量。"

猪狗有没有精神？按理说没有，但不也出现了"猪坚强"[①]"忠犬八公"[②]这样的故事吗？只是这样的故事寥寥无几，能够经久流传的就更少了。

精神对于人来说——当然那些猪狗不如、醉生梦死，毫无人格尊严的人除外——是一种思想信仰、道德理念、人生态度和气概情怀，是一个人的魂魄。人如果没有了魂魄，则人之不人，活着也与行尸走肉无二。

对企业来说，也同样如此。

在唯心主义哲学家心里，精神是至高无上的；而在唯物主义哲学家眼中，物质是第一位的，先有物质后有精神，精神源于物质，但又不仅仅是物质的"附属品"，在一定程度上精神可以反作用于物质，甚至转化为物质，推动着物质世界的变化和发展。这种力量就是所谓"精神的力量"。

具体到企业精神，也泛指全部的企业文化，其力量包括团结、凝聚的力量，引领、推动的力量，约束、规范的力量和激发、鼓舞的力量。

正是靠着这种力量——"有条件要上，没有条件创造条件也要上""宁可少活二十年，拼命也要拿下大油田"，"铁人"王进喜可以奋力跃入泥浆池，以自己的伤痛之躯去搅拌水泥泥浆，在他的鼓舞和感召下，大庆油田 1205 钻井队的戴祝文、丁国堂、许万明、杨天元、张志训等也都纷纷跃入泥浆池，一起

[①] "猪坚强"，原是四川省彭州市龙门山镇团山村万兴明家从 2007 年开始饲养的一头猪，因在 2008 年 "5·12 汶川地震"中被埋废墟 36 天后获救而知名，后被建川博物馆收养至 2021 年 6 月寿终而离世。

[②] "忠犬八公"，原为东京大学上野教授家从 1924 年开始饲养的一只名为"八公"的秋田犬，八公每天会在家门口目送上野教授上班，并在傍晚时到涩谷车站去迎接上野教授下班。1925 年 5 月上野教授在工作时因病猝然离世，然而八公每天傍晚依然会到涩谷车站等候上野教授归来，直到十年后的 1935 年 3 月因病去世为止。

用血肉之躯去搅拌水泥泥浆。他们大干数小时，水泥泥浆终于压堵了钻井口，井喷止住了，机毁人亡的事故被避免了。

也正是靠着这种力量——"以奋斗者为本""一切以客户为中心""自我批判""心中存有执念"，任正非可以在仓库里艰苦创业，带头吃住在公司，"一张床垫半个家"；东奔西跑，一切围绕客户的需求转；经常自省自警，时刻想着"华为的冬天""华为的红旗到底能够打多久"；杜绝各种所谓"机会"的诱惑，始终坚守着发展信息通信技术（Information And Communication Technology，ICT）的初心。在他的鼓舞和感召下，很多干部员工才会主动申请"成为与公司共同奋斗的目标责任制员工，自愿放弃带薪年休假、非指令性加班费"；才会发扬"狼群"作风，不屈不挠，奋不顾身，紧盯客户需求，以为客户创造价值为己任；才会严格遵守公司的各项制度，不贪污、不盗窃、不腐化，善于开展批评和自我批评，严于律己、宽以待人；才会丢掉速成的幻想，围绕ICT产业，从基础做起，从基层做起，踏踏实实、一丝不苟，把精力集中在一个有限的工作面上，敬重自己的职业，持之以恒，努力钻进去，在具体的实践中得到成长。

有了精神的力量，企业才有了自己坚持不懈的执行力、摧枯拉朽的战斗力和蓬勃向上的生命力，以及对于市场环境来说脱不开、甩不掉的附着力。

对企业而言，精神的力量是一样的吗？当然不是。老企业、大企业、资本密集型和知识密集型企业的精神的力量，往往大于新企业、小企业和劳动密集型企业的精神的力量。但无论精神的力量是大还是小，其都是企业中其他任何力量所不可战胜或无法取代的。

2.3 企业的使命

在这个世上，每天都有企业诞生，每天也都有企业消亡。

企业的使命是什么？或者说，企业为何而存在？

这看似简单的问题，还真不是用三言两语就可以讲得清楚的。

企业为了逐利、追名，或者为了名利双收而存在？

这些说法，往往源自"人为什么活着"这一涉及人生观的哲学命题，而它们只涉及某一企业的创业者、发起人、出资人等办企业的目的，并不是企业的使命。

人为什么活着？不同的人有不同的认识。

宿命者认为，人活着不为什么。"反正是娘老子把我生下来的，又不是我想来的。既然来了，我又不能把自己掐死，就先活着呗。怎么活？怎么活都行啊，随'天意'啰，我无所谓的。"

享乐者认为，人活着是为吃喝玩乐，为自己舒坦、自在。"人生苦短，转瞬即逝，何不日日美酒佳肴，夜夜歌舞笙箫，及时行乐。钱从哪儿来？去哄、去骗，或者让愿意养着你的人白给呗。"

信仰者认为，人活着为追求公平正义，为国家独立、民族解放、文化复兴、人民幸福。于是才有了"先天下之忧而忧，后天下之乐而乐""自古人生谁无死，留取丹心照汗青"和"铁肩担道义""热血铸忠魂"之说。

普罗大众，包括靠自己的体力与脑力劳动获得报酬的工人、农民、各行各业的白领们则认为，人活着不图大富大贵，只求自己和家人能够衣食无忧，健康、平安、幸福。

而这些人，通常不会去办企业，去做某一企业的创业者、发起人、出资人等。当然，也有特殊情况。譬如，有信仰者办了企业，但把赚取的每一个铜板都用于组织的革命事业；再如，也有普罗大众选择了创业，或在获取第一桶金后办了企业，发生了身份转换，成了创业者、发起人、出资人。

创业者、发起人、出资人等往往认为，人活着为逐利、追名，或名利双收。"人为财死，鸟为食亡。有了钱，就有了一切！赚钱不怕多，多多益善。""钱重要吗？当然重要，但'声名鹊起'可能更重要！一切物质的东西，当撒手人寰的时候你能带走吗？不能！所以还是趁现在活着的时候，多给自己攒下个好名声吧！""还是名利双收更好吧？为什么？这很简单啊。因为人活在这个世上，没钱不行，但只有钱也不行。人的需求是多层次的嘛！"

而要逐利、追名，或名利双收，办企业无疑是一个不错的方式和途径。于是，创业者、发起人、出资人等的人生追求，就自然而然地转化成了其办企业的目的。

那么，企业自己的使命是什么呢？

依我看，企业，无论其属于何种所有制形式，国有的、私有的也好，独资的、上市的也罢，也无论其属于何种行业，种植业、采掘业、制造业，或者是各类服务业，如商贸业、金融业、物流运输业、信息服务业，等等，站在企业的角度，其自己的使命大体都一样，就是为股东、员工、社会和自然环境做出贡献——给股东创造财富或声望，或者是财富和声望兼有；向员工提供就业的机会和越来越丰厚的报酬，并使他们不断地增长才干，不断地成长；对社会和自然环境的给予，包括与供应商和客户签订供销合同、向政府财税机关缴纳税费、增加社会就业、承担绿化和节能减排责任、向灾区和贫困地区捐赠物资，以及其他推动社会繁荣与环境进步的种种事务。

而一旦某一企业的贡献消失了，其使命也就不复存在了。

这种企业使命的"贡献说"，显然不是自己好的"独乐乐"，而是大家都好的"众乐乐"。这是不是颇有几分"高大上"的味道呢？

但这的确是"企业的使命是什么"的答案。

2.4 什么叫好企业

什么叫好企业？不同的人可能有不同的看法。

对股东来说，能赚钱、能赚大钱的企业就是好企业。

对做资本市场投资的人来说，成长性好、股票价格能够节节攀升的企业就是好企业。

对上了些岁数的人来说，寿命长的，比如王麻子、瑞福祥、狗不理、同仁堂等老字号企业就是好企业。

对刚参加工作的年轻人来说，工作不累、工资翻倍的企业就是好企业。

对市井百姓来说，诚实守信、童叟无欺，产品质量过硬，服务周到热情的企业就是好企业。

对为官从政的人来说，能带来高 GDP、高税收、高就业率的大企业，譬如"中国 500 强""世界 500 强"企业，就是好企业。

……

这些看法错了吗？应该说都没错，但又都不够完整、不够准确。

为什么说都没错，但又都不够完整、不够准确呢？

因为，如果把企业看作一个客体，"看客"们从不同的角度去看企业，自然会得出上述种种不同的看法。这就像管中窥豹一样：透过竹管，能看见一个豹斑，未必能看到完整的豹子。即便拿掉了竹管，能看到完整的豹子，但评价标准不统一的话，能否就对面是一只身手敏捷、牙尖爪利的好豹子达成一致意见，就很难说了。

所以，应该设计一套综合、全面、科学、合理的指标评价体系，来客观评价一个企业是不是一个好企业。

但这样做会很复杂，而且所谓的"综合、全面、科学、合理的指标评价体系"又在哪里呢？这样一套指标评价体系真的能做到"综合、全面、科学、合理"吗？就不会遭到非议、诟病和唾弃吗？

从一个管理者的角度，我认为，过去就不论了，至少现在和可以预见的将来，能够为股东、员工、社会和自然环境做出贡献的企业就是好企业，否则一切就都是空话。这种贡献可能是资产、财富，也可能是工资、奖金，还可能是产品或服务的订单，以及就业、税收和青山绿水的环境……

而为股东、员工、社会和自然环境做出贡献，正是企业的使命。

如果以是否实现了企业的使命来评价一个企业是不是一个好企业，问题是不是就简单多啦？

2.5 初衷不改

人有人生目标，企业有企业愿景。在我看来，这二者有很多相近或相通的地方。

人生目标，指人在自己生命的过程中——无论是辛劳还是安逸，是平顺还是坎坷，是欢乐还是痛苦，是成功还是失败——所想要达到的目的或标准，体现了人活着的意义和价值，回答了人为什么活着、为谁活着，以及可以做出何种贡献和多大的贡献等诸多涉及人生观的问题。

对人来说，人生目标是其最基本、最核心的"初衷"。

一个人出生以后，其父母往往就有了关于他长大成人后要做什么的设想。当然，有时为了看一下做父母的设想是否符合孩子的天性，也可能让小孩子参与一下，搞搞"抓周"之类的活动——这类活动的主要目的是游戏、取乐，应该没有谁把刚满周岁的孩子是抓到了钱包还是抓到了书本真当回事儿。

人随着年龄的增长、知识的掌握和社会阅历的积累，在对自己、对他人、对社会和自然环境有了充分的认识后，工作职业规划、婚姻家庭规划等才会逐渐清晰起来，才确立了自己的人生观，才坚定了自己的人生目标。

环顾四周，对自己的人生目标不时进行改变的人，比比皆是，如孔子所云"三十而立，四十而不惑，五十而知天命……"[①]。

但对自己的人生目标始终执着、坚定，甚至至死不渝的人，其实也不在少数。譬如戊戌变法中的风云人物，在变法失败后慷慨赴死的谭嗣同可以"我自横刀向天笑，去留肝胆两昆仑"，康广仁可以"我辈死，中国强矣"，林旭可以"青蒲饮泣知何补，慷慨难酬国士思"，杨深秀可以"缧绁到头真不怨，未知谁复请长缨"，杨锐可以"一肩担尽古今愁""何年更唱满江红"，而刘光第可以在生命的最后一刻"神气冲夷，淡定如平日"，头被砍了，身躯还"挺立不化"。他们舍生取义，以一腔热血捍卫了自己以国家和民族复兴为己任的"初衷"，活出了人生极致的精彩。

而企业愿景，指企业在自身发展的过程中为之奋斗的美好愿望和远景目标，体现了企业的神圣使命。其中，"为之奋斗的美好愿望和远景目标"指企业希望自身要发展成为一个什么样的公司；而"企业的神圣使命"则指企业存在的意义和价值——回答了企业为什么存在、为谁存在，以及可以做出何种贡献和多大的贡献等诸多涉及企业生存观的问题。

对企业来说，愿景是其最基本、最核心的初衷。

在企业设立之初，其创始人往往都会或精准或粗略地对企业的愿景进行某种描述或勾画。譬如，1933 年，精机光学研究所，即今天"世界 500 强"之一的佳能，在日本东京麻布六本木的一栋木制建筑第三层的一个房间里成立的时候，其创始人吉田五郎就为这家当时只有二三十人的小企业勾画出了"要造出日本的、价廉物美的 Leica II"的愿景[②]。

随着企业的发展、经营管理能力的提高和业务市场的拓展，在对自身、对竞争对手、对社会和自然环境有了充分的认识后，企业的产业规划、发展战略等才会逐渐清晰起来，企业才确立了自身的生存观，才坚定了自身的愿景。

---

① 陈晓芬，徐儒宗译注. 论语·大学·中庸 [M]. 北京：中华书局，2015.
② 张晓成. 管理者之鉴 [M]. 北京：企业管理出版社，2022.

环顾四周，对自身的愿景不时进行改变的企业，并不鲜见。譬如，20世纪90年代曾轰动一时的巨人集团破产事件，在很大程度上就是由其盲目扩张、改变自身愿景所引发的。

1991年，以M6401中文处理软件和M6402、M6403汉卡热销而掘得第一桶金的巨人新技术（公司）在珠海成立的时候，曾将自身的愿景——客观地来讲，当时应该指自己的经营范围——确定为"以生产、经营计算机软硬件和外部设备以及相关新材料"的企业。

1992年，巨人集团在巨人新技术的基础上成立，并陆续推出了巨人传真卡、巨人防病毒卡、巨人中文手写电脑、中文电子收款机、巨人钻石财务软件等产品，还先后在北京、深圳、上海、成都、西安、武汉、沈阳和香港等地设立了二三十家全资子公司，员工由几十人发展到了几百人。

1993年，巨人集团实现销售收入3亿元、利润4600万元，成了国内当时响当当的计算机企业。

1994年，巨人大厦破土动工。这座最初规划以自用为主的18层大厦，在众人的热捧和鼓励下被不断地加高，从18层到38层、54层、64层，最后甚至要达到70层，号称要建成当时中国的第一高楼，投资额也从2亿元猛增到了12亿元以上——当然，不可能再是巨人集团自用了，而变成了一个"房地产开发"项目。同样是在1994年，面对国外计算机企业开始大举杀入中国市场的竞争态势，巨人集团开辟了以保健品脑黄金①为代表的"生物制药"产业，并实现了初战告捷。这样一来，巨人集团的经营范围就由"计算机"扩张到了"生物制药和房地产"，其愿景也就变成了"以生产、经营计算机、生物制药，以及房地产开发业务"的企业。

1995年，巨人集团发动"三大战役"，把更多的计算机软硬件、保健品和药品（其实仍是号称有药物功能的保健品），一起推向市场，仅投放广告的费用就超过了1亿元，子公司从二三十个发展到了二三百个，员工也从几百人变成了几千人。

急剧的扩张使巨人集团在人才、资金和内部管理等方面存在的问题暴露无遗。至1996年7月底，巨人集团财务状况进一步恶化，计算机软硬件、保健品和药品的销售收入，以及靠"卖楼花"筹集的资金，根本无法满足对巨人大

---

① 指DHA，即二十二碳六烯酸，是一种不饱和脂肪酸。

厦这只"吞金巨兽"的投入，现金流出现断裂，只盖到3层的巨人大厦不得不停工。

随后，债权人纷纷上门逼债，于是，这家曾名噪一时的巨人集团很快就轰然倒下了，当年的企业愿景也就此变成了一句空话……

当然，对自身的愿景始终执着、坚定，甚至至死不渝的企业，其实也很多。譬如上面提及的佳能，尽管经历了第二次世界大战的战火硝烟和20世纪90年代以来日本经济的衰退滞涨形势，但其从1933年成立精机光学研究所时就勾画了"要造出日本的、价廉物美的Leica II"的愿景，至今88年过去了，其愿景基本未变，只是随着电子技术、计算机技术、信息技术（Information Technology，IT）的发展逐步演化成了两句话——"成为全球领先的生产影像与信息产品的综合产业集团"和"通过'共生'实践，以促进世界繁荣和实现人类幸福为目标"。

在这一愿景的激励与感召下，2021年，佳能除了能够生产、销售各类可换镜头专业级和高、中、低档数码单反相机、单电相机、微单相机和与之配套的EF、EF-S、EF-M、RF卡口的镜头群，以及各类不可换镜头小型数码相机之外，还生产、销售数码摄像机、打印机、扫描仪、望远镜等家用产品，并生产、销售数码一体化办公设备、商用打印机、高速文件扫描仪、商用印刷系统、宽幅面打印机、教育和工程及商务投影机、特殊打印产品、各种专用软件和耗材、专业影视设备和广播器材、网络摄像机等办公和工业产品，以及提供多种影像与信息产品的整体解决方案，全年实现营业收入295.99亿美元，拥有员工181897人，位列《财富》"世界500强"第414名。

所以，对管理者来说，企业需要确立自身的愿景，且不到万不得已，不要轻易地改变它——它是企业的初衷，变来变去，往往并不是一件好事，而是一件坏事。

如果你想把所在的企业做成一家基业长青的百年老店，而不仅仅是一处只图赚点快钱的"投机场所"的话，就更是如此了。

2.6 无愧我心

在青少年时期，我能够读到的外国文学作品大概不到 10 部，其中就有苏联作家奥斯特洛夫斯基的《钢铁是怎样炼成的》。在这部小说中，主人公保尔·柯察金的一段话曾经影响了那个时代与我一样的好多好多的年轻人："人最宝贵的东西是生命。生命属于我们只有一次。人的一生应当这样度过：当回忆往事的时候，他不为虚度年华而痛悔，也不为碌碌无为而羞愧！这样，在他临死的时候，他就能够说：'我的整个生命和全部精力，都已经献给世界上最壮丽的事业——为人类的解放而斗争。'"

三十多年以后，一次偶然翻阅当时的初中语文教材，在入选的居里夫人《我的信念》一文中有这样一段话再一次引起了我的共鸣："生活对于任何人都非易事，我们必须有坚韧不拔的精神。最要紧的，还是我们自己要有信心。我们必须相信，我们对每一件事情都具有天赋的才能，并且，无论付出任何代价，都要把这件事完成。当事情结束的时候，你要能问心无愧地说：'我已经尽我所能了。'"

其实，作为一个管理者，创办企业也罢，经营管理企业也罢，又何尝不是这样呢？

你可能付出了很多，如时间、金钱、心血，也可能在各种困苦中受尽煎熬，如自然的严寒、酷暑、狂风暴雨、天塌地陷，又如人为的白眼、谩骂、撕打、种种明的或暗的阻碍，结果还是未能如愿。

于是，你可能彷徨、苦闷、借酒消愁，也可能焦虑、抑郁、长夜无眠；你可能无所事事，失去了前进方向，像一只没头的苍蝇，也可能一蹶不振、销声匿迹，就像一切都不存在，一切都没有发生过一样。但这些都没有用。

究竟该怎么办？

你只要真正做到了淡泊名利，不指望在一件工作或一项事业的背后藏着什么天大的好处，就不会在乎一城一地的得失。昨天的成功固然让你骄傲和光荣，但今天的失败也不会就此把你踢进了十八层地狱——因为，生命还在，希望就在；春天会来，鲜花就会再开。

同时，在抛弃了轻率、浮躁和急功近利的心态以后，对一桩小事或对整个人生，你都会更加重视其实现的过程。你会细细体会从这一实现的过程中所收获的、因付出而拥有的那份无以言表的充实与快乐——因为，轰然绽放的烟花虽然可以瞬间照亮你的脸庞，而静水流淌的清泉却可以长久地滋润你的心田。

所以，我要说，只要你已竭尽了全力，结果好也罢，坏也罢，你都会"无愧我心"。

2.7　品牌是企业生命的符号

人，往往在不经意间，就可以听到或见到"品牌"这个词。

品牌，单从字面上讲，指产品或服务的牌子；如果引申、拓展一下，也指企业的牌子。

前者如商标，是企业在提供的产品或服务上采用的一种设计标记，可以由字母、数字、符号、图案等组成，用以区别不同的产品或服务。经申请，并由商标管理机关审查核准，被授予专用权的商标为注册商标，可受到法律的保护。

后者如商号，往往是企业名称的一部分，用以区别不同的企业。同样，经申请，并由工商行政管理机关审查核准，被授予专用权的商号，连同其完整的企业名称，也受到法律的保护。

放眼天下，有的企业的商标和商号是相同的，如日本佳能株式会社名称中的"佳能（Canon）"就是其商号，而其生产和销售的个人影像器材、办公设备和工业设备使用的商标也都是"佳能（Canon）"；但有的企业的商标和商号是不同的——如美国通用汽车公司名称中的"通用汽车（General Motors，GM）"就是其商号，而其生产和销售的汽车使用的商标就分别是"雪佛兰（Chevrolet）""别克（Buick）""凯迪拉克（Cadillac）"，等等。

品牌有狭义和广义之分。

狭义的品牌主要指商标和商号；广义的品牌既包括商标、商号，也包括产品名称、企业名称、企业地址、经营范围、经营业绩、企业文化、宣传口号、广告语、代言人或卡通形象，以及企业识别系统[①]，等等，是企业的产品或服务，以及该企业自身的艰辛与苦难、光荣与梦想的一种象征。

企业在推广品牌时，通常是从狭义的品牌层面着手，最终却都会拓展到广义的品牌层面，以不断提升自己的品牌价值。

我认为，无论是狭义的品牌还是广义的品牌，都是企业无形资产的组成部分，是客户对企业的产品或服务的价值，以及对企业自身的价值是否认可的某种意识。

品牌既然是一种无形资产，就与企业提供的产品或服务的生命力，以及与企业自身的生命力之间存在着正相关的关系。

一旦企业的产品或服务出现了这样或那样的问题，甚至导致企业自身失去了生命力，一步步地走向死亡，则相应的品牌就会慢慢地淡出人们的视野，失去影响力，直至被市场和整个社会所遗忘。

反之，企业的产品或服务能够深入人心，始终博得顾客的交口称赞，同时，企业自身也能够历经磨难而不衰，乘风破浪而不竭，总是生机盎然、活力四射，则相应的品牌也就会声名远播，在一个社会、一个民族、一个国家之中像喜马拉雅山一般地屹立不倒、雄冠世界……

所以，从这个意义上说，品牌是企业生命的符号。

2.8 "自我"究竟好不好

"自我"是个很有意思的行为主体——无论该行为主体是个人还是组织，如企业等，都是如此。

在我看来，"自我"至少可以分为三个层级："没有自我"和"只有自我"，以及介于这二者之间的"具有自我"。

[①] 企业识别（Corporate Identity，CI）系统，是企业建立的，用以提高企业品牌形象的宣传、推广工具。CI 通常由视觉识别（Visual Identity，VI）系统和行为识别（Behavior Identity，BI）系统构成。其中，VI 包括企业的办公用品、生产设备、建筑环境、产品包装、广告媒体、交通工具、员工制服、旗帜、徽章、标识牌、橱窗、招牌、陈列展示等视觉标识，BI 包括企业的制度体系、着装规范、礼仪行为、公共关系、公益活动等行为标识。

"没有自我"和"只有自我"都太过极端，在现实中虽可遇，但至少不会常见。

"没有自我"，相当于对自己全无认知，不知道自己是谁、为何自己会存在、来这个世界自己要干什么，一天到晚总是浑浑噩噩，头上的太阳几时出，脚下的土地何时绿，自然都变得与己无关了。于是，得过且过、无所事事，哪管江中几分月，怎想山前多少花。这种既无行为意识又无行为活动的行为主体，到头来只能是无声无息、一事无成。

"只有自我"，相当于自我的绝对化，眼里只有自己，时时处处都要自己优先，"老子天下第一"，只有自己才是九五之尊，他人都是陪衬，是可有可无、不值一提的贩夫走卒，当大哥要耍威风可以，但没有好处或好处小了万万不可以。于是，巧取豪夺、你死我活，一幕幕钩心斗角，一场场血雨腥风。这种只想自己、只顾自己，且胆大妄为的行为主体，到头来只能是众叛亲离、身败名裂。

而"具有自我"，大体又可以分为三种境界，即"形成自我""发展自我""放下自我"。这就像近代学者、作家王国维所论："古今之成大事业、大学问者，必经过三种之境界：'昨夜西风凋碧树。独上高楼，望尽天涯路。'（晏殊《蝶恋花》）此第一境也；'衣带渐宽终不悔，为伊消得人憔悴。'（柳永《蝶恋花》）此第二境也；'众里寻他千百度，蓦然回首，那人却在，灯火阑珊处。'（辛弃疾《青玉案·元夕》）此第三境也。"[1]

"形成自我"，首先要认识自我，要知道自我与他人、与社会环境的区别和联系；其次要学会和掌握做人、做事的基本知识与能力，尤其是生存的能力、获取和配置资源的能力，以及创造物质财富和精神财富的能力；最后要通过自己的打拼和付出，取得成绩，取得自我认可与社会认可，能够安身立命，甚至可以"修身齐家治国平天下"。

"发展自我"，首先不能躺在既有成绩单上沾沾自喜，墨守成规、故步自封，那样迟早会坐吃山空；其次应不断地挑战自己、改造自己，向着重塑一个更高、更强、更优秀的自己的目标去努力；最后是坚持与相守，要"咬定青山不放松"，哪怕是孤灯长夜，也要心无旁骛、无怨无悔，只有这样才能一路攀爬，最终抵达那一片光耀绝伦的非凡之地。

---

[1] 王国维. 人间词话 [M]. 北京：北京联合出版社，2015.

"放下自我",首先要弄懂"自我"与"我们"、与无数个"非我"之间的辩证关系——你中有我,我中有你,"小我"势必归于"大我","小爱"终将汇成"大爱";其次要学会悦己与容人,对自己要好一点,对他人也要好一点,忘记种种龃龉与不快,光明与欢乐就会如影随形;最后要意识到一切的成功与失败都是过往,人类的历史不可能仅凭所谓的"自我"就能写就,该放下时且放下,背负的越多,你能够背负的则越少。只有放下自我——里子、面子啦,怀疑、坦诚啦,沮丧、骄傲啦,泪水、掌声啦……,降低各种欲望,把自我归零,一切从头再来,你才会拥有真正属于你的那一片海阔天空。

所以,"自我"究竟好不好,关键要看这一"自我"究竟处于什么层级,位于何种境界——既不能没有,也不能太过;既不要得之而忘乎所以,也不要失之就痛不欲生。

只要你把握住了"自我"的分寸,处理好了"自我"与"非我"的关系,"自我"当然是好,而不是坏了。

2.9 仰望星空与脚踏实地的关系

宇宙很大,大到无边无际。

最初,是从父母嘴里知道,人很渺小,而人所生存的地球很大,"坐地日行八万里"——地球的直径有12742千米,但与太阳比,却只是太阳直径的1/109左右。后来,离开城市去农村插队,曾在百无聊赖的夏夜里,躺在麦秸堆上,遥看着头上的银河,已知道太阳虽然很大,但不过是银河系一千多亿颗恒星中小小的一员,而从银河系的一边到另一边的距离大约有10万光年[①]。再后来,又从农村回到城里念书和工作,才知道在银河系之外还有上千亿个河外星系,而已探知的宇宙直径有930亿光年之巨,但究竟有多大,仍是今天的人类无法想象的。

关于宇宙,未知的事情很多,多到无穷无尽。

宇宙是什么?是广袤的空间,以及其中存在的各种天体和各种弥漫物质

---

① 1光年=94608亿千米。

吗？这一广袤的空间是三维的，还是未被感知的更多维的？各种天体和各种弥漫物质的性质和状态不同，其各自形成的原因和机理又是什么呢？……宇宙从哪里来？是源自138亿年前的一次"大爆炸"吗？为何会产生那次"大爆炸"？在那次"大爆炸"之前，宇宙具有哪些特性？又会是什么样子？是超高温、超高压、超密度的物质聚合体吗？……宇宙要到哪里去？是由最初的"爆炸中心"继续向外膨胀？还是在膨胀到一定程度后逐步收缩，最终又收缩回最初的那个"爆炸中心"里？或者被可能存在的其他的"外宇宙"所捕获？……这浩如烟海的疑问，大概没有几个是今天的人类可以准确回答的。

尽管如此，自人类文明于地球上诞生，人类仰望星空，探索星空并希冀着奔向更深、更广的星空的念头就从未停止过。

而要奔向更深、更广的星空，人类需要脚踏实地，从现实中的事情做起，积蓄力量，积累经验，披荆斩棘，循序渐进，积跬步以至千里，方能行稳致远，逐步逼近目标，让心中的那份愿望最终变成现实。

其实，企业也一样。

在愿景和发展战略上应该"仰望星空"——"仰望星空"是寄望于天，要志存高远，要精神自信、目标自信、文化自信；在行为规范和具体工作上却应该"脚踏实地"——"脚踏实地"是植根于地，要实事求是，要从起点做起、从小事做起、从基础做起。

我以为，仰望星空与脚踏实地，是一对辩证的统一体。

二者是精神和物质的关系。精神是目标，是方向，是动力；物质是前提，是保障，是基础。精神离不开物质——没有了物质，精神就没有了根系，就不再是已然成林的松柏，而变成了空中忽东忽西的枯叶；物质也离不开精神——没有了精神，物质就失去了活力，就不再是万人敬仰的泰山，而化作了河滩上随波逐流的沙砾。

二者是战略和战术的关系。战略是宏观的、整体的、方向性的规划和方略；战术是微观的、局部的、实施性的计划和策略。战略离不开战术——没有了战术，战略就没有了台基、立柱、大梁和一砖一瓦，就成了一座摇摇欲坠的空中楼阁；战术也离不开战略——没有了战略，战术就失去了方向和准星，或者是南辕北辙，或者是误打误撞，捡了芝麻，丢了西瓜。

二者是未来和现在的关系。未来是明天，是以后，是将来可能发生的事情；现在是今天，是眼前，是已发生或正在进行的事情。未来离不开现在——

千里之行，始于足下，没有了现在，未来就没有了开始，也不再有日积月累的进步；现在也离不开未来——心之所向，行之所往，没有了未来，现在就失去了前方的召唤，就会在一场奔赴未来的进程中与迷失结缘。

二者是理想与现实的关系。理想很丰满，多姿多彩，是让人心心念念的不懈追求；现实很骨感，结实有力，是一种手拿把攥的充实与富足。理想离不开现实——没有了现实，理想就没有了支点，就会变成虚无缥缈的空想、幻想；现实也离不开理想——没有了理想，现实就失去了前进的动力，就会在追求理想的道路上跌入天坑、地缝。

二者是……

因此，作为管理者，总会仰望星空——那是头顶智慧的光，也必须脚踏实地——这是地上该走的路。

2.10　企业文化不能仅仅停留在认识层面

我认为，企业文化不能仅仅停留在认识层面。

如果只停留在企业特定群体的认识层面，即便已外化成了企业的标语、口号、徽章、旗帜、服饰等，也是远远不够的。譬如，不少企业在企业精神中讲求"合作共赢""以客户的利益为自己的最大利益"……，但在市场上则换成了"零和博弈""你死我活"的面孔，时时处处显露出"自身利益至高无上"的吃相，这显然有失企业应有的修养和品格，也许可以得益于一时，却很难得益于长久。

企业文化是企业的精神财富。既然是一种财富，就理应带来财富的价值增值，包括产生新的物质财富和新的精神财富，最好还能够周而复始、生发永续。

如此一来，泸州老窖才有了公元1324年制曲之父郭怀玉发明的甘醇曲，才有了公元1573年酿造大师舒承宗采五渡溪黄泥建造的"窖池群""舒聚源酒坊"，及其探索总结的"泥窖生香、续糟配料"等浓香型白酒酿制工艺，也才有了经"师徒相承，口传心授"，历690余年、23代传人，今日终成的企业哲学"天地同酿、人间共生"，企业精神"敬人、敬业、创新、卓越"，企业愿景

"做中华酒业巨子、成中华酒文化旗手",企业管理理念"客户中心论""人本化管理与数字化管理相结合""人才是资本、有为必有位""让中国白酒的质量看得见""幸福生活源于绿色生产"等,以及在1915年斩获的巴拿马万国博览会金奖,在1952年荣获的首届中国评酒会"四大名酒"称号,并成为唯一一个蝉联五届中国评酒会"中国名酒"称号的浓香型白酒,至2021年已取得年产近10万吨浓香型白酒和销售收入200多亿元的骄人业绩。

企业文化源自企业实践,是对企业特定群体实践活动的积累、归纳、总结和提炼。离开了企业实践的企业文化,不是一股空穴来风,就是一幅照猫画虎。说到底,这样的企业文化不过是企业一些人自导自演的一回"春秋大梦",或者是企业另一些人茶余饭后的一场"夸夸其谈"罢了。

实践是检验真理的唯一标准,企业实践也是检验企业文化先进与否的唯一标准。某一企业文化是否先进,不是看其是否可以面面俱到,也不是看其是否可以标新立异、天马行空,关键是看其在企业实践中是否可以凝聚全体干部员工的"精气神",让大家心往一处想,劲往一处使,并与企业同呼吸、共命运。况且,企业实践总在发展、变化,是一场永不休止的经营活动、管理活动,那些曾经先进的企业文化对发展、变化后的企业实践来说是否依然先进,是否依然可以团结全体干部员工为了一个共同的目标去奋斗,这恐怕还得经企业实践检验,由企业实践说了算。

精神可以反作用于物质,企业文化也可以反作用于企业实践。企业文化是一种意识的力量、思想的力量,是指导企业实践、规范企业实践、激励企业实践、促进企业实践的有力武器。一旦持有这样的武器,干部员工就可以在企业实践中找准企业发展的方向,做到"车同轨、书同文、行同伦"[①],主动承担责任与义务,乐于为企业的发展奉献自我和超越自我,与企业休戚与共,为履行企业的使命并最终实现企业的愿景目标而竭尽全力。

因此,企业文化不能仅仅停留在认识层面,还必须深入实践层面,并在实践中不断地开花、结果。

[①] 陈晓芬,徐儒宗译注.论语·大学·中庸[M].北京:中华书局,2015.

第3章
战略管理

3.1　商业的本质

　　商业是企业与顾客进行的商品或服务的交换行为。其源自人类以物换物的时代，但在一般等价物（如货币等）产生以后，商业才变成了企业与顾客进行的商品或服务的交易行为、买卖行为。

　　狭义的商业指企业开展的单纯的贸易业务，而广义的商业指企业开展的所有的业务，如研发业务、采购业务、生产业务、销售业务、工程业务和各类服务业务等。涉及前者的企业一般为贸易企业，而涉及后者的企业一般为种植企业、养殖企业、采掘企业、制造企业、服务企业，如交通运输企业、通信信息企业、电商平台企业、咨询企业、旅游企业、餐饮企业、家政企业，等等。

　　在四川广汉的三星堆遗址，近年出土的上万件文物里有一件纵目大面具，长刀眉、招展耳、鹰钩鼻、扁平嘴，嘴角上扬带着些许笑意，而最为特别的是它的一双眼睛，呈圆柱状的眼球往前突出于眼眶近20厘米，好像要尽力大张眼睛，以看见天上的太阳——蜀地多云雾，一年四季难得见到阳光，大概在三五千年前的古蜀国也是如此吧。

　　但它能看清商业的本质吗？

　　人说，商业的本质是交易，是买卖；但我说，交易、买卖只是商业的定义，或者是商业的别称，而不是商业的本质。

　　那什么才是商业的本质？

我认为，不管是狭义的商业，还是广义的商业，商业的本质是：让业务收入大于业务支出，即实现业务盈利。这并非指每一单、每一项业务都要盈利，但在一定的时期内，所有业务收支相抵后在总体上要能够实现盈利。

这不同于与商业密切相关的所谓经济的本质、资本的本质、财政的本质……

经济的本质，是满足供应与需求，尤其是满足社会总供应与社会总需求间的基本平衡。资本的本质是逐利，是实现资本利润的最大化，其可以通过商业来实现，也可以通过资本交易，如股票交易、债券交易、衍生金融产品交易等来实现——前者即我们常常说到的"实体经济"，而后者即我们常常听到的"虚拟经济"。财政的本质是通过税收政策、分配政策、政府投资等手段，对经济的本质，即对供应与需求，尤其是对社会总供应与社会总需求进行干预，以调整供应与需求，尤其是社会总供应与社会总需求间的平衡关系。

搞清楚商业的本质重要吗？

不言而喻，这非常重要！

不知道商业的本质，企业及其从事的所有的商业活动，无论是商贸企业，还是种植企业、养殖企业、采掘企业、制造企业、服务企业，也无论是贸易业务，还是研发业务、采购业务、生产业务、销售业务、工程业务和各类服务业务等，最终都会或悲壮惨烈或无声无息地消失。

不知道商业的本质，就只会看见眼前，而不会关注长远。虽然一时间轰轰烈烈、热闹非凡，但让人气宇轩昂、风光无限的日子也许很快就会远去，与企业说一声"再见"了。

不知道商业的本质，就只会盯住局部，而不会考虑整体。譬如，企业某一项业务是盈利的，甚至盈利非常可观，但全部的业务是亏损的，甚至亏损巨大，企业可能就此落入无底的深渊；再如，企业在制造环节是盈利的，生产水平在全行业都是翘楚，但在销售管理、财务管理、人力资源管理环节是亏损的，资金占用大，人员工作效率低，销售费用、财务费用、人力费用居高不下，不但吞噬了制造环节的盈利，还会让企业入不敷出，一年一年地消耗殆尽，再无竞争力，成为行业中的一枚"弃子"。

所以，只知道商业是交易、是买卖不够，作为管理者，必须知道商业的本质，并时时处处以此去衡量和调整企业所开展的每一项业务。

3.2 成功的商业模式

商业模式（也有叫"范式"的），指企业从事商业活动——无论是狭义的商业活动，还是广义的商业活动——的某种模型、规范、方式、样式。

在创业之初，不少稚嫩、盲目而冲动的创业者对自己将要开创的某项事业应该采取何种商业模式往往认识模糊；但对一个成熟、深思而谋定的创业者来说，应该采取何种商业模式的认识通常会清晰得多。

在一个企业要做私募融资时，企业管理层都会准备一份商业计划书，以披露企业的商业模式；而在一个企业要做公募融资，如首次公开募股（Initial Public Offerings, IPO）时，主承销商、律师事务所等也会与企业一道准备一份详尽的招股书，以披露企业是否具有成功的商业模式。

如果一个企业的资产、人员和业务规模都很大，其商业模式就是成功的吗？可能并不尽然。反之，如果一个企业的资产、人员和业务规模都很小，其商业模式就是不成功的吗？恐怕也不尽然。

那么，什么是成功的商业模式？

我认为，只要能够体现商业的本质——让业务收入大于业务支出，即实现业务盈利的商业模式，就是成功的商业模式。

成功商业模式应该具备哪些基本特征？

第一是价值性。成功的商业模式可以为企业自身带来价值，更能够为客户创造价值，使客户从企业提供的产品或服务中获得价值或使用价值，能够满足客户物质生活或精神生活的需要。

譬如，由苹果公司承担软硬件产品研发、生产、销售的成本费用等支出，向市场提供iPhone、iPad、iPod、iMac等产品，以及各种视听资源和各类APP下载服务等的商业模式，在使苹果公司赚得盆满钵满的同时，也为无数的消费者带来了视听的绝佳享受和信息的便捷交互。

第二是独特性。成功的商业模式往往与众不同，是别人无法复制，甚至无法模仿的。

譬如，羡慕和推崇戴尔公司的商业模式，尤其是直销模式的企业不在少数，想要复制或效仿的企业也比比皆是，但真正把戴尔公司的商业模式，尤其是直销模式掌握并实施到位的企业则寥寥无几。因为绝大多数企业并不具备戴尔公司所拥有的资源掌控能力,即便建立了与戴尔公司类似的市场、研发、生产等运营流程,也无法像戴尔公司那样能够实现"照单生产""零库存""在2~5个工作日内完成货物送达"等具体的商业目标。

如果企业的商业模式不具有独特性,其通常只好采取直接降价政策,或"返现""打折""买一送一""买100(元)减30(元)"等间接降价政策,与商业模式同样也不具有独特性的同类企业展开竞争,靠"血拼"价格去赢得客户,但结果往往是"伤敌一千,自损八百",当硝烟散尽,残阳如血,唯见风中之芦花摇曳,而江湖上曾经的"各路诸侯"早已不知去了何方……

第三是持续性。成功的商业模式是可以持续运行下去的,而不能是"虎头蛇尾""昙花一现"。

譬如,2012年问世的滴滴,是小桔科技(公司)研发并应用于打车平台运营服务的手机软件产品,其商业模式是:企业承担软件产品研发成本和支撑产品平台运营服务费用等支出,实现软件产品销售或产品平台运营服务分成等收入[1],解决消费者和出租车司机间约车、载客、支付等的实际问题,提高消费者打车和出租车司机载客的效率及成功率。在腾讯出资入股并开展战略合作后,滴滴在原有的商业模式的基础上,从2014年1月10日开始增加打车补贴的环节。于是,在短短三四个月的时间里,滴滴的用户数从2200万增至1亿,日均打车订单数更是从35万暴增至522万,翻了近14倍,而同期由腾讯支付的补贴金额累计达到了14亿元。这样的"烧钱"行为,只能是滴滴为了培育更大的用户市场和赢得更多的用户青睐的一种促销,却不可能真正成为滴滴商业模式中的一环,时间一长,即便其背后是财大气粗的腾讯也扛不住,于是滴滴在2014年5月17日对外宣布"从即日起取消对乘客端的打车补贴",在2014年8月9日又对外宣布"将全面取消对司机端的打车补贴"。至此,滴滴又回到了原有的商业模式轨道。

第四是实践性。成功的商业模式是经得起实践检验的,而不仅仅是手里的一份方案或报告。

譬如,2015年由摩拜科技(公司)正式推出的摩拜和由拜克洛克(公司)

---

[1] 实际上滴滴的软件产品采取了免费下载使用的方式,所以其软件产品的销售收入基本为零,其前期的收入主要来自产品平台运营服务分成(从司机端提取用户打车运营服务收入的0~25%),后期的收入则再加上广告收入、其他商品(由滴滴积分商城向用户定向推送)的销售收入等。

正式推出的 ofo 等共享单车，其理论设计的商业模式差不多都是：企业承担定制的智能自行车的购置成本和共享单车的运营维护费用等支出，收取租车押金，实现智能自行车的计时使用费等收入[①]，解决市民以自行车代步出行中自购自行车容易被盗，而租用定点停放自行车又不方便或无可能等实际问题，提高市民以自行车代步出行的可能性。这种理论设计的商业模式曾为很多投资机构所看中，于是大大小小的共享单车企业在各种介入资金的簇拥下破土而出，一时在全国各大中城市的大街小巷都可以见到"赤橙黄绿青蓝紫"形形色色的共享单车。但很快，原先理论设计的商业模式未曾考虑或考虑并不周全的问题，如惨烈的市场竞争和棘手的运维管理问题——单车被盗、二维码被毁、不按规定停放、消费者的押金无法如约退还、城市政府部门予以"禁入"或"取缔"等，让一个个共享单车企业从高高的神坛上跌落下来，摔得粉碎。至 2019 年，摩拜被美团兼并；ofo 资不抵债、官司缠身，创始人数次收到法院的限制消费令——ofo 不但无望偿还若干供应商的货款，而且拖欠着上千万名消费者的租车押金，有人推算过，想看到这笔累计十多亿元的租车押金全部还清的人，可能还得再活 600 年，当然这是在假定 ofo 每年能够退还 250 万元的情况下。这就像"理想很丰满，现实很骨感"的今日之"新刻拍案惊奇"中所讲的一个故事。

3.3 对战略选择的考量

我考大学的时候，还是"学好数理化，走遍天下都不怕"的年代，因为听从干"理工"的父母的意见，再加上自己在中学时数理化的学习成绩还不错，我选择了自己并不怎么喜欢的理工科专业。结果，大学毕业以后，我只干了几年的"理工"的行当，就转行干起了企业管理，而这一干就是几十年。

到了我这一代人的子女们要上大学的时候，社会已进入人人"开口谈投

[①] 摩拜、ofo 等的收入主要是智能自行车的计时使用费，而消费者支付的租车押金在性质上属于消费者的资产，存入共享单车企业后相当于共享单车企业的负债，迟早要归还消费者（在消费者办理退约后），不能作为共享单车企业的收入。而且，按照相关监管规定，共享单车企业也不能将消费者支付的租车押金用来投资理财以获取相应的收益。

资、闭口讲商业"的时代。于是,做父母的很多都会像我父母当年那样,建议甚至要求其子女选择可能他们并不怎么喜欢的金融、财会等专业。结果,这些子女中有不少人可能一天也没有从事过金融、财会等行当,而是转行开始了他们自主选择的职业生涯——这样的道路虽然照样会波谲云诡、前途未卜,却是他们自己在内心里做出的选择。

清代的章学诚曾主张,为学要"性之所近,力之所能",说的是做学问应该选择与自己意愿相近且自己又有能力去做的方向。

其实,企业进行战略选择也当如此。

什么是企业的"性之所近"?

我以为,企业的"性之所近"就是符合企业的愿景,符合企业的定位。一句话,就是坚持做自己,坚持做自己追求的事业。

在这个问题上,既不要过于功利,指望选择某一战略可以给企业带来滚滚财源、无上荣光,因为一旦过于功利,做出的战略选择往往就偏离了企业的本真,违背了企业的初衷;也不要只看市场需求,市场需求包罗万象,无论大的、小的,新奇的、老套的,总是无处不在、无时不在,无论企业提供什么产品或服务,都可以在一定程度上满足某种市场需求,因此,企业不能完全按照市场需求进行战略选择,而只能以自己的热爱,以自己的向往去做出战略取舍。

什么是企业的"力之所能"?

我以为,企业的"力之所能"就是企业在资金资产、人力资源、市场营销、产品研发、服务设计、生产运营、服务培育、信息化和网络平台化等方面所具备的能力,以及在政策、法律、环境等方面拥有的资源。一句话,就是企业为从事一番事业所具备的内外部条件。

在这个问题上,在对自己已具备的内外部条件进行正确评估的基础上,做出可行性分析其实并不难,困难的是在进行战略选择时,对自己的短项、弱项视而不见,一意孤行,硬要"打肿脸充胖子""知其不可而为之",其最后目睹的往往不是一出"半途而废秋月望",就是一幕"折戟沉沙朔风吹"了。

所以,在选择战略时做到"性之所近,力之所能",并坚持不懈地做下去,这样的企业能不成功吗?

3.4　真正可以称作"战略"的战略其实并不多

真正可以称作"战略"的战略其实并不多，原因是，具有可以称作"战略"的战略的企业就不多。

先来看看什么是真正可以称作"战略"的战略吧。

作为管理大师的美国德鲁克（P.F.Drucker）曾在其《管理的实践》[①]一书中指出，企业管理层都需要回答这样一些问题：我们的事业是什么？我们的事业应该是什么？我们的事业将是什么？我们如何做才能实现我们的目标？而对这些问题的回答，其实就是下面我要说的真正可以称作"战略"的战略。

战略是确定企业的定位、未来中长期（5～10年及以上）的发展目标、围绕这一目标展开的行动计划，以及确保行动计划得以完成的措施等在内的文件结果体系，是由战略分析、战略选择、战略执行、战略检查和战略改进等若干管理环节组成的行为过程体系，并带有企业基层与企业高层交互，以及企业外部与企业内部交互，彼此影响、彼此作用的明显特征。

再来看看现实中企业的"战略"吧，大概很难找到上述那种真正可以称作"战略"的战略。

其一，在文件结果体系上，企业的"战略"往往并不完整，大多只是企业未来中长期，区区5年、10年，或20年、30年的几个发展目标，比如实现多少营业收入、多少利润，成为行业前五或前三，进入"中国500强"或"世界500强"，等等。在某种意义上，这样的"战略"倒有点像企业的愿景，显得过于宏观和空泛，既不知道这一未来的中长期发展目标是怎么来的，有什么依据，也不知道其能否实现，又靠什么去实现，会动用哪些资源，具体措施是什么，责任人是谁，完成会如何，没有完成又会怎样，……就如同中国古代神话或传说里来无踪去无影的神仙一样，不知道何时会"显灵"，此时又"匿"于何方。

其二，在行为过程体系上，一是企业的"战略"往往只有战略选择环节，充其量再加上一些不完整、不充分的战略分析和战略执行环节，很少有战略检查和战略改进环节。这样的"战略"不是一个完整的行为过程，只是一桩单一

[①] 德鲁克.管理的实践[M].北京：机械工业出版社，2009.

的或领导心血来潮安排的工作，没有构成一种相对长期的、一环接着一环，并可以不断延续下去的行为过程的链条。这就像骑脚踏车，如果链条断了，或者链条上的那个关键的弹性锁紧卡片坏掉了、脱落了，这辆脚踏车还能朝前跑吗？显然，再无可能。二是企业的"战略"往往只是企业高层或企业内部的单向行为，而缺乏由企业基层到企业高层，再由企业高层回到企业基层，以及由企业外部到企业内部，再由企业内部回到企业外部，并多次反复的交流、互动。这就像盲人摸象，仅由企业高层提出和仅在企业内部产生的战略合适不合适，大概只能是"盲人"们的一种臆想，只能是天知道了。要我说，这种想当然的、充满了经验主义或教条主义的战略，与其有，还不如没有。

为什么会出现这样的情况？

从主观上讲，制订战略的确是高层管理者应该做，且喜欢做的事情——既是职责所在，又是把舵定调、上得了台面的"大事"，而高层管理者往往干不了几年职位就变了——升了、降了或退了，新的高层管理者上任后，战略就得再制订一次。这就像走马灯似的，变来变去的，既然坚持不了多久，管不了多久，谁还会对其那么认真呢？

从客观上讲，战略本身并不那么"准确"，因为影响的因素太多、太复杂，既有出自企业内部的因素，如文化的、组织的、资金资产的、人力资源的，也有来自企业外部的因素，如经济的、政治的、环境的、灾害的，就像做中长期的天气预报一样——现在有了气象卫星的帮助，准确性多少还上升了一些，但要想预测三五年，甚至十年二十年准确的气候情况，大概还是一桩比"上九天揽月"还难的事情。这就很难让人相信其有足够的信度和效度了。

由此，对于战略有"鬼画桃符""最无用""最不靠谱"的说法，也就不难理解了。

但战略真的是可有可无的吗？

答案是否定的。

假如你做出了那种真正可以称作"战略"的战略，其无论是对你，还是对你所在的企业，都是举足轻重的。

正如《孙子兵法》[①]所云："夫未战而庙算胜者，得算多也；未战而庙算不胜者，得算少也。多算胜，少算不胜，而况于无算乎？"

---

① 陈曦译注. 孙子兵法 [M]. 北京：中华书局，2019.

3.5 没有什么战略可以"通吃"

如果真要打擂的话，持"战略有用论"和持"战略无用论"的两派，一定会打得头破血流、不可开交。

说战略有用的，大多为学界、思想界的"保守派"，或企业高层的显赫人物。他们往往以一种精英、权威人士的姿态，蔑视一切敢于挑战传统的管理理论和保守的"官僚 - 权力指挥链"的，来自其他领域、其他层级的"普通人"；用一种至高无上、不容挑战的口气，说教着战略的"伟大"意义和战略对企业经营发挥的无可比拟的引领作用。在他们眼里，战略是专家、学者分析、推理和演绎的产物，是企业领袖、CEO 显示智慧和领导力的结果。

而说战略无用的，主要是学术界、理论界的"新势力"，或企业中低层的实干分子。他们或者对传统的管理理论不屑一顾，高举起离经叛道的大旗；或者对保守的"官僚 - 权力指挥链"嗤之以鼻，以实际经验和对经验进行总结、归纳形成的各种流程，对战略发出了不屈的吼声。在他们眼里，战略就是一种夸夸其谈，是用来唬人的玩意儿，最多算一番"兵棋推演"，连学界、思想界的"保守派"或企业高层的显赫人物自己都不信——否则，为什么新的学界、思想界的"保守派"或企业高层的显赫人物出现之后，就会提出新的战略管理理论或战略计划并"昭告天下"呢？

对这两派观点，我不想"选边站"，而喜欢不持立场。如果非要我表态的话："嗯，我可能需要认真地想一想……"

我也许会认为，战略不能说完全没用，是一块连狗儿都不吃的放干了的骨头；也不能说很有用，是一副可以让人返老还童的灵丹妙药。这就像世上男女间的恋爱和婚姻一样——有讲恋爱如春之花红柳绿、夏之似火骄阳的，但也有患上恋爱恐惧症或焦虑症的；有说婚姻如秋之叶残风萧、冬之冰窟难挨的，但也有眼里早已无世间万物，沉浸在自己爱的温柔乡中美美地过了一生一世的。

因此，说战略"有用"或"无用"，只是不同的人站在自身的某一角度看问题时产生的矛盾罢了。哪一派对了或错了，我还真的不好说。这倒不是我世故、圆滑，而是我认为，这里边的对或错，其实都是看问题太过绝对，而没有认识到事物的存在与发展往往都是相对的，断不能一概而论。

但有一点我认为是确定无疑的,这就是,的确没有什么战略可以"通吃",可以放之四海而皆准。即便是持"战略有用论"的,亦当认识到这一点——用一句很通俗的话讲,"适合自己的,才是最好的"。我再补上一句,"不适合自己的,不但无益,还可能有害"。

既然不能"通吃",战略就学不来,也抄不来,非要企业自己搞出来——当然企业也可以借助于专家、学者和咨询公司等外力,要做分析,查问题,辨环境,寻办法,定目标,编制战略计划,分解落实和执行到位,直至完成一个完整的战略管理过程。

我之所以认为没有什么战略可以"通吃",还在于没有一种战略可以长命百岁,可与日月同辉。即便是持"战略有用论"的,也会认同"时间一长,有用的战略报告也会变为无用的废纸一般"。用一句也已经很通俗的话讲,"变是一定的,唯一不变的就是一切都在变";我也补上一句:"把不适合自己的,不但无益还可能有害的弃之或变之,岂不更好?"

为什么战略要变?想想当初战略产生的背景和过程吧,答案尽在其中——因为你(企业)变了,世界(环境)也变了。

3.6 "赌徒""懒汉"的心态是企业战略决策的天敌

战略对一个企业来说,好比阳光、空气和水之于生命,不可或缺。所以,一个持续经营的企业,往往都会设立战略管理机构,定期或不定期地组织战略管理会议,对企业的定位、中长期发展目标、围绕这一目标开展的行动计划,以及确保行动计划得以完成的措施等战略管理问题进行分析、研究,并做出战略决策。

战略决策如果出了偏差,带来的后果都是致命的。

一些企业才在一个产业领域做出点儿成绩,但还远没有做深、做透,就忘乎所以,不知道天高地厚,总以为自己什么都能干、什么都可以干,天天想着去进军自以为是天堂,而实际是地狱的另一片产业的天地,还美其名曰"鸡蛋不能放在一个篮子里",于是,今天决定去做房地产,明天决定去干生物制药,后天又决定去造车、造芯片,……看起来现在是风光无限,而不到三年五载,甚至是一年半载,结果可能是一败涂地、满盘皆输。

另一些企业刚在一个城市、一个地区取得些成绩,屁股还没有焐热,还不具备向更大的范围扩张的实力,客观环境条件也不允许,就飘飘然,经不起各种利益的诱惑,迫不及待地到处布点,到处建子公司、分公司,大肆招兵买马,还跑到国外去建办事处、建合资公司,号称"让老外也给咱们打打工"……。看起来当下是"山头上处处旌旗招展",而不到一时半会儿,结果也许就是四面楚歌、哀鸿遍野。

显然,这些战略决策问题的根源是自不量力、贪得无厌,热衷于"这山看着那山高"。如果不是以一种理性的思维去认识市场和产业发展的客观规律,而是抱着"赌徒"心态杀入某一市场或某一产业的话,这一市场或这一产业必定会杀得你有来无回,让你连裤子都可能输掉。

再有一些企业喜欢安于一隅、坐享其成,老是躺在先辈们盘下的一亩三分地上懒洋洋地晒太阳,看着天上的云彩从山的这边慢慢地去到山的那边,奢望天上能掉下个馅饼,期待企业眼下的那只"瘦狗"可以立马变成颗"明星",或者至少是头"现金牛"[①],可以下出"金蛋蛋"……。就这样一年又一年地等啊等,最后只能是坐吃山空、歇业关门了事。

再有一些企业往往瞻前顾后、畏首畏尾,在市场可能出现的机会面前犹犹豫豫,既缺乏准备,也没有辨识和抓住机会的能力,眼里只有老虎般的风险,只要听闻有"老虎"出没就吓破了胆,哪还敢细看这只"老虎"究竟是真老虎,还是假老虎,更不会像景阳冈打虎的武松那样,有战胜"吊睛白额大虫"的胆魄与拳脚了……。于是,还是"老婆孩子热炕头",关起门来过好自己的小日子算了。但这样"安稳"的日子真的安稳吗?也许没过多久自己开门一看,外面的世界已经变了,而企业早已被滚滚向前的市场洪流冲击得七零八落、无处安身。

显然,这些战略决策问题的根源是抱残守缺、不思进取,指望着不劳而获。如果不是以一种变化的思维去认识市场和产业发展的客观规律,而是抱着"懒汉"心态去旁观某一市场或某一产业的话,这一市场或这一产业绝对不会主动为你敞开大门,让你可以守在株下等到那只不走运的兔子。

所以,管理者在进行战略决策时,要时刻提醒自己,"赌徒""懒汉"心态

---

① "瘦狗""明星""现金牛",以及"问号"均为波士顿咨询集团(BCG)在其战略管理分析矩阵中提出的概念,代表企业典型的四种业务情形。

是企业战略决策的天敌。

切记切记。

3.7　多元化战略真的很香吗

在我们周围，有许许多多的企业都喜欢搞多元化战略。这些企业或者在设立之初就没有划定自己的业务范围，几乎是什么都做，什么赚钱就做什么；或者连一桩业务还没有干明白，就急急忙忙地去进军新的业务领域了。

多元化战略真的很香吗？并不尽然。

事实上，企业搞多元化战略，成功的不多，而失败的却比比皆是。

例如，曾经一度雄踞中国白酒行业第一宝座的五粮液集团，在20世纪90年代搞起了多元化战略，除了由上市的五粮液股份（公司）继续从事生产、销售"五粮液"系列浓香型白酒的主业外，五粮液集团还陆续投资了化工、洋酒、信息技术（Information Technology，IT）、芯片、汽车、服装、证券金融、玻璃、塑胶、印刷、包装、物流等多个产业，但20年过后，除了与生产、销售"五粮液"系列浓香型白酒的主业相关的玻璃（酒瓶）、塑胶（瓶盖）、印刷（标签）、包装（纸盒、纸袋）、物流（运输）等产业尚存外，其投资的其他产业，如化工（酒精）、洋酒（威士忌）、IT芯片（OLED）、汽车（模具、轴承）、服装、证券金融业等早已不知所终了。

无独有偶，曾号称"中国冰柜大王"的澳柯玛集团，在20世纪90年代也涉足了多元化战略，先后投资上马了冰箱、空调、微波炉、饮水机、洗碗机等，以及电动车、自动售货机、生物制药、房地产、金融等，共十九大门类、六百余种产品和服务，经营名目令人眼花缭乱。如果说冰箱、空调、微波炉、饮水机、洗碗机等与其冰柜主业还属于相同产业，那电动车、自动售货机、生物制药、房地产、银行金融业等就与冰柜主业相去甚远了。结果澳柯玛集团不得不在2006年进行了产业重组，陷入资金链断裂的澳柯玛股份（公司）最后是在青岛市政府紧急注资并实施过渡性股权托管的情况下才摆脱了悲惨的命运。

除此之外，春兰、实达、海尔、联想等许许多多的企业都曾在多元化战略的道路上"狂奔"过，但或者人仰马翻、溃不成军，或者伤痕累累、被打回原形，即便可以重新起步，也要再度付出不知道还有多久的"青春年华"……。个中苦酒的滋味，大概只有当事企业才知道了。

搞多元化战略为什么容易失败？原因大概如下。

一是对多元化战略本身的科学性、合理性、可行性的研究不够，缺乏对进入多元化产业的利弊分析，缺乏防范风险和应对风险的措施，其多元化战略仍出自企业主要领导的"想当然""一厢情愿"，或"个人欲望""个人意识"，如主观判断稍有不慎，就会血本无归。

二是好大喜功、急于求成，动辄砸下数亿、数十亿甚至上百亿元的资金，想"一口吃成个大胖子"，严重背离了"稳扎稳打、循序渐进、由点到面、逐步铺开"等产业发展的客观运行规律，就必然遭到客观运行规律的无情嘲弄。

三是不能共享原有的资产[①]、人力、技术、客户和营销渠道等资源，需要另起炉灶再开张，反而分散了企业资源，连累了主业，拖垮了主业。

四是选择多元化战略进入的领域过于宽泛，点多面广，专业化程度不高，规模普遍偏小，固然没有"将鸡蛋放进同一个篮子里"，但处在不同"篮子"里的"鸡蛋"都不具有存活能力，不但不能立住脚跟、开花结果，还会在严酷的市场竞争中被击得粉碎。

既然如此，为什么还有那么多的企业会乐此不疲、义无反顾，像飞蛾扑火般地投身，甚至是"葬身"于搞多元化战略呢？原因大概也有如下的一二三四。

其一是"天花板说"。如五粮液集团就曾认为，国内白酒市场的销售规模大体为每年250万吨，其中高档白酒约为每年100万吨，而五粮液集团以生产高档白酒为主，受到四川宜宾当地的水源、泥土、温度、湿度等自然条件的制约，最多可以增产到每年50万吨，即最多占国内白酒市场份额的20%和高档白酒市场份额的50%，这对五粮液集团来说就已发展到极致了，再往前走，只能考虑如何利用以前积累起来的主业资本，发展多元化，做成多元化的大集团。

其二是"责任说"。如五粮液集团原董事长王国春在谈到进军造车行业时就曾说："如果今后中国的汽车市场全部被外国公司瓜分掉，我觉得对中国，

---

① 此处指带有产业属性的资金，如仪器、设备、厂房、存货等。

对我们民族工业是一个损失。我们有责任、有义务进入。"

其三是"创新说"。如五粮液集团就曾认为,企业不能因循守旧、墨守成规,靠吃老本,亦步亦趋,而是要闯出一片新天地,这是搞多元化战略的一个重要驱动力。

其四是"搏杀说"。如五粮液集团就曾认为,市场经济是一个动态过程,在进行产业选择时,企业没有必要把自己框定到哪个领域、哪个行业里,哪个领域利润最多,哪个行业规模最大,就应当优先进入,一旦选定某个行业,就应不惜一切代价,尽可能多地集中人力物力,在10年内做成这个行业的龙头老大。

那么,多元化战略是否就不能搞了?

这也未必。因为的确也有一些企业的多样化战略搞得风生水起,可谓"处处插红旗又处处奏凯歌"。这样的例子的确让人眼馋,但还是请记住:哪怕遍地是黄金,也并不都是你的,属于你的可能只有一块,也可能一块也没有。

这不悲观吗?不一定。企业还是要把自己眼前的事业先做好了,这才是最重要的,不要像古人说的"病学者厌卑近而骛高远,卒无成焉"[1]为好。

3.8 企业成功的秘诀

什么是企业成功的秘诀?可能不同的人会有不同的答案。

有的人认为是商业模式的独树一帜,也有的人认为是产品或服务的持续创新,有的人认为是选人、用人、管人,还有的人认为是有效控制成本,是合理使用财务杠杆……

这些观点错了吗?

应该说,都没有错。因为不同的人看问题的角度不同,对客观实际情况的认识也不同。何况,企业千差万别,不同企业出现的问题不同,其客观实际情况也不同。

那么,是否存在一般意义上的企业成功的秘诀呢?我的回答是肯定的。因

---

[1] 脱脱. 宋史 [M]. 北京:中华书局,1985.

为在我看来，企业成功的秘诀就是立志和坚持。

立志，就是确立奋斗目标。具体来说，所确立的目标，应该是有为的和可行的。有为，指该目标应与企业的愿景相吻合，要体现企业的神圣使命，能够指引企业的前进方向并规划企业的光明未来，可以召唤和激励企业所有的干部员工为之奋斗和努力；可行，指该目标应符合企业的客观实际，企业既可以发挥自身的竞争优势，又可以规避自身的经营风险和管理风险，企业完成该目标已具备了一定的基础和条件，即目标已具备了一定程度的可行性。

坚持，就是坚守奋斗目标。具体来说，坚守奋斗目标之坚守，应该做到始终如一和百折不挠。始终如一，指经得住诱惑，不为一时、一事的功利所动，在花花世界里保持定力，在万般际遇中固守初心，像支开弓就不回头的箭，一往无前；百折不挠，指无论遭遇什么困难与不幸，对自己认定的事情都永不言弃，不达目的决不罢休，正如世人所道，"不经历风雨，怎能见彩虹"，失败算什么？大不了一切从头再来。

2010年，我因公去日本，在途经大阪期间，曾慕名去了建于公元593年，号称日本最古老的佛教寺庙——天王寺。较之于在心斋桥、日本桥一带的商业街、电器城里所感受到的喧嚣与繁华，相隔并不太远的天王寺就显得要宁静与朴素多了。进入天王寺，可见立柱、重檐、绛紫色的中门、佛塔、佛殿、经堂等由南向北一字排开，四周则由回廊环绕，具有中国南北朝时期和朝鲜百济、新罗时期一些佛寺建筑的典型特征。

相传自佛教公元六世纪二三十年代传入日本以后，在大和朝廷内部曾爆发过一场以苏我马子为首的"崇佛派"与以物部守屋为首的"排佛派"之间的激烈冲突。当兵戎相见之时，作为"崇佛派"的积极倡导者，圣德太子义无反顾地率众参加了战斗，还雕刻了四大天王[①]像，祈祷四大天王保佑自己能够所向披靡，并许愿若能凯旋，必将建造一座皇家寺庙以供奉四大天王。结果，圣德太子的队伍真的大获全胜。于是，为履行自己的承诺，圣德太子在位于大阪的近海之地主持建造了这座天王寺。

当初，为建造天王寺，圣德太子特地从朝鲜百济请来了三位"宫大工"，即专门修建佛寺的工匠，而其中一位名为柳重光的"宫大工"，后来改名为金

[①] 四大天王，指佛教中的四位护法天神，俗称"四大金刚"，为持国天王、增长天王、广目天王、多闻天王，又因其分别护卫东胜神洲、南赡部洲、西牛贺洲、北俱芦洲，所以又称"护世四天王"，为二十诸天中的四位天神，居于第一重天。

刚重光,并成立了一个家族企业——金刚组。也就是从那时起,金刚组开启了在大阪、奈良、水户等地建造与修缮天王寺、大阪城、法隆寺、偕乐园等的历史。

作为世界上现存最古老的企业,自成立至今的一千多年间,金刚组自始至终只做了一件事,而且是别人不做或做不了的一件事:用斧、锯、刨、凿、铲、角尺、墨斗等传统木工工具,靠手工进行解板、立柱、架梁、扣榫、成卯、开槽……,承建和修缮了仿古新建的,或修旧如旧的各类木造建筑,始终固守自身的本业。其精湛的、独树一帜的建筑施工方法一直留存于《金刚组施工方法汇编》之中,薪火相传一代又一代。

其间,金刚组也遭遇过若干挫折和困惑。最早的一次发生在19世纪日本明治维新之后,受反佛教运动影响,无数佛寺毁于一旦,金刚组只得惨淡经营,苦撑严冬;第二次发生在1934年,当金刚组世袭的"传男不传女"的"堂主"传至第37代时出现了"传人荒",家族成员只好推举第37代传人的嫡孙之妻担任"堂主",才让金刚组避免了解体;第三次发生在第二次世界大战后期,当战火波及日本本土的时候,几乎所有的古建,尤其是木结构建筑皆化为灰烬,金刚组只能靠做一些军用木箱才熬过了战争中的水深火热;最近的一次发生在20世纪90年代,金刚组曾引发过一场严重的债务危机,在由同在大阪的著名企业高松建设(株式会社)参与重组后,金刚组才得以继续从事自己的老本行,一如既往地承建和修缮日本大量的佛塔、殿堂、楼阁、亭台、廊桥等木造建筑。

千余年来,天王寺有香烟缭绕,也有梵音不绝,信众来拜佛诵经,百姓去进香祈祷,都是为着去恶从善、离苦得乐这份挥之不去的信仰。千余年来,金刚组曾迈上山巅,也曾跌入谷底,今天还能分外出彩,无论是"堂主"还是"宫大工"们,都是靠着确立和固守了自己的那一至死不渝的初心。

我想,金刚组可以屹立世间千余年而不倒,其成功的秘诀应该就是立志和坚持吧。

3.9　生存与发展的战略冲突

生存与发展，当属企业须认真面对的重要问题。既然是重要问题，企业就需要开展战略分析、战略研究，进而进行战略选择、战略决策。

假若生存问题与发展问题本身属于同一类问题，二者的差异就不大，也不会出现生存与发展的战略冲突。遗憾的是，生存问题与发展问题并不是同一类问题，二者的差异明显：前者更关注企业生存的时间长短，更在乎企业是否能够持续，是否可以随岁月逝去而江山永固、事业绵长；后者更关注企业发展的空间大小，更在乎企业是否足够强壮，是否可以任市场竞争形势变化而降龙伏虎、百战百胜。如此一来，自然就出现了生存与发展的战略冲突。

在对待生存问题时，企业的宗旨在于"活下去"。为此，企业在战略上多采取收缩战略、防守战略。此时，集中思维主导着一切——思想集中、文化集中、制度集中、人员集中、资金集中、物资集中、业务集中……，以巩固自身传统业务为基调，大幅削减制造成本和营销费用、财务费用、管理费用，鼓励"勤俭持家"，尊重历史经验，限制多元化，控制固定资产投资和长期股权投资，其目的是在面对市场需求的明显变化时，以不变应万变，以静制动，靠苦练内功，在既有的、已相当熟悉的市场"夹缝"中隐忍蛰伏，顽强地生存下去。

这种生存战略看似保守——在这种生存战略下的企业肯定活得不够洒脱，也许还带有几分寒酸和悲凉——但仅仅"活下去"其实并不太难。好比一场战役级别的攻坚，在双方投入的兵力、装备等相当的情况下，防守的一方比进攻的一方总能占到更多的便宜——伤亡会更小，坚持的时间会更长。

于是，"活得长"的企业，往往都是些湮没无闻、不见经传的小企业。

而在对待发展问题时，企业的宗旨在于"强起来"。为此，企业在战略上多采取扩张战略、进攻战略。此时，发散思维笼罩整个企业——思想发散、文化发散、制度发散、人员发散、资金发散、物资发散、业务发散……，以突破自身现有业务为基调，大幅提高研发费用和营销费用、财务费用、管理费用，鼓励"敢花敢挣"，强调不破不立，大兴多元化，放开固定资产投资和长期股权投资，其目的是在面对市场需求的快速变化时，以自变应他变，以动制动，靠求新求异，在新兴的、充满机会的市场"疆域"里放手一搏，不断地发展壮大。

这种发展战略看似激进——在这种发展战略下的企业，肯定活得足够洒脱，甚至还带有几分阔绰和快乐——但真正"强起来"其实并不容易。就像一场战术性质的奇袭，深入敌后的突击分队可能一度拿下机场、码头、军械库等重要据点，但也可能陷入孤立无援的境地，最后被敌方合围，遭受灭顶之灾。

因此，"强起来"的企业，常常都是些电光石火、昙花一现的大企业。

如果既要解决生存时间短的问题，又要解决发展空间小的问题，企业最好是采取平衡战略、协调战略——平衡集中思维和发散思维，不论是思想、文化、制度，还是人员、资金、物资和业务，该集中的集中，该发散的发散，在巩固自身"现金牛"业务的同时，坚持创造、突破，与既有的"瘦狗"业务、培育多年依然存疑的"问号"业务一刀两断，积极拓展"明星"业务，始终与市场需求齐鸣、共舞，该控制的才控制，而不是能控制就控制；该创新的就创新，而不是为创新才创新。这样，企业终可长久——如长江不尽，企业必能强壮——像日月光华。

当然，能兼顾生存与发展战略，从而长盛不衰的企业其实并不多。

有一定说服力的例子是《财富》杂志每年发布的"世界500强"排行榜[①]。如果对比一下2002年、2012年以及2022年的该排行榜上的"面孔"，不难发现，在2002年位列该排行榜的500家企业，在10年后的2012年还在该排行榜的已不足300家——也就是说，10年后有超过200家曾经的"世界500强"已不再强壮，或者已经退出了市场经济的历史舞台；在20年后的2022年仍位列该排行榜的企业已不足200家——也就是说，20年后有超过300家曾经的"世界500强"，已称不上强壮，或者早已为市场经济的惊涛骇浪所吞没。

为什么会这样？

因为企业始终存在着生存与发展的战略冲突，而企业要在此冲突中统筹兼顾，实属不易。

---

① 该排行榜创立于1955年，最初只是美国的工业企业排行榜。1957年又创立了美国以外其他国家的工业企业排行榜。1976年又推出了非美国本土的、国际化的工业企业排行榜。1995年才推出了包括全球工业和服务业企业的"世界500强"排行榜，并延续至今。

看来,"三十而立,四十而不惑,五十而知天命……"[①]对人适用,对企业并不适用,有几十年甚至上百年历史的企业毕竟不多。做企业,大概还是讲求"多少事,从来急;天地转,光阴迫。一万年太久,只争朝夕"[②]会更好吧。

3.10 在企业欣欣向荣的时候

在 21 世纪的前十年,全球手机销量第一的诺基亚,曾是"神"一般的存在。

这家在 19 世纪 60 年代于芬俄边境设立,最早做木浆纸和橡胶轮胎的芬兰小型企业,在 100 年后的 20 世纪 60 年代已发展成了一家涉及造纸、橡胶、化工、电缆、通信、制药、天然气、石油等多个产业领域,并向市场推出模拟技术手机的芬兰大型企业。到 20 世纪 90 年代中期,诺基亚果断地将传统产业进行拆分,只保留通信部门,而将其他传统产业予以出售。瘦身后的诺基亚专注于数字技术手机的研发、制造,手机订单和销量随之剧增,用五六年的时间就一举坐上了全球手机出货量的头把交椅,并雄踞这一高位超过十年……

正是在这十年里,我曾与诺基亚进行过数次事关合资合作的谈判。在一次谈判中,诺基亚的主谈判官居然时不时地用脚转动他坐着的椅子,转过身背对着我,甚至把两条腿架到会谈桌上,这种个人表现上的趾高气扬,也许正显示了当时诺基亚行为意识里的那种春风得意。

直到 2012 年,诺基亚才从全球手机出货量第一的宝座上被三星电子挤了下去。其实,在此前的 2009 年和 2010 年,以苹果、谷歌为首的新兴的计算机、互联网企业异军突起,以 iOS 和 Android 操作系统、触屏操作方式、丰富的 APP 应用和方便的上网功能而夺走众多用户的智能手机,就已经使以 Symbian 操作系统、按键操作方式,以及通话、短信、彩屏和彩铃等为卖点的功能手机的代表诺基亚,陷入了衰退。

2013 年 9 月 3 日,微软宣布将以约 71.7 亿美元的价格收购诺基亚全部的手机业务以及大批专利,而诺基亚则退缩到只做网络与行业客户业务的一隅。

[①] 陈晓芬,徐儒宗译注. 论语·大学·中庸 [M]. 北京:中华书局,2015.
[②] 毛泽东. 毛泽东诗词集 [M]. 北京:中央文献出版社,1996.

当然，可使诺基亚聊以自慰的是，摩托罗拉的手机业务也没了，爱立信的手机业务先是没了一半，后来是全没了——改姓了索尼，而其他如西门子、阿尔卡特等的手机业务，也早就不知去向。

记得在2015年的一个冬日，我开车路过当年诺基亚在北京亦庄高新技术开发区投资建设的总部大楼，眼见其曾经熙熙攘攘，如今却风光不再，连这座建筑也已易主，不禁唏嘘不已、扼腕长叹。那天的天，一直是灰蒙蒙的，像要下雪……

其实，今天那些经营业绩令同行无法与之匹敌的企业，又怎能保证自己不会步当年诺基亚的后尘呢？

所以，才有了张瑞敏在其海尔集团的办公室里高悬的八个大字——如临深渊，如履薄冰；也才有了任正非在华为蒸蒸日上的时候写下的《华为的冬天》一文中的警句"公司所有员工是否考虑过，如果有一天，公司销售额下滑、利润下滑甚至会破产，我们怎么办？"。

事实上，任何一出大戏，或恢宏，或委婉，最后帷幕都会徐徐落下，人去楼空。同样，如果不提前考虑过冬，眼下无论多牛的企业，也迟早会被"冻死"。

在战略上，这就叫"只有居安思危，方能否极泰来"。

3.11 失败与成功常常是一对"欢喜冤家"

企业做出战略选择后的最终结果，不是失败就是成功。

失败，是自己不如别人，或者是自己的今天不如自己的昨天。一句话，失败，就是结果不如预期。

而成功是自己好于别人，或者是自己的今天好于自己的昨天。同样也是一句话，成功，就是结果好于预期。

所有的企业不可能总是高歌猛进、一帆风顺的。

当失败时，如果一味地强调客观原因，只会怨天尤人、灰心丧气，于是愁眉苦脸、一蹶不振，再无前行的勇气和斗志，那这种失败就真的是失败了；反之，如果能让自己经受历练、反省得失，让自己重拾信心，那离成功就真的不远了。这就像凤凰涅槃——不经历烈火,就不可能获得酣畅淋漓的生命的重生。

而当成功时,如果一味地强调主观,只是沾沾自喜、忘乎所以,于是刀枪入库、马放南山,成天躺在功劳簿上,尽享歌舞升平,那这种成功就真的离失败不远了;反之,如果能让自己保持清醒、居安思危,将既有归零,则可以百尺竿头,更进一步,那这种成功才是真的成功了。这就像登高望远——只爬到山腰,你肯定看不见要攀到山顶才能目睹的云蒸霞蔚的风景。

由失败走向成功或由成功沦为失败的事情,古今中外已不知发生过多少。

勾践卧薪尝胆,兴越灭吴成霸业;而李自成骄傲自大,四十三天帝梦断京城。苹果公司行而不辍,终成无限辉煌;而诺基亚故步自封,落得惨淡结局。

所以,成功谁都喜欢,而正确地面对失败,从失败中尽快站起来,"仰天长啸,壮怀激烈",再招旧部,重整河山,失败也就变成了一种成功。

《孟子》中有:"舜发于畎亩之中,傅说举于版筑之间,胶鬲举于鱼盐之中,管夷吾举于士,孙叔敖举于海,百里奚举于市,故天将降大任于斯人也,必先苦其心志,劳其筋骨,饿其体肤,空乏其身,行拂乱其所为,所以动心忍性,曾益其所不能。"[1]

这讲的是,舜从耕田农夫被起用,傅说从筑墙工人被推举,胶鬲从鱼盐贩子被推举,管仲从狱官手里被解救出来并被推举,孙叔敖从海边隐居处被寻来并被推举,百里奚从奴隶市场被赎买回来并被推举。所以,上天要把重任降临在某人身上,一定要先使他内心痛苦、筋骨劳累、饥肠辘辘、体虚乏力,使他的任何行为都不如意,这样就能激励其斗志,坚忍其性情,增加其所不具备的能力。

《孟子》中还有:"人恒过,然后能改,困于心衡于虑而后作,征于色发于声而后喻。入则无法家拂士,出则无敌国外患者,国恒亡,然后知生于忧患而死于安乐也。"[2]

这讲的是,人常常犯错误,这样以后才能改正,人心中困惑、思虑失衡,这样以后才能知道如何作为,人愤怒显露在脸上,怨恨发泄在言语中,这样以后才能被别人所知晓。一个国家,如果在内部没有坚守法度的臣子和具备辅佐君王能力的贤士,在外部没有足以抵御外敌入侵和消除各种外患的实力,这样

---

[1] 方勇译注. 孟子 [M]. 北京:中华书局,2017.
[2] 方勇译注. 孟子 [M]. 北京:中华书局,2017.

的国家必定会走向灭亡。这样以后就能知道忧虑祸患会使人或国家生存发展，而安逸享乐会使人或国家走向灭亡的道理了。

因此，失败并不可怕，成功也并不一定可喜，关键是自己正确地面对这两种看似不同的状态。

我以为，只有胜不骄、败不馁，方能驶得企业的那艘"万年船"。

第 4 章
组织架构

4.1　组织设计和组织管理的根本目的

环顾四周，可以轻易地发现大大小小、形形色色的企业。这些企业与同样大大小小、形形色色的党政军机构、事业单位、社会团体等一样，都是一个地区、一个国家，甚至整个人类社会的一个个组织。

什么是组织？

组织是为实现一定的宗旨、目标，依照一定的制度规定而聚集起来的特定的群体。

之所以要有组织，在于一个地区、一个国家，甚至整个人类社会中某些或相对复杂或相对宏大的宗旨、目标，不可能依靠个人的一己之力去实现，而必须依靠组织，即依靠组织中群体的齐心协力才可能实现。

无论是什么组织，都具有一定的组织架构，以维系组织内部的关系，以及组织自身与外部环境的关系。

我认为，组织设计的根本目的，就是明确组织架构中不同单位、不同部门，直至不同岗位的不同职责，采取既分工又协作的方式，以实现组织的统一的宗旨和目标。

围绕这一根本目的，企业可基于一些基本原则进行组织设计：

一是应符合企业定位和企业发展战略。就像一家做产品的公司，一般都要设置负责产品生产的部门或负责产品外包生产管理的部门。

二是要明确指挥链。尽可能避免多头指挥，以防止出现下属或下级单位无所适从的情况。

三是管理跨度（横向）与管理层级（纵向）应适当。过度的扁平化或过度的垂直化，都容易导致管理失控。

四是要实行专业化分工。但专业化分工不能过细，以防止组织机构臃肿不堪，并阻断了不同专业部门间的协作关系。

五是职责与职权要相匹配。任何部门和任何岗位都要承担一定的工作职责，同时也要获得相应的工作权力，二者相互依存，方能相得益彰。

六是负责执行和负责监督的部门或岗位应分设。假如一个部门或一个岗位，既承担执行任务又承担监督任务，组织内部的风控就形同虚设、名存实亡了。

七是要判定共性与差异性大小。如果企业的某项工作或业务与其他工作或业务的共性大，差异性小，可继续将该项工作或业务保留在原来的部门或单位内，而不用将其分拆出去，设立一个单独的部门或一个独立的单位；反之则反[1]。

我认为，组织管理的根本目的，就是持续开展组织再造或流程优化，以提升组织的效率。

围绕这一根本目的，企业可基于一些基本方法开展组织管理：

一是要对组织架构进行梳理，对不符合企业定位和企业发展战略的部门，及时予以"关停并转"；

二是应对组织架构中不同部门和不同岗位的工作职责，以及相互间的协作配合情况进行检视，及时解决职责不清、职责重叠、职责遗漏、协作受阻、配合不力等问题；

三是要以客户为中心而不是以领导为中心，以流程为中心而不是以部门为中心，以人本管理为中心而不是以机械管理为中心，对贯穿纵向上下级、横向配合部门，或同一层级、同一部门中不同岗位，以及企业内部与企业外部的各种工作流程进行持续优化，缩短、减少、简化、合并各种非必要、非直接、多余的、不合理的工作流程，如申报流程、审批流程、命令流程、报告流程、通知流程、反馈流程，以及重复流程、循环往复流程等，不断提高组织的工作效率，并以工作效率的提高与否作为判断组织再造，或流程优化是否成功的标志和准绳。

---

[1] 张晓成. 管理者之道 [M]. 北京：企业管理出版社，2020.

4.2 组织为何总爱分分合合

少时读罗贯中写的《三国演义》，就对小说开篇的一句话记忆深刻："话说天下大事，分久必合，合久必分……"一二十年后，自己进入企业工作，又接触、目睹了无数次企业的分与合，且每一次分与合都让人感触良多。

一个经济组织，小到一个势单力薄的家庭作坊，大到一个兵强马壮的跨国公司，为何总爱分分合合？

我以为，行分合之事，虽然不能完全排除是企业高层管理者自己的个性使然——这样的企业高层管理者可能天生就喜欢"折腾"，"原先分着的要合起来""现在合着的要分开来"——但究其深层次的动因，应该是企业所固有的生存与发展的客观规律使然：分——组织可拥有各自独立的发展空间，以不断扩大企业的业务疆域；合——组织易共享整体统一的生存平台，以持续保持企业的运营效率。

于是，纵观古今，既有大宅门内分家，儿孙们自立门户的，又有兵马合为一处，兄弟们共举起义大旗的。而横看寰宇，有巨无霸企业分拆业务单元，各自独立上市的；也有小不点儿企业兼并自己的同类，像"滚雪球"般做大的……

那么，组织究竟是分好，还是合好？

从辩证唯物主义哲学上讲，既然分合是一对矛盾，就必然存在矛盾的此消彼长，矛盾的变化、平衡、再变化、再平衡……会一直伴随企业始终。而从新制度经济学上讲，任何企业的运营都离不开内外部资源的配置，当组织获取外部资源的成本（如各种外部市场交易成本），小于获取内部资源的成本（如各种内部协作配合成本）的时候，企业该"分"；反之，当组织获取外部资源的成本大于获取内部资源的成本的时候，企业当"合"[①]。

因此，分有分的好处，合有合的道理。

那么，对分合问题，企业应当如何拿捏，方能"好风凭借力，送我上青云"呢？

如果按照辩证唯物主义哲学与新制度经济学的观点，我以为，组织该分

[①] 威廉姆森，温特. 企业的性质 [M]. 北京：商务印书馆，2010.

时则分，当合时则合；而组织可分或可合时，应该对"分——组织可拥有各自独立的发展空间，以不断扩大企业的业务疆域"与"合——组织共享整体统一的生存平台，以持续保持企业的运营效率"，采取平衡双方、兼顾彼此的管理思路。

体现这种管理思路的途径之一是，在现有企业里设立非法人性质的事业部、临时性的项目组、新业务孵化器等，做到"分而不破""合而不死"，即对组织结构、职责、目标、预算等"硬件"进行适当切分，使这些"硬件"相对独立地运行，而企业文化、规章制度、激励政策等"软件"保持不变，使这些"软件"在各个非法人性质的、临时性的组织里得以继续使用。

若这些非法人性质的事业部、临时性的项目组、新业务孵化器等未来"功成名就"，则可将其变为企业新的业务群、子公司，亦可单独分拆上市；若这些非法人性质的事业部、临时性的项目组、新业务孵化器等最终"一事无成"，则可将其撤销、解散，或将其资产、业务等卖出。

这大概就像在一望无际"正儿八经"的庄稼地里开辟的几小块"离经叛道"的试验田吧？

4.3 职能部门和业务单元：常见且有区别的两类组织

职能部门和业务单元是常见且有区别的两类组织。

职能部门是在企业中承担某一类职责并发挥相应功能的部门。不同的职能部门具有不同的职能，而每一个职能部门都会配置层级不同但职能类型相同的人员。例如，财务部门有部门总经理、副总经理，有总账会计、分类账会计、成本会计、费用会计、出纳等，一同承担着企业财务管理的职责并发挥财务管理的功能。

职能部门的特点是专业化程度高，分工明确、各司其职，组织架构较为稳定；但部门间协作配合的主动性和对外界环境的应变性往往不尽如人意。

对职能部门，常常会有一种认识上的误区，以为职能部门指的就是管理部门，其实二者之间并不能简单地画等号。事实上，在那些业务相对单一的中小企业里，职能部门往往既包括行政部门、财务部门、人力资源部门等管理部门,也包括市场营销部门、产品研发部门、生产运营部门等业务部门。

我认为,只要某一部门的职能与其他部门的职能不同,且该部门不同层级的人员均具有相同类型的职能,其组织架构就属于职能部门架构,无论其本身是一个管理部门,还是一个业务部门。

业务单元是企业中独立或相对独立地承担某一业务开拓的任务并实现相应业务收入目标的事业部、区域分部、子公司等。不同的业务单元具有不同的业务发展领域,而每一个业务单元都会配置层级不同且职能类型也不同的人员。例如,某一事业部有部门总经理、副总经理,有市场营销经理、产品研发经理、生产运营经理、行政经理、财务经理、人力资源经理和相应的员工等,一同承担着企业某一业务开拓的任务并实现相应业务收入的目标。

业务单元的特点是实行分级管理,各业务单元独立核算和自负盈亏,有利于调动各业务单元的积极性,能对市场变化做出快速反应;但各业务单元中的职能部门与企业总部的一部分职能部门会重复设置,资源占用大,且把握企业总部集权与各业务单元分权的尺度较难,容易出现为维护自身利益而上下博弈的问题。

对业务单元,常常也存在一种认识上的误区,以为业务单元指的就是业务部门,其实二者之间也不能简单地画等号。事实上,只有在那些实行多元化经营的大型或超大型企业里,才会设置事业部、区域分部、子公司等业务单元。

我认为,只要某一业务部门的业务发展领域与其他业务部门的业务发展领域不同,且该业务部门不同层级的人员并非都具有相同类型的职能,其组织架构就属于业务单元架构,否则,其仍属于职能部门架构中的一个业务部门而已。

职能部门和业务单元在企业里缺一不可。职能部门中的管理部门是企业开展经营业务的基础,要发挥对经营业务的支撑和保障作用;职能部门中的业务部门或业务单元是企业开展经营业务的前提,要发挥向市场提供产品或服务,并最终从市场获取业务收入的作用。

在一定情况下,职能部门和业务单元可进行转换。譬如,当一个企业扩张了,要多元化经营了,原来的职能部门架构就可能转换为业务单元架构;反之,当一个企业瘦身了,要重回单一化经营了,原来的业务单元架构就可能转换为职能部门架构。一句话,这取决于企业定位,取决于企业发展战略的需要。

在企业里，有的人可能一直在职能部门中的管理部门承担管理工作，如行政管理、财务管理、人力资源管理等；而另一些人可能总在职能部门中的业务部门或业务单元从事经营活动，如市场营销、产品研发、生产运营等。其实，有件企业应该做的有积极意义的事情，是广开门路，为有意愿的员工提供跨职能部门和业务单元的、不同或完全不同的工作实践的机会，以培养其大局意识、效率意识、客户意识、服务意识、经营意识，提高其综合运筹能力、沟通协调能力、处理复杂问题能力、对突发事件的应变能力等，使其成为一个能文能武，既可运筹帷幄又可冲锋陷阵的优秀人才。

4.4 直线式组织：一场管理层级与管理跨度的博弈

伴随着蒸汽时代的机器轰鸣，直线式组织走上了工业化大生产的舞台。

工业革命前农耕时代的农业、手工业和家庭饲养业经济的个体或点状组织——核心点与周围其他有限的点呈放射状联系的组织，与工业革命后蒸汽时代的工业经济的直线式组织，其主要区别在于个体或点状组织是"一个点"，而直线式组织像"一条线"。

直线式组织的特点是架构较为简单，责任与职权明确，号令统一，对下控制严密，但上下间的信息交互一般是下达的多，上陈的少，上陈的至多能够起到建议或参谋的作用。

直线式组织较多地见于中小型企业中的职能制架构。

从严格意义上讲，直线式组织并不完全像一条直线，而是一种下大上小的宝塔形架构。其中，不同层级纵向的上下构成了"管理层级"，而同一层级横向的延展构成了"管理跨度"。显然，假如直线式组织就是一条直线，这里所谈的"直线式组织：一场管理层级与管理跨度的博弈"的话题也就不存在了。

通常，管理层级代表了管理者的职权高低，而管理跨度代表了管理者的效能大小。

一方面，管理者所处的管理层级越高，则职权越高，高层级能够彰显其位高权重、威仪天下的架势。像战略设计、基本制度制订、主要组织架构和重要人事安排、公司分立或撤并、对外投融资等的最终决定权、裁定权，只能为高层甚至是顶层管理者所拥有，而其他层级的管理者往往无法"染指"。

但随着管理层级的增加，管理者职权向下的穿透力会逐步减弱。尽管管理者都希望自己的影响力可以一直向下，能够通达组织的末梢，但实际是很难实现的，因为这不符合影响力的传播规律。不管这种影响力是什么力——物质的力量也罢，精神的力量也罢，前者如机械、声、光、电、热等的力量，后者如思想、文化、宗教等的力量——都要符合这一传播规律。因此，在企业中很少能够见到一个管理者向下的影响力能够达到三四级以上的。

另一方面，管理者的管理跨度越大，则效能越大，大的管理跨度可以充分展示其知人善任、架海擎天的能耐。一些能力超群的管理者，其管理可以覆盖行政、人力、财务等职能，还有的可以既管着市场营销，又管着产品研发、生产运营等业务，这可让其他的管理者难于望其项背。

但随着管理跨度的扩大，无论管理者多么"超能"，其能耐终有不够用的那一天。无限地放大自己的能力，想"拳打北山猛虎，脚踢南海苍龙""气拔山兮力盖世"，就是神仙也做不到，因为人的能力也罢，时间精力也罢，毕竟是有限的，总有尽头，总有顾及不到的人或事。因此，在实际的企业中，很少能够见到一个管理者能够同时管理着四五个领域，可以直接领导几十号甚至上百号人的。

这样一来，管理者为了减少管理层级，就会扩大自己的管理跨度——尽可能地集权，自己什么都要管；而为了缩小管理跨度，就要增加自己的管理层级——尽可能地分权，能不管的就不管。这样做的实质，在于管理者力图发挥其管理指挥链（包括计划、组织、控制、激励、监督、调整等行为）的最大效率。

于是，一场管理层级与管理跨度的博弈，总会在直线式组织中上演着。

4.5 矩阵式组织：聚焦于组织整体的协同效应

伴随着电气时代前进的步伐，矩阵式组织跃出地平线，继直线式组织之后，来到了社会化大生产的天穹中央。

在电气时代，电力在储存、传输、控制与能量转换上的便利，使开展非直线式组织的跨专业、跨部门、跨地域的大项目的开发、建设和运营成为可能，这也极大地推动了后来的经济全球化的进程。

矩阵式组织与直线式组织的主要区别在于，直线式组织像一条"线"，而矩阵式组织像一个"面"。

矩阵式组织的特点是对项目任务的适应性强，可根据项目情况进行组织架构上的适当调整，也有利于集思广益，便于把纵、横向指挥链有机地组合起来，以发挥组织整体的协同效应。但矩阵式组织先天就存在的纵、横向指挥链又使同一个下级可能要听命于两个上级，这往往让他们无所适从。同时，这也必然增大了在不同指挥链间进行协调的难度。

矩阵式组织较多地见于大型或特大型、超大型企业中的事业部制架构。

矩阵式组织的基本架构一般是以行政、人力、财务等组成的职能线与以市场营销、产品研发、生产运营等组成的业务线构成的矩阵。

在研发类企业里，其基本架构的变形一般是以通用软硬件研发等组成的基础平台线与以应用软硬件研发等组成的产品研发线构成的矩阵。

在销售类企业里，其基本架构的变形一般是以分部、办事处、分公司、子公司等组成的区域线与不同产品或服务等组成的产品线构成的矩阵，或者以不同的消费者群体或集团客户等组成的客户线与不同产品或服务等组成的产品线构成的矩阵等。

……

显然，矩阵式组织运作的最大问题是多条管理指挥链的，如计划、组织、控制、激励、监督、调整等行为，在完成项目任务时所形成的合力与出现的分力之间的矛盾。

解决这一矛盾的方式方法，首先是要用制度来划分和明确不同指挥链的职权，而且越具体、越详细、越周密越好；其次是更应强调不同指挥链间的沟通协调与理解配合。

那么，谁应该在纵、横向指挥链中扮演"关键先生"？我认为，一定是业务线——在为了完成项目任务而搭建的矩阵架构中，主角只能是业务。

早年看电影《英雄儿女》，里面有志愿军英雄王成站在前沿阵地上，抱着步话机呼叫指挥所炮火支援的场面："延安，延安，我是851，我是851，向4号目标开炮！"顷刻之间，志愿军的炮弹就呼啸着飞向了4号目标，炸得以美军为首的"联合国军"入侵者鬼哭狼嚎、抱头鼠窜……

所以，必须在矩阵式组织中给业务层面更多的指挥权，以保证其聚焦于组织整体的协同效应。

4.6　球链式组织：旨在充分满足客户的需求

在信息时代的潮头正盛，万物互联和人工智能（Artificial Intelligence，AI）等时代的宠儿也纷纷伸出手来叩响当今世界经济形态的大门的时候，许多新的组织架构涌现出来，跃跃欲试、摩拳擦掌，试图突破由传统的直线式组织和矩阵式组织等围成的堡垒。

之所以有如此的动力，主要还是由于客户需求的变化。

在信息时代，因信息在记录、提取、存储、处理、传输和利用上为人们带来的种种便利，以往的不可能统统变成了可能：产自山沟沟的桃子，有淘宝和拼多多可以卖到全世界了；犯病的老汉，有远程医疗可以在家看上京沪大医院的名医了；不会开车的家庭主妇，有无人驾驶技术想出门就可以驾车上路了；邻里的二丫，有了增强现实技术（Augmented Reality，AR）和虚拟现实技术（Virtual Reality，VR）设备，可以出现在像《泰坦尼克号》那样的大片里了；普通人，只要有钞票，健康状况又符合条件，也可以去邀游太空了……

所有这些可能，无疑极大地刺激了客户需求，增加了客户需求，让客户需求波澜壮阔、无时无处不在。

要想充分满足客户的需求，无论是客户的个性化需求，还是客户的超前需求，企业的组织架构要有更强的自主性、开放性、适应性和实效性——包括更少的耗时和资源占用，以更小的投入带来更大的产出。

而球链式组织就可以比以往任何一种组织架构都更能充分满足这些客户需求——基本的也罢，个性化的，甚至是异想天开的也罢。

球链式组织与矩阵式组织的主要区别，在于矩阵式组织像一个"面"，而球链式组织像一个"体"——由很多大小各一的球体相互连接而成的一个在三度空间中的立体。

球链式组织中的"球"可以是大型或特大型、超大型企业中的一个个小企业，也可以是大型或特大型、超大型企业中的非企业性质的一个个小单元，如一个个小部门、小班组、小项目团队；而球链式组织中的"链"就是这些小企业之间、小单元之间，或小企业、小单元与外部环境之间建立起来的相互关系。这些小企业实行"两自、两独立"，即自主经营、独立核算、自负盈亏、独立承担民事法律责任；而这些小单元以市场价格为参考依据，实行独立核算，按创造的附加值大小"论功行赏"——假如这些小单元是实行阿米巴经营[①]的，则行赏不只涉及奖金，还包括口头和书面表扬，或让其成员承担更多、更大的阿米巴的工作，甚至领命去组建新的阿米巴。

球链式组织的特点是，每一个小企业或小单元可集思广益、群策群力，调动每一个干部员工参与经营活动的主动性和积极性，增强其使命感和主人翁感；可根据市场和外部环境的变化，对自身的组织架构，包括大小、职责和岗位设置、激励机制、内外部的组合与协作关系等进行灵活调整；可独立面对客户，自行决定其市场营销计划、研发计划、生产作业计划、财务预算、人力预算等，以实现对客户需求所保有的更强的自主性、开放性，适应性和实效性。但球链式组织又存在小企业或小单元间恶性竞争、彼此拆台的问题，非经营性的部门与小企业或小单元间互相不理解、不配合的问题，大企业的发展战略与小企业或小单元的经营策略不一致的问题，以及对各个小企业或小单元分散配置或重复配置资源的问题等。

这大概就是事物的两面性吧。俗话说得好，"甘蔗没有两头甜"，任何一种组织架构都不例外，而管理者要做的一是要坦然面对，二是要想方设法地扬长避短。只有这样，企业的球链式组织才能充分满足客户需求，在复杂多变的客户需求面前兵来将挡、水来土掩，做到庖丁解牛，游刃有余。

在现实社会里，已有海尔集团做出了种种探索，先后创造了"自主经营体""利益共同体""小微公司""生态链小微群"等，但依我看，这样的组织与球链式组织只在称谓上有所不同，而在组织架构的本质上二者其实并无太大的差异。

需要特别提及的是，此处谈论的球链式组织可能不仅仅指大型或特大型、

---

① 稻盛和夫.阿米巴经营[M].北京：中国大百科全书出版社，2016.
阿米巴（Amoeba），即变形虫，属原生动物门、肉足纲、根足亚纲、变形虫目、变形虫科的真核生物，因虫体柔软、包囊纤薄、伪足可向各个方向延伸，致使体形不定多变而得名。阿米巴经营（Amoeba Operating）是稻盛和夫基于自己的经营哲学在日本京瓷（公司）和KDDI（公司）建立的一种划小核算单位，使其独立创造附加值的经营模式。在该经营模式下，企业的组织架构可以随客户需求的变化而不断"变形"，以调整到可自适应客户需求的最佳状态。

超大型企业中的一个个小企业、小单元，以及这些小企业之间、小单元之间，或小企业、小单元与外部环境之间建立起来的相互关系，还可能包括在这些小企业、小单元内部，由更小的企业、更小的单元，甚至小到作为个体的干部员工，以及由其建立的内外部的相互联系所组成的更小的球链式组织——当然，也有可能不包括，而是在这些小企业、小单元内部存在着其他的非球链式的组织架构，如直线式组织、矩阵式组织等。

4.7 集成式组织：靠他人唱戏而由自己搭台赚钱

集成式组织本身是人类社会进步的产物。

在衣不蔽体、食不果腹的原始社会和自给自足、"鸡犬之声相闻，老死不相往来"[①]的小农经济社会，不可能产生集成式组织。只有伴随着商品交换和社会化大生产的步伐，当人类社会越发开放和紧密合作之时，集成式组织才从无到有，逐渐发展成为一种在今天并不鲜见，且越发时髦和应景的组织架构形式。

就企业而言，集成式组织是指企业设置了一个负责集成工作的部门——它通过契约方式，将该企业部分或全部产品的营销、研发、制造，甚至发货、运输等本该由该企业自己承担的经营职能，分包给了该企业外部的诸多供应商，如各种专业公司来承担。

企业采取集成式组织架构的目的，是让外部组织为自己所用，即"靠他人唱戏而由自己搭台赚钱"。

当然，要做到这一点并非易事。这需要企业自身具备超强的业务集成管理能力——包括对行业市场的洞察能力、对产业运营的理解能力、对合格供应商的甄别能力、对分包各环节和全流程要素的监控能力、对法律法规的把握和运用能力，以及在信息化时代的条件下，对各种集成业务相关的信息数据的获知能力、处理能力和决策能力等，并能够及时推出可以始终领先一步的商业模式。

---

① 汤漳平，王朝华译注. 老子 [M]. 北京：中华书局，2014.

集成式组织的长处是易于应对多变的和多元化的市场需求,可在越来越个性化的市场需求面前实现产业运营的专业化、规模化,靠"小而精""软实力",以相对较小的人员规模和资产占用,获取较为可观的市场份额、业务收入和业务利润等。

集成式组织的短处是企业在初入市场、自身实力还不强、声誉也不够响亮时,不易受到外部供应商如各种专业公司的重视,无法在价格、交货期、财务支持等方面获得优惠待遇,甚至发生交货延误、被"抛单"等问题;同时,集成式组织不易对分包各环节和全流程要素进行有效的监控,对外协调的难度大,易发生自身平台的空心化,乃至被外部供应商如各种专业公司"撬单""挖单"等种种风险。

集成式组织并非仅出现在产业价值链的营销环节。事实上,其可以出现在产业价值链的任一环节。譬如,一个汽车整车研发企业,并非要从汽车零部件的研发做起,有条件的话,其可以是一个集成式组织,有自己的外部供应商,如若干家汽车零部件研发企业为其提供各种汽车零部件的研发方案;同时,其可能又是另一个集成式组织,如某一汽车整车制造企业的外部供应商,负责为该汽车整车制造企业提供成套的汽车整车的研发方案。

我相信,在经济全球化、世界信息化的大趋势之下,集成式组织一定会获得更大的发展。

4.8　非典型组织:形形色色且各领风骚

在企业组织架构的大家庭里,还有一些非典型组织。它们有的已存世久远,有的仅初来乍到,但都不爱显山露水,只有深入进去细细品味,才会让你感触良多。

4.8.1　点状组织

由一个核心点向其四周若干个依附点即"一点对多点"发送指令(有时不仅仅是信息流,也包括人流、物流、资金流等,下同),并指挥其开展相应的活动，由此建立起来的一种组织架构，为点状组织。

这样的组织架构不知已存在了多久，至少自农耕时代开始就有了吧。譬如，传统的农业、手工业和家庭饲养业就基本上以这样的组织架构进行经济活动。而在工业革命后，尤其是在进入信息时代以后，点状组织才被赋予了新的生命力——如集成式企业大量涌现，有的不做零部件，只做产品的最后组装；有的不搞底层科学研究，只搞应用技术开发；有的不提供具体的软硬件产品，只提供整体的解决方案；有的通过线上和线下"扫货"，换上自己的"马甲"后，再通过线上和线下"出货"；等等。

点状组织的特点是组织内部的职责与权力明确，架构简单，指令由核心点直接发送至各个依附点，控制严密，核心点可以方便地对原有的依附点进行调整，配置新的依附点；在核心点的指挥下，各依附点能够高效行动；某一依附点出现问题，只需对其进行隔离而不会影响整个组织。但依附点与核心点或与其他依附点之间并无指令性的关系，无权对其发送指令，即便发生联系，也只是一种信息沟通，最多能为核心点提供某种参考依据或让其他依附点知晓罢了，绝无让核心点或其他依附点遵照执行的可能。换句话说，离开核心点，依附点是无法生存的。一旦核心点出现了问题，整个点状组织就会因"群龙无首"而陷于瘫痪，甚至分崩离析。

这就像当年诺基亚在如日中天时曾斥资百亿元建设"（北京）星网工业园"项目——打造一个以诺基亚为龙头企业，由其他众多的配套企业组成的，集手机研发、生产、销售和服务业务于一体的庞大的产业基地，带动上万个就业机会，年产手机上亿部，实现营业收入上千亿元、税金数亿元和出口数十亿元，在技术、品质、规模、速度比拼中取胜，以最低的价格为中国和全球的消费者提供最先进的产品和最好的服务。这一项目目标，在21世纪的最初10年间星网工业园的确做到了，但随着诺基亚自己从神坛上跌落，星网工业园以及来自国内外的数十家手机零部件生产商和服务供应商，也就如树倒猢狲散般不复存在了。

4.8.2 树形组织

由一棵树的主干向支干，由支干向分枝，由分枝向枝条，最后由枝条向枝头、树叶发送指令，并指挥其开展相应的活动，由此建立起来的一种组织架构,为树形组织。

树形组织与直线式组织较为相像,至少很像直线式组织中的宝塔形架构,只是其不是下大上小,而是上大下小——上端的枝叶"纤细而茂密",下端的树干"粗壮而稀疏"。这就像把直线式组织中的宝塔形架构倒过来一样。但即便这样,二者也只能称为"似",并不"是"同一种组织架构。

树形组织与直线式组织中的宝塔形架构的最大区别在于,在树形组织自树干向上的每一个同一分叉(级)中,不同的岗位也好,不同的组织也好,其职责与权力一律相同,要"共担其职";而在直线式组织的宝塔形架构自顶层向下的每一个同一层级中,不同的岗位也好,不同的组织也好,其职责与权力各不相同,要"各司其职"——当然,会出现同一岗位配置多人,但不会同时出现多个相同岗位。从这一点上讲,树形组织比直线式组织,尤其是直线式组织中的宝塔形架构要更为简单。

树形组织是工业革命后企业生产规模不断扩大的产物,主要见诸产业非多元化的大中型企业,包括逐次下沉的生产企业和逐级递延的分销企业等。

树形组织的特点是易于"开枝散叶",可以方便地延伸出新的、更多的分支、子分支、孙分支……和节点;在前一分支或节点的指挥下,后一分支或节点能够高效行动;某一分支或节点出现了问题,只需对其进行隔离而不会影响整个组织。反过来,一旦主干出现了问题,整个树形组织就会像一棵烂了树根的大树一样,彻底死掉。

4.8.3 鱼刺形组织

像从鱼的脊柱上长出若干根鱼刺,连接或带动鱼鳍,并发送指令,指挥其开展相应的活动,由此建立起来的一种相互关联的组织架构,为鱼刺形组织。

在许多人看来,鱼刺形组织既像点状组织,又像树形组织,或者说是点状组织与树形组织的一种结合。

在组织架构的层次上,鱼刺形组织只有处于顶层的"脊柱"和处于底层的"鱼刺",这与点状组织只有处于顶层的"核心点"和处于底层的"依附点"类似。

而在组织架构的延展上,鱼刺形组织的"脊柱"由"鱼头"向"鱼尾"延伸,依次分布着若干"鱼刺",这看起来又与树形组织的"树干"由"树根"

向"树梢"延伸，依次分布着"主干""支干""分枝""枝条""树叶"差不多。

其实，依我看，鱼刺形组织就是将点状组织中的"核心点"拉长，变成一根直线后的点状组织。

因此，鱼刺形组织具有与点状组织大体相同的特点。这包括，组织内部的职责与权力明确，架构简单，控制严密，指令由"脊柱"直接发送至各根"鱼刺"，"脊柱"可以方便地对原有的"鱼刺"进行调整，配置新的"鱼刺"；在"脊柱"的指挥下，各根"鱼刺"能够高效行动；某一"鱼刺"出现问题，只需对其进行隔离而不会影响整个组织。但"鱼刺"与"脊柱"或与其他"鱼刺"之间并无指令性的关系，无权对其发送指令，即便发生联系，也只是一种信息沟通，最多能为"脊柱"提供某种参考依据或让其他"鱼刺"知晓罢了，绝无让"脊柱"或其他"鱼刺"遵照执行的可能。换句话说，离开"脊柱"，"鱼刺"是无法生存的。一旦"脊柱"出现了问题，整个鱼刺形组织就会变成没头的苍蝇，只剩下乱打乱撞了。

4.8.4 环形组织

若干节点两两相连构成闭合环路，并由上一节点向下一节点发送指令，指挥下一节点开展相应的活动，由此建立起来的一种相互关联的组织架构，为环形组织。

环形组织常见于任务内容具有叠加、递进性质，且又需要对任务结果进行最终核查的工作场合。譬如，在为了推进某一资产重组项目而搭建的环形组织中，方案组提出初步的重组方案，审计组在重组方案模拟的资产范围内进行审计并出具初步的审计报告，评估组在审计报告模拟的审计结论的基础上进行资产评估并出具初步的评估报告；方案组在评估报告模拟的评估结论的基础上，对原初步的重组方案进行调整并提出新的重组方案，依此循环，直至方案组提出最终的重组方案，经审批通过后付诸实施。

环形组织的特点是指令只沿着单一的固定方向在组织内各节点间串行流动，上下节点间仅有一条通道，无须进行路径选择；各节点都是自主控制且只控制下一节点，控制简捷、容易，不存在各节点对某一核心系统的依赖——因为环形组织就没有一个核心系统。但由于指令在组织内各节点间是串行流动的，一旦节点过多，就势必增加组织总的运作时间，降低组织整体的行动速度。也正因为如此，环形组织的可靠性并不高，一旦某一节点出现问题，就可能造成整个组织的停摆或坏死。

4.8.5 一字形组织

很像田径比赛中的一支接力团队，即若干节点两两相连，由上一节点向下一节点发送指令，指挥下一节点开展相应的活动——但不形成闭环回路，不像环形组织那样首尾节点也要相连，由此建立起来的一种节点相互关联的组织架构，为一字形组织。

一字形组织常见于任务内容具有叠加、递进性质的工作场合，譬如装配线生产组织和连续流水作业组织等。一字形组织也并非一定是个"一"字，S形、Z形，或称为蛇形、锯齿形，其实也可以算为一字形组织。

一字形组织的特点与环形组织大体相同：指令只沿着单一的固定方向在组织内各节点间串行流动，上下节点间仅有一条通道，无须进行路径选择；各节点都是自主控制且只控制下一节点，控制简捷、容易，不存在各节点对某一核心系统的依赖——因为一字形组织就没有一个核心系统。但由于指令在组织内各节点间是串行流动的，一旦节点过多，就势必增加组织总的响应时间，降低组织整体的行动速度。也正因为如此，一字形组织的可靠性并不高，一旦某一节点出现问题，就可能造成整个组织的停摆或坏死。

4.9 临时组织：因工作任务而聚散

顾名思义，临时组织是一种非常设组织。

临时组织古已有之，如明代《永乐大典》的编纂，就曾设置了主修、监修、都总裁、总裁、副总裁等官职，累计征用三千余人参与编纂，历时五年，汇集了先秦至明初的经史子集类图书七八千种，成书两万余卷，文字浩瀚，但其仍属于一种由临时组织承担的专项任务。而今天，随着信息时代的演进，在快速变化的市场需求和风起云涌的种种新业态的面前，为完成具有一定复杂性的工作任务而设立的临时组织正越来越多地活跃于企业之中，如专项工作组、特别项目部等。

既然是临时组织，就有其聚散的时刻。

聚时，临时组织因要承担某一相对短期的，或带有尝试性的工作任务而组建，成员往往来自企业的四面八方，有做管理的，也有做业务的，且多为借调、兼职工作，仍未与原来所在的职能部门或业务单元彻底脱钩。

散时，临时组织会因该工作任务中止，或最终完成而结束，其成员往往重回原来所在的职能部门或业务单元，谓之"各回各家，各找各妈"。当然，有的人可能随该工作任务成果一并转入某一新设立的常设组织，如某一事业部、某一公司等，或者也有可能索性去了另一新的临时组织，如另一专项工作组、另一特别项目部等。

作为临时组织，其特点一是工作任务相对复杂、环境变化大、涉及因素多、人员五花八门……，因而内部多采取矩阵式架构；二是工作灵活，不死板，机动性强，权变的思维和做法在这里体现得淋漓尽致，计划、预算、行为规范、成员安排等并无固定模式；三是管理不严格，制度不完备、机制不完善，模糊地带多，试探性的做法较为普遍；四是寿命一般较短，人心不稳，成员总有后顾之忧——近者为自己现在的薪酬、地位担忧，远者为自己的前程、去向担忧，由此在许多人心里，这样的临时组织常常被视为一种权宜性的组织。

我认为，要保证临时组织的正常运行，关键是建立相应的规章制度并执行到位，包括明确其计划、组织、指挥、协调、控制的权限，厘清其与企业其他组织的职责边界，做到对任务有计划有方案，对资金有预算有保障，对人员有管理有考核，简单地说，就是要把临时组织比照常设组织来进行管理，让任务可以"临时"而其组织决不可以"临时"。哪怕该临时组织如白驹过隙，只存续、运行了一瞬。

4.10　虚拟组织：因市场机会而离合

现代作家徐志摩曾在1928年写下过一首后来被无数人追捧而传诵久远的诗歌——《再别康桥》：

"轻轻的我走了，正如我轻轻的来；我轻轻的招手，作别西天的云彩。

"……

"悄悄的我走了，正如我悄悄的来；我挥一挥衣袖，不带走一片云彩。"

而虚拟组织，就恰似这样的一片云彩。

那么，何为虚拟组织？

虚拟组织是有别于真实组织如传统组织的一种新的组织形式，其没有企业法人实体地位，是运用技术手段，如计算机技术、通信技术、网络技术等将两个或两个以上的，可分布于世界上不同时空的独立的企业实体中的人员、资产、技术、业务等能力和资源，通过互相自由选择或由经纪人从中撮合等方式联系在一起，形成的一个在一定时间内动态、开放的，按照自愿原则承担各自的任务计划，如产品研发、生产运营、市场营销、运维服务等，并分享在任务计划完成后从市场所获得的利益成果的合作联盟。

虚拟组织聚合时，合作伙伴以市场机会出现而结盟；同样，虚拟组织离散时，合作伙伴以市场机会消失而脱盟。

虚拟组织的主要特征就是虚拟。

这具体体现在，一是内部没有严格的组织层级和命令执行体系，在计划、组织、指挥、协调、控制等方面具有较强的灵活性；二是合作伙伴间往往既不靠产权关系，也不靠实体合同进行维系，而是靠在市场机会面前合作伙伴间的"心甘情愿"——多为"心灵契约"或"口头协议"；三是可以共享合作伙伴所具有的核心能力和专业资源——这些核心能力和专业资源往往不为其中单一的组织成员所独有；四是对所处的环境更为适应并能够对各种市场需求做出更为迅速、更为周全的反应。

当然，正是这种虚拟特征，使虚拟组织自身的集结力是否足够强大，是否能够达到代替传统组织并完成传统组织难以完成的抓住市场机会的任务目标，在今天仍存有诸多疑问。

事实上，人们提出一种概念可能相对容易，而要把一种概念变为现实往往又是另一回事了。

这大概就是任何组织形式都不会十全十美的缘故吧？

但不可否认的是，随着市场需求的无限个性化、多样化，以及信息时代下各种技术手段的层出不穷与日臻完善，虚拟组织一定会在未来的世界里层出不穷、大放异彩。

4.11 组织会消失吗

组织是依照一定的制度规定，并为实现一定的目标或意图而集结的群体。而人类的禀性之一是崇尚自由，如果不是为了达成某种目标或意图，人类不可能心甘情愿地去接受某一组织的制度规定的约束。

也就是说，组织并非一定要与人类"同生共死""如影随形"。

在人类历经生物进化的漫漫长路，踏入混沌、蛮荒的原始社会之初的原始群社会[①]以后，只是栖身于洞穴，靠木棍、石块等简陋的工具，以采集野果和狩猎为生，那时并没有组织；在人类进入原始社会的母系社会[②]后，尤其是在进入父系社会[③]以后，为形成更大的生产力，以及共同劳动和征战等的需要，组织才出现并变化、延续至今。

因此，从这个意义上讲，组织从无到有，将来也一定会从有到无，即要回答"组织会消失吗？"这一问题并不难，答案就一个：是的，组织一定会消失，但不是现在，而是将来。

那么，这个"将来"是什么时候，是后信息化时代吗？要回答这一问题，似乎又不太容易。

事实上，在信息时代的浪潮汹涌澎湃，万物互联和人工智能（Artificial Intelligence，AI）的势头也日渐强劲之际，组织内部各成员间，或组织内部与外部环境间的联系与互动已更加密集和快捷，以往难以互联互通的各种资源——人力、资金、资产、信息等的相互利用，已由遥不可及变成了轻而易举；而千变万化、层出不穷、呈爆发式增长的客户需求，正促使新的生产力以一种前所未有的方式"喷薄而出"，对旧有的生产关系，如组织架构等，提出了新的变化要求：变动成了家常便饭，成了"水无常形""阵（兵）无常势"。

于是，在理论界，畅销书作家、美国的汤姆·彼得斯（Tom Peters）在其

[①] 在中国，其代表先后为约 200 万～50 万年前的巫山人、元谋人、蓝田人和北京人。
[②] 在中国，其代表为约 3 万年前的山顶洞人。
[③] 在中国，其代表先后为约 5000 年前史前时代的"三皇五帝"，即燧人氏、伏羲氏、神农氏和黄帝、颛顼、帝喾、唐尧、虞舜时期的人类。

著作《解放管理》[1]《"哇!"的追求》[2]《重新想象》[3]中提出,今日社会的关键词是"混沌"(Chaos)、"疯狂"(Crazy)以及"湍变"(Turbulent)等,而今日企业的最大问题就是缺少疯狂,因此应进行永恒的管理革命,用疯狂的管理手段来对付疯狂的世界。他鼓吹"四大短命(Ephemeral)"——组织短命、团队短命、产品短命、市场短命;提倡企业放弃等级阶层,接受灵活的、自由流动的组织结构,以此形成高效率的公司网状结构;认为现代管理所倡导的管理系统、管理规划、管理控制以及管理结构都已经无法适应后现代管理的现实,后现代管理应把管理的重点放在员工身上、客户身上。为此,他认为应将"组织""管理"这些传统字眼摒弃不用,采用"商业就是表演、领导就是表演、管理就是表演"的做法,不要时钟,不要办公室,组织应该解体,走向人人做项目之路。

还有美国的埃里克·布林约尔弗森(Erik Brynjolfsson)和安德鲁·麦卡菲(Andrew McAfee),在其著作《第二次机器时代》[4]和《机器、平台、大众》[5]中指出,就像经济全球化是20世纪末期最重要的话题一样,数字技术(其核心是硬件、软件和网络)变革将会成为21世纪初期最普遍的话题,成为驱动经济生活和社会生活发生难以想象的巨大变革的根本力量;在给人们带来极大便利的同时,数字技术将给各种职业带来颠覆性的改变,现行的各种公司也将被迫转型或者消亡;我们正生活在一个奇怪的时代,机器(人)比任何人都更会玩围棋,像苹果和谷歌这样的新贵摧毁了像诺基亚这样曾经的产业中坚力量,来自大众的想法往往比大企业实验室、研究院更具有创造性。应该如何掌握数字时代经济和社会生活转变的真谛:那就重新思考和整合人脑与机器、产品与平台、精英与大众的关系吧——在这三对关系因素里,任何时候天平都会偏重于后一个因素,即机器、平台、大众。

而在企业界,已有日本京瓷(公司)和KDDI(公司)创造了划小核算单

---

[1] Tom Peters. Liberation Management[M]. New York:Random House Publishing Group,1994.

[2] Tom Peters. The Pursuit of Wow!:Every Person's Guide to Topsy-Turvy Times[M]. New York:Knopf Doubleday Publishing Group,1994.

[3] Tom Peters. Re-imagine! Business Excellence in a Disruptive Age[M]. London:Dorling Kindersley Publishing,2006.

[4] Erik Brynjolfsson,Andrew McAfee. The Second Machine Age:Work,Progress and Prosperity in a Time of Brilliant Technologies[M]. New York:W.W.Norton & Company,Incorporated,2014.

[5] Andrew McAfee,Erik Brynjolfsson. Machine,Platform,Crowd:Harnessing Our Digital Future[M]. New York:W.W.Norton & Company,Incorporated,2017.

位并使其独立创造附加值的阿米巴经营模式,也有海尔集团先后搭建了"自主经营体""利益共同体""小微公司""生态链小微群"等新型的组织架构。但显然,这些企业做出的这些探索,并不是要消灭组织,只是指望企业内部的每一个小企业或小单元可随客户需求的变化而不断"变形",以保有对客户需求的更高的自主性、开放性、适应性和实效性,达到可自适应客户需求的最佳状态。这既包括根据市场和外部环境的变化对自身的组织架构,包括大小、职责和岗位设置、激励机制、内外部的组合与协作关系等进行灵活调整,可独立面对客户,自行决定其市场营销计划、研发计划、生产作业计划、财务预算、人力资源预算等,也包括使每一个干部员工都有机会参与经营活动,增强其使命感和主人翁感,使其更好地发挥工作主动性和积极性,在经营活动中展现自身的聪明才智,一试身手并大展宏图。

所以,在后信息化时代,组织架构一定与今天的组织架构大相径庭,甚至可以说是风马牛不相及。它们也许千奇百怪,或大或小,或老或新,或不变或善变,但无论怎样,组织那时一定还存在。除非后信息化时代——假定其以后再没有其他的什么时代出现——延续了很久,一直延续到整个社会生产力无比发达,所创造的物质和精神财富极其充足,物权消失,人权无限,人类就此由必然王国进入自由王国……

我相信,只有到那时,组织才会消失,而且不仅仅是企业这种组织消失了,一切的政治组织、经济组织、文化组织、教育组织、体育组织等,都将不复存在——世界实现了大同。

对这一天,我肯定看不见,但我坚信,这一天一定会到来!

第 5 章

行政管理

5.1 对"办公室主任"一职的再认识

几乎所有的企业，尤其是大中型企业，都会设置"办公室主任"一职——也有叫"经理室主任""办公厅主任"的。

对这一角色，最早出现在我脑海中的形象，可能是电影 *Vatel*[①] 里法国波旁王朝的王室管家弗朗索瓦·维特尔。他精心筹办了一场要持续三天且高潮迭起的豪华盛宴，以取悦法王路易十四，在筹办过程中，他绝招尽出、能干风趣，深受所有人的喜爱和尊重……

那么，现今企业的办公室主任的职责、权力和作用主要有哪些呢？

就职责而言，一是承办职责，如收、发、传递和归档各种文件及管理印章，筹办、组织例行的或非例行的、综合性的或专业性的各类会议，办理上级领导交办的工作和下情上达的事项，即办文、办会、办事；二是参谋职责，如收集、提供各种信息资料，提出相关的工作建议、方案、措施、计划，予以必要的工作提醒；三是协调职责，如协调上下级间的工作关系、协调各部门或各单位间的工作关系，以及建立、维系和协调企业与外部环境间的工作关系；四是监督职责，如重要会议的决议、预算计划和重要项目计划的督办、跟踪，以

---

① 中文译名《巴黎春梦》，是一部由法国高蒙和传奇企业联合制作，于 2000 年上映的法国宫廷故事片。

及向决策机构和执行部门予以反馈；五是内部管理职责，如办公室自身的计划、组织、指挥、协调、控制等——办公室主任是管理者，自然要肩负起本部门相应的管理职责。

就权力而言，主要是与上述职责对应的各类职权，如办文、办会和办事的权限，参谋的权限，协调的权限，监督的权限，以及办公室自身的管理权限等。

就作用而言，一是发挥参谋作用，常常为经营管理层的决策站脚助威、出谋划策；二是发挥总管作用，无论大事、小事、其他部门不管的事情都可以找他，是企业里名副其实的"不管部部长"；三是发挥协调作用，包括上下级间、各部门或各单位间，以及企业与外部环境间的信息沟通、化解矛盾、增进融合，以搭建相互促进的桥梁与纽带。

办公室主任这一角色的特征，一是全局性，要"眼观六路""耳听八方"，具备"大开大合"的整体视野，能够从错综复杂的具体事务中把握关键事项和企业的核心利益所在；二是服务性，要为企业和企业的各个层面，尤其是经营管理层提供综合性或专门化的服务，如秘书、车辆、会议室等，且做到周到、及时；三是冗杂性和随机性，因处理的事务涉及方方面面，千头万绪，多如牛毛，且临时性、一次性的工作占比很大，往往事前无计划，也难有规律可循，这就需要办公室主任具备全面的工作能力、超强的应变能力和果断的临机处置能力，是全能型选手，能够"生旦净丑行行通，唱念做打样样行"。

什么人适合办公室主任一职？

依据我倡导的"五维度评价指标体系"，能做办公室主任的人最好在品德作风上，要公心而不要私心，要挽手而不要掣肘，要遵纪守法而不要歪门邪道；在学识经验上，要知识广博、经验丰富；在工作能力上，应具备一定的文字表达能力，具备计划、组织、指挥、协调和控制的能力，处理复杂问题的能力和强烈的服务意识；在个性与健康状况上，应张弛有度、可甜可咸，在对外交往中要热情大方，在办事执行中要雷厉风行，且应身体健康，能够承受繁重的工作压力；在既往工作业绩上，应取得过优秀的工作业绩，甚至获得过相应的表彰奖励。

当然，在仪表上，不说要堂堂威仪（男）或亭亭玉立（女），至少不能相貌丑陋、行为猥琐。这一点不可忽略，因为办公室主任常常扮演企业联络人、发言人的角色，代表着企业的公众形象。

如此看来，办公室主任虽不是企业权力中心里的核心人物，却是权力中心那个不可或缺的关键人物。

5.2 行政管理也不应脱离市场化

中国古代的社会经济以农耕经济为核心，村村置田、户户种谷，自给自足、小富即安，不经意间延续了几千年，且不论朝代如何更迭、灾害与战乱如何侵扰，在农耕经济基础上形成的农耕文化却始终未曾中断。

农耕文化培育了"仁爱、忠孝、礼义、廉耻、温良恭俭让"等传统文化特质，但同时，自战国时李悝、商鞅、韩非等倡导"重农轻商""重本抑末"政策实施以来，商业经济和商业文化的发展被抑制，工商业者一直被列为"三教九流"的末流。

到了近代，随着列强的大举入侵，西方盛行的商业经济和商业文化才逐步进入中国。即便如此，"奸商，奸商，无奸不商"，今天仍是不少中国人对商人的认识。

而企业本身就是一个商业组织，要从事产品研发、生产、销售或服务设计、培育、提供等经济活动，不论客户怎么看，企业都需要把自己的产品销售出去，或把服务提供到市场上去，在满足客户需求的同时，从客户那里获得应得的业务收入。因此，企业自然会安排相应的业务部门来完成各种产品的研发、生产、销售或服务的设计、培育、提供等业务目标。

在这些"从市场中来、又回到市场中去"的经济活动中，企业的行政管理部门如办公室、经理室或办公厅（其实也包括其他的职能管理部门，如人力部、财务部、战略部、审计部等），又应该怎么办呢？也需要面对市场吗？

我以为，答案是肯定的——尽管大部分，甚至是绝大部分企业的行政管理部门都没有这样做。

因为，一是不面对市场，说话就不硬气，就不是企业不可或缺、赖以生存的一线部门，就成不了企业所倚重、能为企业攻城拔寨的主力军或王牌部队；二是面对市场，才能了解任务的难度和工作的强度，才知道自己会付出多大的代价和自己究竟有几斤几两，才会珍惜一切资源，有的放矢、竭尽全力，不断地去提高投入产出的效率；三是在信息时代、万物互联、人工智能（Artificial Intelligence，AI）和经济全球化等热浪涌现的当下，让人眼花缭乱、应接不暇的客户需求，正如脱缰的野马咆哮而来，这就要求企业中更多的部门，包括行政管理部门等也要划小核算单位，独立创造商业附加值，以在对市场自适应的条件下最大限度地去满足客户的需求；四是只有完成市场化任务目标、赢得客户赞誉、为企业做出贡献，才能体会到前所未有的成就感、满足感和幸福感——这显然是一种来自更高境界的欣慰与快乐。

那行政管理部门的市场又在哪儿？也就是说，谁会是行政管理部门的客户呢？

答案也不复杂。

行政管理部门的市场可以在企业外，也可以在企业内。这一点与业务部门不同——业务部门的市场主要集中在企业外。换句话说，行政管理部门为谁服务，谁就是行政管理部门的客户。这一点又与业务部门一样——都要围绕着客户需求，一切都要以客户为中心。只不过，行政管理部门的市场因为不限于企业的外部市场，其客户也就不限于企业的外部客户了。

对企业外部市场和外部客户，行政管理部门开展的经济活动与其他业务部门开展的经济活动并无二致，都要按照市场运行的规律办事，服从市场竞争的法则，靠自己向外部市场销售的商品或服务的品质、价格、交货期等来赢得外部客户的青睐，让客户买单。

而对企业"内部市场"和"内部客户"，行政管理部门开展的经济活动则应在企业内部的业务流程下运行，在企业内部的核算体系中"结算"——只记账、不开票、不纳税，且向"内部市场"和"内部客户"销售的商品或服务，应满足品质不低于、价格不高于、交货期不长于向外部市场和外部客户销售的商品或服务。这样一来，行政管理部门以往无偿提供的，诸如会议室、小客车、资料档案、打字印刷、文具礼品等，就可以打上市场化的烙印，实现向"内部市场"和"内部客户"的销售，转变成了具备业务收支内容的一种经济活动。更重要的是，这使行政管理部门中有人或有更多的人有了市场化的意识并直接投身到了市场经营的活动之中。

这对于行政管理部门来说可能是一小步，但对这家企业、这家企业所在的行业，甚至这家企业的竞争对手而言，却可能是极其重要的一大步。

也许有人会质疑，如果行政管理部门也市场化了，会不会就此掉进钱眼儿里？会不会对"内部市场"和"内部客户"斤斤计较、讨价还价？会不会好活才干，脏活、累活、难活就找种种借口不接？

我以为，这不会。而且，企业内部市场化的程度越彻底，出现这种情况的可能性越小。因为从根子上讲，客户是"上帝"，客户要是不满意、不高兴，给他抬轿子、打扇子的小鬼儿还会有好日子过吗？

所以，只要行政管理部门是企业中的一个机构，就不应游离于企业所进行的经济活动，完全脱离"市场化"而独善其身。

5.3 文件管理的关键在于分类管理

企业中存在着各式各样的文件，如请示、报告、议案、纪要、记录、决议、通知、通报、公告、规划、计划、方案、办法、规定，等等，越是大企业，文件越是纷乱繁杂，就像冬日里从天而降的鹅毛大雪，落在地上可成小山——通常被称为"文山"，属于应该革除的企业陋习之一。

对一个企业新人，或者虽已不是企业新人，但仍是一个做行政管理事务的新人而言，管理如此纷乱繁杂的文件，往往是一桩让人挠头的事情。

我认为，文件管理的关键在于分类管理。

其实，分类法是人类认识世界的基本方法之一。

远的不说，正是瑞典的卡尔·林奈（Carl Linnaeus）在18世纪摒弃了以往的按时间顺序对生物进行分类的"人为法"，提出了全新的按自然属性对生物进行分类的"自然法"和对生物进行统一规范命名的"双名制命名法"（林奈命名法），才有了英国的达尔文（C. R. Darwins）在19世纪摒弃了以往占统治地位的"生物神造论"，提出了划时代的"生物进化论"，对整个人类的自然科学和社会科学的发展产生了极其深远的影响，也才有了直到今天仍被生物学界广泛使用的，将所有的动植物划分为界、门、纲、目、科、属、种的阶元系统——去动物园看看吧，大熊猫归于动物界 - 脊索动物门 - 哺乳纲 - 食肉目 - 熊

科 - 大熊猫亚科 - 大熊猫属 - 大熊猫种；再去植物园看看吧，牡丹归于植物界 - 被子植物门 - 双子叶纲 - 毛茛目 - 毛茛科 - 芍药亚科 - 芍药属 - 牡丹种。

事实上，只有将纷乱繁杂的事物进行适当的分类，按照一定的标准，将符合者列入一类，将不符合者列入其他类，直至使大千世界有序化、条理化，才能深入地认识事物的本质，发现和掌握事物变化、发展的普遍规律，也才能厘清各种问题的来龙去脉，有针对性地提出解决问题的方式方法，从而实现对不同类别事物的更为合理和更为高效的管理。

因此，企业可以按照文体类型将文件分为请示报告类、通知公告类、制度规定类、计划方案类等，也可以按照紧急程度将文件分为特急件、加急件、普通件等，还可以按照密级要求将各种文件分为机密件、秘密件、无密件等，以实行报送、阅处、办理、归档或作废、销毁等不同的处理方式。

有了这种在分类管理原则下建立的文件管理体系，无论面对多么纷乱繁杂的文件，也不会再挠头了。当然，对于"文山"，无论怎样，该革除的仍要义无反顾地加以革除。

5.4　会议管理的核心在于计划管理

企业每年都会举行各种各样的会议，如股东大会、董事会、监事会、总裁办公会、年度工作会、战略研讨会、预算布置会、市场分析会、项目推进会、生产协调会、服务对接会，等等，越是大企业，会议越是纷乱繁杂，就像站在岸边面对着前面的一片汪洋大海，无论是风平浪静，还是波涛汹涌，似乎都无法看到其尽头——通常被称为"会海"，属于应该革除的企业陋习之一。

对一个企业新人，或者虽已不是企业新人，但仍是一个做行政管理事务的新人而言，管理如此纷乱繁杂的会议，常常是一桩让人感到困惑的事情。

我认为，会议管理的核心在于计划管理。

其实，自从人类开始有组织地去认识世界和改造世界，计划管理的身影就从来没有缺席过。

早在中国先秦时期，有秦昭襄王任命李冰为蜀郡太守（约公元前276年—前251年）。跋山涉水进行多次的实地考察后，李冰和李二郎父子根据当地特殊的地形和水势，通过精心设计和周密安排，率万众，历数年，按计划、分步骤地在距四川成都西南约 50 千米的岷江上，先凿开玉垒山而形成"宝瓶口"引水渠，再筑起"鱼嘴"分水堰，又修造"飞沙堰"溢洪道，终于建成了一座现存年代最为久远，借自然之力而非人为筑坝，可集农田浇灌、抗旱排涝等功能于一身而蜚声中外的都江堰水利工程。从此，蜀中盆地沃野千里，"旱则引水浸润，雨则杜塞水门，故记曰'水旱从人，不知饥馑，时无荒年，天下谓之天府也'"。[①]

1949 年以后，水利部、四川省政府等更是多次制订都江堰改造、扩建计划，投入大量的人力物力财力资源，陆续建起了渠首外江闸、外江鱼嘴，灌区各级水渠、涵洞，大中小型水库、塘堰等，构成了一个十分宏大、完备的都江堰水利工程，可向灌区内 7 个地市 40 个县区的上千万人口、上千万亩农田和多家重点工业企业提供生活、农业和工业等用水，以及防洪、航运、发电、水产、林木、文化、旅游等综合服务，对四川省的经济与社会发展发挥了不可替代的巨大作用。

事实上，只有将纷乱繁杂的事项列入一定的计划——根据具体要求和相关信息编制某一计划，组织实施，协调实施者间的矛盾，控制各实施者对计划的实施情况，做出必要的计划调整，并及时进行考核激励，才能合理地利用人力物力财力资源，高效执行计划，确保该事项的计划目标最终得以圆满完成。

因此，企业可以根据对某一会议的具体要求和相关信息，编制会议计划，将该会议的时间、地点、参会人员——出席者、列席者和主持者，该会议的服务提供方，该会议的主要目的、相关议题和议案、相关决议和新闻通稿，日程安排和食宿交通安排，以及该会议预算等列入会议计划，经一定的审核、批准程序后按照计划推进实施。

有了这种在计划管理原则下建立的会议管理体系，无论面对多么纷乱繁杂的会议，也不会再感到困惑了。当然，对于"会海"，无论如何，该革除的仍要毫不留情地加以革除。

---

① （晋）常璩．明本华阳国志 [M]．北京：国家图书馆出版社，2018．

5.5 让沉睡的档案活起来

一切真实的史料,对现实乃至于未来的最大的作用是可以让人以史为鉴。

这才有了最早相传由孔子所编的《尚书》《春秋》、后来由司马迁所著的《史记》等二十四史,以及由宋代的司马光所编的《资治通鉴》等问世。

至现代,由郭沫若所著的《甲申三百年祭》[1],更为人们展现了一道清晰的历史的车辙。为此,在1949年3月中共中央准备离开西柏坡迁往北平时,毛泽东曾对身边的工作人员说:"我们进北平,可不是李自成进北京,他们进了北京就变了。我们共产党人进北平,是要继续革命,建设社会主义。"

企业档案其实也是如此。

企业档案是企业在其经济活动,以及看起来不怎么"经济",却与其经济活动密切相关的全部活动中直接形成、集中保管,并以多种形式存在的原始记录,是企业无形资产的组成部分,承载了企业的历史——无论其是精彩、辉煌,还是平庸、暗淡。

企业应让沉睡的档案活起来。

这样做对企业从事经营管理活动大有益处。其可为企业既往的活动提供真凭实据,甚至构成司法诉讼时的"呈堂证供";更为重要的是,其可为企业正在开展或将要开展的活动提供经验的范本或失败的教训,使企业在工作中有捷径可走,在发展中不会重蹈覆辙。当然,如果企业从这些活起来的档案所提供的经验的范本或失败的教训中,能够举一反三,推演、挖掘出所从事的经营管理活动的客观规律,其意义就更加不同凡响了。

怎样做才能让沉睡的档案活起来?

这关键是要提高档案查询的便捷性和档案价值的可开发性。

在查询的便捷性上,一是要按照《中华人民共和国档案法》和企业档案管理制度等定期对档案组织鉴定,并对经鉴定应该销毁的档案材料及时予以销毁,减少不必要的档案库存量,以提高档案查询的效率;二是档案库房应设有专门存放各类档案载体的档案柜,做到分类摆放、合理排列,并定期进行库存档案的盘点和清理,做到总目录与分目录、分目录与子目录、子目录与库存档

---

[1] 郭沫若.甲申三百年祭[M].北京:人民出版社,2004.

案相符，以便于实现快捷、无误的查询。

在价值的可开发性上，一是档案管理人员要不断探索档案资源开发利用的形式，积极对档案信息进行加工、整理、汇编、结集成册；二是档案编研人员——具备研究能力的档案管理人员，以及一些直接从事经营管理活动的人员，应在对档案资料谙熟于心的基础上，主动撰写编研资料，总结、提炼出所从事的经营管理活动的客观规律，为企业的文化建设、战略管理、组织设计、市场营销、产品研发、生产运营等提供借鉴。

5.6 负面舆情处置的原则就一个

舆情指公众对企业的某种产品或服务、某一行为，甚至整体形象等表现出来的意见与态度。显然，企业自己对内、对外主动开展的各种宣传活动不在舆情之列。

舆情有正面舆情，如喜欢、夸赞、鼓励、期许、宣扬，给你掌声一片；也有负面舆情，如不满、抱怨、揭露、攻击、缠斗，把你掀翻在地。

正像俗语"好事不出门、恶事行千里"所说的那样，负面舆情往往比正面舆情具有更大的波及面、更快的传播速度、更明显的影响力。尤其是当企业的负面舆情成为某种舆情的同类事件，或成为某种跨领域的负面舆情，以及"未闭环""未了结"的负面舆情时，就更容易给企业造成巨大、严重的毁伤力。这时，传播学中所谓受害者同盟的"同理心效应"、人为干预的"逆反效应"、不同阵营极化的"群殴效应"等，往往能起到推波助澜、火上浇油的作用，使负面舆情急剧发酵、膨胀，在极短的时间里就可以迅速变成一场"湮灭者"们的狂欢的盛宴。

所以，我认为，企业此时还是不要存有人为干预——"让强力机构、公关公司等介入负面舆情"的指望为好。

在负面舆情面前，企业就无所作为了吗？也不是。企业可以有所作为，但对负面舆情处置的原则就一个：只做不说。

在负面舆情发生之前，企业要建立负面舆情管理体系，注重日常检查和风险控制，防范、避免负面舆情发生，即"只做不说"。

在负面舆情发生之后，企业一是要密切跟踪、监视，舆情的发展变化情况应尽在掌握之中，也要"只做不说"；二是对舆情曝光的"真实的"问题进行整改，切实加以解决，还要"只做不说"；三是对舆情反映的"不实的"问题不争辩、不澄清，有则改之，无则加勉，权当是对自己的一次"防患于未然"的预警，仍要"只做不说"。

只要企业坚持这样做，不跟风、不炒作，任负面舆情由盛而衰、盛极而衰，最后用不了多久，其就会自生自灭、烟消云散了。这就像清人郑板桥在《竹石》一诗中刻画的那样：咬定青山不放松，立根原在破岩中，千磨万击还坚劲，任尔东西南北风。

5.7 领导说了算天经地义

在企业里，常有一问："应该领导说了算吗？"或常有一反问："不该领导说了算吗？"

如果是讨论社会现象和社会运动，按照哲学的唯物史观：不是英雄创造了历史，而是人民创造了历史，这一问题的答案自然就是"不该领导说了算"。

如果是讨论自然现象和自然运动，按照热力学第二定律来分析：当热量由齐整、有序状态朝混乱、无序状态变化时，熵[①]增，对应某一企业的情况，在大家群龙无首、手足无措时，需要有人站出来拨云见日、指点迷津，来把握正确的方向，那么问题的答案自然就是"应该领导说了算"；反之，当热能由混乱、无序状态朝齐整、有序状态变化时，熵减，对应某一企业的情况，在一切都按部就班、循序渐进时，不再需要有人站出来指指点点、画蛇添足，来规划已然锦绣的江山，那么这一问题的答案自然就是"不该领导说了算"。

但如果我们不去讨论哲学或热力学问题，仅仅是从领导岗位的职责、权力等出发来回答这一问题，领导说了算其实是天经地义的。

[①] 熵为热力学中的一个重要的概念，指在热能做功的过程中，不能用以做功的那部分热能。用热力学的公式表示为 $\Delta S=\Delta Q/T$，熵的改变量等于热量的改变量除以绝对温度。熵也用以衡量一个封闭系统的混乱无序的程度：越混乱、越无序，熵越大；反之，熵越小。用统计力学的公式表示为 $S=\ln W$，某个宏观状态的熵值 S，等于对该宏观状态中的微观状态数 W 取对数。

让我们来看看管理者通常被赋予的职权有哪些吧。

在20世纪初,美国的泰勒(F. W. Taylor)提出"泰勒制"[1],建立了将计划职能与执行职能分开、实行"职能工长制"和"例外原则"——规模较大的企业,高级管理人员应把例行的一般日常事务授权给下级管理人员去处理,自己只保留对例外事项(重要事项)的决定权和监督权等职权。

同样是在20世纪初,法国的亨利·法约尔(Henri Fayol)提出"管理五要素"[2],管理者被授予了计划、组织、指挥、协调、控制等职权。其中,计划即提前对经营管理活动做出安排部署,包括未来要达到的目标结果、实现目标结果的路线图和时间表,以及相应的保障措施等;组织即搭建企业内部的组织架构;指挥即对团队做出工作安排,下达工作任务;协调即通过沟通协商,让人与人、团队与团队之间消除分歧,最大程度地保持统一与和谐,形成合力;控制即在计划执行中,对执行的过程和结果进行检验,对出现的问题及时进行调整,并对相关责任部门或责任人予以必要的奖惩等。

到了20世纪70年代,加拿大的亨利·明茨伯格(Henry Mintzberg)在一定范围内对经理们实际在做些什么进行了观察,并得出了关于经理行为(或经理角色)的若干结论[3]——经理经常具有3类行为,并扮演10种角色:一是人际关系类行为,包括形象者角色、领导者角色、联络者角色;二是信息类行为,包括监测者角色、发送者角色、发布者角色;三是决策类行为,包括创业者或投资者角色、排除障碍和解决问题者角色、资源分配者角色、谈判者角色。

显然,在明茨伯格那里,管理者具有的行为和扮演的角色五花八门,几乎无所不包,但发挥领导作用——如出主意和用干部,以及下达指令、进行决策、解决复杂问题、分配各种资源等往往在管理者须行使的职权范围之内。

注意,这些企业中重要或相对重要的职权,大多并不是管理者要安在自己头上和抓在自己手里的,而是企业通过公司章程等制度规定赋予管理者的。

企业为什么要做出这种制度安排?因为企业是经济组织,企业内部需要进行社会分工,不同的人做不同的事,虽然目标都是一个:为股东、员工、社会和自然环境做出贡献。

---

[1] 弗雷德里克·泰勒. 科学管理原理 [M]. 北京:机械工业出版社,2013.
[2] 亨利·法约尔. 工业管理与一般管理 [M]. 北京:机械工业出版社,2013.
[3] 亨利·明茨伯格. 管理工作的本质 [M]. 杭州:浙江人民出版社,2017.

如此一来，在企业中，自然是领导（有时是领导层）说了算！

5.8　决策的要义

决策是管理者的重要的行为之一。

决策就是选择，是对多个方案进行比较，从中选择相对更好——更适合、更科学的方案的过程。

现代决策理论最早是在西方的统计学和概率论的基础上发展起来的，但我认为，只要是大概率事件，或者是确定的事件，其实都不需要决策，只需"做"或者"不做"。这就像在大自然里太阳每天都会照常升起一样，是不需要去思考、甄别的事情——虽然有时会遇上阴雨天，看不见太阳，但它依旧在天上挂着，只是被云翳所掩，我们看不见它罢了。

因此，决策应该面对的是小概率事件或不确定事件。

对小概率事件，可以使用最大概率法、决策树法和损益矩阵法等进行决策。

最大概率法也叫最大可能法，是在所有方案的结果（损益值或投入产出比）的差别可以忽略不计，且某一结果出现的概率比其他结果出现的概率都要大时，选择其对应方案的做法。

决策树法，首先是按一定的决策顺序画出一张树状图，在一个树干上把每一个备选方案画成对应的一根树枝，并在每一根树枝上标注对应方案的计划投入量、预计产出量和该产出量可能出现的概率。以此类推，由初次选择的树枝延伸至最后选择的树梢；随后是从决策树上找出预计产出量与该产出量可能出现概率的乘积、与计划投入量之间正偏差最大的那根树枝，选择其对应方案。

损益矩阵也叫决策分析模型，是对决策树法更大、更复杂的一种扩展。首先是建立由 m 种不同的方案 A_i（i=1,2,…m）和 n 种不同自然状态出现的概率 P_j（j=1,2,…,n）组成的 m×n 矩阵；其次是通过计算（可以通过计算机信息系统提供运算支持）获得不同方案处置不同自然状态所产生的不同的期望损益值 E_{ij}；最后是找出某一期望值 E_{ij}，选择其对应方案。例如，若决策目标是收益最大,则选择 max(E_{ij})对应的方案;若决策目标是损失最小,则选择 min(E_{ij})对应的方案。

对不确定事件,可使用乐观法、标准法或悲观法等进行决策。

乐观法又称激进法,是在假定的乐观条件下——环境机会远大于预期和环境威胁远小于预期,且发挥自身优势和克服自身劣势的表现甚佳,最终使业务收入、企业盈利等指标提前完成或超额完成,选择其对应方案。

标准法又称正常法,是在假定的标准条件下——环境机会和环境威胁与预期基本一致,且发挥自身优势和克服自身劣势的表现适中,最终使业务收入、企业盈利等指标正常完成,选择其对应方案。

悲观法又称保守法,是在假定的悲观条件下——环境机会远小于预期和环境威胁远大于预期,且发挥自身优势和克服自身劣势的表现不佳,最终使业务收入、企业盈利等指标推迟完成或根本无法完成,选择其对应方案。

同样,决策不是一种对已知事件的"善后",而是一种对未知事件的"前瞻"。

已经发生的事情,因其原因和结果都已经清楚,已是铁板钉钉,以前无论是否做过决策,现在都不重要了,都不需要再做什么决策了。只有那种可能发生但尚未发生的事情,因其原因和结果仍不清楚,还不是确凿无疑,才有分析、比较的意义,才有进行决策的必要。

就决策过程来说,决策者既不能粗枝大叶、刚愎自用,也不能犹豫不决、踌躇不前,而应在周密与审慎判断后当机立断。

前一种决策行为往往表现为囫囵吞枣、自以为是,什么都还没有弄清楚,就想当然地、马虎草率地做出了决定;后一种决策行为则像"请客吃饭""做文章""绘画绣花""那样雅致""那样从容不迫,文质彬彬""那样温良恭俭让"[①],在稍纵即逝的市场机遇面前,瞻前顾后、优柔寡断,迟迟不能给出最终的结论,结果只能是坐失良机,让企业"抱憾终身",这显然是不可取的。

近年来,"做正确的事与正确地做事"的话题很是流行,在"做正确的事"与"正确地做事"二者之间,前者为方向、为生死,是摆在企业面前的更为重要、更为关键的事情。

而决策就决定了你是否能够"做正确的事"。

---

① 毛泽东.毛泽东选集[M].2版.北京:人民出版社,1991.

5.9　个人决策与集体决策之"尺有所短，寸有所长"

成语"尺有所短，寸有所长"出自屈子的《楚辞·卜居》[①]——一篇描述屈原问卜的辞赋。

卜，是古人烧灼龟甲而审视裂纹，以预测未来吉凶祸福，带有神秘意味的一种推定方式。这与今天管理者依据对问题的详尽分析，从多个解决方案中选择一个更为合理的解决方案的决策行为，多少有些异曲同工之处。

决策常见的方式是个人决策和集体决策。

个人决策是由企业组织中的某个人（通常为主要领导），按照个人的学识、能力等对某一问题的多个解决方案进行选择，依据个人的意志独自做出决策。

个人决策的长处，一是对问题的感知更直接、更敏感，决策者能够依据更多的第一手资料去认识问题的本质，从而提高解决方案的针对性和准确性；二是决策的速度更快、更及时，也不易受到决策时间、地点、方式等因素的影响，使决策者具备更高的决策效率；三是责、权、利三者统一且风险自担，有助于决策者毫不犹豫地做出果敢的决定。

个人决策的短处，主要是受限于决策者的学识、能力以及个人意志等，一是决策者因循规蹈矩、畏缩不前而错失合理的决策时机；二是决策者因刚愎自用、固执己见而做出错误的决策判断。

在个人决策中如何做到扬长避短？

首先，要摒弃那种"仅凭自己拍拍脑门、找找'第六感觉'就完全可以进行个人决策"的思维定式，而使用多种决策分析方法，并通过决策过程中的确认问题、编制备选方案、选择方案、对方案进行验证等环节来进行个人决策。

其次，要避免那种"认为只靠自己的学识、能力就完全可以'力拔山兮气盖世'，独断专行地做出决策"的自负做法，仍需要听取他人的意见，在集思广益、博采众长后再慎重地做出合理的个人决定。

如果不这样做，就无法欣赏春日中灿烂阳光下的花红柳绿，只会一再目睹秋天里凋零苇草旁的江河日下……

集体决策是由企业组织中两人或两人以上的群体，依靠集体的智慧、集体

[①] 林家骊译注. 楚辞 [M]. 北京：中华书局，2019.

的力量等对某一问题的多个解决方案进行选择,依据集体的意志做出决策。

但并不是对某一问题的多个解决方案进行了集体审议,就是集体决策——只有对最终的方案选择实行票决制的,才可以成为集体决策。比如,企业董事会做出的决策属于集体决策,因其实行了票决制;而企业总经理(总裁)办公会做出的决策仍属于个人决策,因其并未实行票决制,只是与会者各自发表了意见和建议,供总经理(总裁)参考并最终定夺而已。

集体决策的长处,一是对问题的感知更全面、更深入,除了直接资料外,决策者还能够依据更多的间接资料去认识问题的本质,避免片面性,从而增强解决方案的周全性和合理性;二是能够集思广益,甚至可以汇集不同专业领域的知识、经验等,使决策者变得更为"智慧",能够应对相对特殊和更为复杂的决策问题;三是因在决策前就调动了组织成员的积极性和参与性,从而保证了在决策后决策方案的可接受性和可执行性。

集体决策的短处,一是因参与者相对较多,对备选方案进行说明、阐述、质询、论证等往往耗费较多的时间和精力,可能导致决策的速度更慢、效率更低,甚至会贻误稍纵即逝的商战机会;二是在集体决策中,有时会出现少数人控制的现象,使集体决策形同虚设,实际仍是一言堂,或参与者受到从众效应的影响,不想成为"异族",只喜欢附和他人或一味地同意前人意见,导致决策变成了结论自然趋同的一种形式,而那些真正合理的决策方案可能"胎死腹中",并未成为最终的选择方案。

在集体决策中如何做到趋利避害?

首先,通过对备选方案的预先了解、熟悉和提前沟通、讨论,以及对集体决策参与者人数的适当控制等,就可以有效化解集体决策速度慢、效率低的问题。集体决策的参与者数量最好为奇数,以避免票决时出现平局。具体数量最好为5或7人,因为人数太少,会使决策类似个人决策;而人数太多,人人都要发言,七嘴八舌的,往往又会陷入久议不决的泥沼。

其次,通过合理安排对备选方案的说明、阐述、质询、争辩、论证、表决等决策过程,如主持人最后表态,主要领导最后发表带有倾向性或结论性的个人意见,实行无记名投票、背对背投票等,以及采纳专家意见法、电子会议决策法、名义集体决策法等集体决策方法,就可以合理避免集体决策容易出现的一言堂、从众效应等现象,使那些合理、可行的决策方案真正能够脱颖而出、一飞冲天。

如果不这样做，不但无法听到夏日中枝头上夜莺的婉转歌唱，还会一再耳闻冬天里山谷中北风的如鬼呼号……

因此，个人决策和集体决策常常各有长短，分别有各自施展拳脚的舞台——对细小的、简单的操作层面的问题，搞搞个人决策就可以了，既快又好；反之，对重大的、复杂的战略层面的问题，最好实行集体决策或集体审议下的个人决策，这样更周全也更稳妥。

具体怎么办，就全凭管理者自己去掂量、拿捏了。

5.10 没有执行，再好的决策也是瞎扯

执行的意义，在于其决定着某项决策的最终成败。

如果执行出了问题，再好的决策也无法得到好的结果——这种结果，是决策者们翘首以盼的，就像口渴难耐的旅者在大漠深处寻得一眼清澈见底的甘泉那样。

决策仅是方案、是计划、是理论目标，而执行才是做、是干、是实际行动。方案、计划、目标，可以嘴里说说、纸上画画，但执行是一桩说一不二、来不得半点水分的事情。

不好的执行，往往可以导致不少让人啼笑皆非的乱象。

一曰虎头蛇尾。在某项决策执行的初始，不是设立工作小组、召开启动大会，就是领导亲临鼓励、骨干们摩拳擦掌；但随着时间的推移，领导不再来了，骨干越来越少了，当初信誓旦旦的豪情与热火朝天的工作场面已不知去了哪里；最终，执行的结果离该项决策想要达到的目标渐行渐远，甚至目标完全不知所终，已就此不了了之了。

二曰拖拉懈怠。如果一个干部或者一众员工在某项决策的执行中，既缺乏工作的激情，也缺乏克服困难的斗志，成天工作恍恍惚惚、松松垮垮，不求上进、不思进取，在意的是"不求有功但求无过"，想要的是"做一天和尚撞一天钟"，如此一来，就只好听任工作差错不断、工作进度一拖再拖、工作结果无人问津了。这样的执行效率还能高到哪里去呢？

三曰忽视细节。几乎每一个人都知道万里长江由涓涓细流汇聚而成的道

理，不少人却只看见了万里长江而忘记了涓涓细流。事实上，在任何一项决策的执行中，但凡存在不追求完美、不把过程中的点点滴滴做好的状况，结果只会与预想相去甚远，或者根本就看不见什么结果了。

四曰推卸责任。一旦承担了某项决策的执行任务，执行者也就肩负起了执行的责任，好的执行者一定是言必行、行必果的。相反，不能说到做到，不能敢作敢为，碰到机会就上，遇到困难就一味地向他人"甩锅"，将本该是自己的责任推得一干二净，这样的执行者怎么能够胜任该项决策的执行任务，又怎么能够与企业同呼吸、共命运呢？

五曰乱找借口。在人世间，做任何事既可能成，也可能不成，某项决策的执行也一样。如果执行受阻，的确会有各种各样的原因，如内部的、外部的，自然的、人为的，常见的、偶发的，等等。执行中出了问题，找找原因本属正常，但不能只找原因，而不想方设法、竭尽全力地去解决问题，更不能只是眼睛盯着他人，只在客观原因或不可抗力等因素上做文章，使出浑身解数找出种种理由替自己辩解，把自己的问题撇得一干二净，仿佛执行受阻与自己一毛钱关系都没有一样。

那么，产生这些执行乱象的主要原因都有哪些呢？

一是领导不重视。这样说可能会让一些领导"躺枪"，让他们觉得自己很无辜，也很无奈，但实际执行中出现的问题的确与领导的决策，以及领导的计划、组织、指挥、协调和控制等密切相关。譬如，领导参与的决策方案可行吗？风险评估充分吗？决策流程规范吗？领导督导的计划制订完善吗？组织搭建合理吗？指令下达及时吗？协作沟通顺畅吗？调控措施得当吗？……

二是制度有缺失。执行通常是一个费时、费力，且为多方共同参与的行为过程，应该具有较为完备的制度作为其规范和保证。而现实中，涉及执行的制度往往并不健全、不完善。例如，在一个承担执行任务的临时性机构里，从多个部门抽调的人员在执行任务期间的工资、奖金等由谁发放，其日常考勤、业绩考核等由谁负责，其抽调的时间有多久，其在执行任务结束后是返回原部门还是去往其他地方，等等，这些事项恰恰可能没有在制度上予以明确，有的也许只是一些口头上的说法而已。

三是流程太烦琐。决策通常需要进行比较和选择，而执行不需要这些，只要简单和迅速。遗憾的是，许多为执行环节设计、安排的流程却不是重复，就是没有什么必要。如明明可以并行的，却偏偏搞成了串行，或者本该是单向的，却弄成了掉头折返。如此烦琐的流程极易造成执行环节中的种种不畅，甚至某些执行节点上的"暴堵"。这样一来，执行的下场大概不是"瘫痪"，就是"死亡"了。

四是人员不胜任。做任何事，没有人不行，即便将来人工智能（Artificial Intelligence，AI）高度发达，就像京城四月间漫天飞舞的柳絮杨花无所不在，但完全离开人，恐怕某些事照样无法"玩转"。何况，承担执行任务的人并非等闲之辈，必须拥有相应的品格与才智，如目标坚定、斗志顽强、工作主动、勇于承担责任、善于沟通协调、具备独自解决问题的能力，等等，否则，执行的效果一定会大打折扣，甚至彻底泡汤了。

五是激励效果差。执行不是古代帝王将相们于朝堂金殿上的高谈阔论，也不是旧时名流雅士们在书斋画坊间的笔走龙蛇，而是一场需要执行者们赤膊上阵的具体行动。要行动并能够如期实现行动目标，就必须有激励，如物质激励或精神激励、正向激励或负向激励，且还应该保有一定的激励强度。如果没有激励，或者激励强度不够，甚至出尔反尔、说了不算，干得好的没有奖励，干得坏的也没有处罚，干好干坏一个样，那还会有谁为了执行去披荆斩棘、冲锋陷阵呢？

一项好的执行，应做到完整而非局部、准确而非偏离、及时而非拖延，且结果圆满，甚至结果好于预期。

5.11　"防患未然"应该比"惩前毖后"要来得高妙

在中国数以万计的成语中，经常使用的成语有数千条，其中就有"防患未然"和"惩前毖后"。

防患未然，出自《易·既济》"君子以思患而豫防之"[①]，乐府诗《君子行》中也有"君子防未然"[②]。其中，"患"指事故、灾难，"未然"指尚未发生或出现，"防患未然"的意思是，应提前防范那些可能发生的事故、灾难。

---

① 杨天才，张善文译注. 周易 [M]. 北京：中华书局，2011.
② 郭茂倩. 乐府诗集 [M]. 北京：中华书局，2019.

惩前毖后，出自《诗经·周颂·小毖》"予其惩而毖后患"[①]，其中"惩"指惩戒，"毖"指谨慎，"惩前毖后"的意思是，从以前所受的惩戒中吸取教训，以谨慎行事，以免以后再遭祸害。

"防患未然"和"惩前毖后"所涉及的行为，也时常出现在企业的经营管理活动之中。我以为，对企业或行为人来说，"防患未然"应该比"惩前毖后"要来得高妙。

"防患未然"是事前，"惩前毖后"是事后。"事前"表明还没有引发企业的灾难，没有造成企业的损失，还没有给行为人带来苦楚、伤痛；而"事后"表明已经引发了企业的灾难、造成了企业的损失，已经给行为人带来了苦楚、伤痛。因而，"事前"比"事后"好。

"防患未然"为主动，"惩前毖后"为被动。主动意味着主动出击，为的是企业没有被动，使行为人不会被动；而被动意味着被动挨打，最好也不过是为了企业下一次能够主动（亡羊补牢），但是否真能做到主动，还不一定呢。因而，主动比被动好。

"防患未然"属内驱力，"惩前毖后"属外驱力。内驱力或由企业内力所驱动，或由行为人的自律、自强所主导，既可以持之以恒，又能够润物无声；而外驱力或由企业外力所驱动，或由行为人以外的他律、他强所迫使，就像夏日的孩儿脸——刚才可能还雷电交加，但很快就雨过天晴了。因而，内驱力比外驱力好。

"防患未然"在于正向激励，"惩前毖后"在于负向激励。做正向激励的企业重在教育、重在鼓励，往往给行为人以信心、力量和勇气，使行为人获得成就感、快乐感；而做负向激励的企业重在批评、重在处罚，常常使行为人沮丧、颓废和气馁，产生失败感、痛苦感。因而，正向激励比负向激励好。

"防患未然"侧重战略，"惩前毖后"侧重战术。战略立于高处，可以让企业高屋建瓴、运筹帷幄，使行为人更加关注大局和长远，可称其"以谋为上""先谋而后动"；而战术位于低处，爱盯住企业的现实和具体问题，容易使行为人头痛医头、脚痛医脚，可谓之"只埋头拉车，却忘了抬头看路"。因而，战略比战术好——尤其对企业高层管理者来说。

……

所以，对于"防患未然"和"惩前毖后"分别涉及的企业行为，我更喜欢前者。

---

① 王秀梅译注. 诗经 [M]. 北京：中华书局，2015.

第6章 人力资源管理

6.1 人力资源管理的实质

世界上到处都是人，企业里也一样。以后，企业里机器人会越来越多，但在一些创造性的，尤其是开创性的领域，人，恐怕依旧会扮演着举足轻重的角色。

既然企业里有人，有所谓人力资源，就需要加以管理。而人力资源管理是一个较为基础、琐碎的体系，通常涉及企业的职位管理、招聘管理、职务管理、培训管理、劳动关系管理、业绩考核管理、薪酬激励管理等模块。每一模块又有若干分支和节点，譬如，单就劳动关系管理模块来说，其可以划分为劳动合同管理、考勤和休假管理、公出和加班管理等若干分支；而每一个分支又包括很多细分项目，如劳动合同管理中又有签订劳动合同、提前解除劳动合同、到期续签劳动合同或到期终止劳动合同、办理退休或离职手续等。所以，在企业里常常可以见到不少负责人力资源管理的人成天忙碌的身影。

那么，基础、琐碎的人力资源管理的实质是什么呢？换句话说，把握住了什么关键点，就可以使人力资源管理基础、琐碎，看似"名不见经传"的工作变得突出起来，并展现出其存在的，或普通或伟大的意义呢？

在传统的政治经济学理论中，人——劳动者是构成生产力的三大要素之一[①]，

---

① 另外两大要素是劳动工具（土地、厂房、机床、仪表、计算机软硬件等）和劳动对象（原材料、零部件等）。

而且是其中最为活跃、最为能动和最具创造力的要素。

正是这一特性，使人力资源成了有别于企业其他资源的一种最为重要的资源，是促使其他资源，如资金资源、装备资源、信息资源、客户资源、供应链资源等发挥更大作用的火车头或推进器。

如何才能让人力资源自身转化并带动其他资源转化为更多、更大、更先进的生产力？

一是计划。要对职位管理、招聘管理、职务管理、培训管理、劳动关系管理、业绩考核管理、薪酬激励管理等工作进行通盘筹划，确定总体规划，编制具体工作计划和预算，提出未来要达到的目标、实现目标的路线图和时间表，以及相应的保障措施等。

二是组织。要建立、健全职位管理、招聘管理、职务管理、培训管理、劳动关系管理、业绩考核管理、薪酬激励管理等工作的制度体系，搭建负责人力资源管理的相关组织架构，明确相关部门的职责和各岗位的职责，确定各岗位的责任人等。

三是指挥。要对承担职位管理、招聘管理、职务管理、培训管理、劳动关系管理、业绩考核管理、薪酬激励管理等工作的相关部门和责任人布置工作、分解任务和下达工作指令等。

四是协调。通过沟通协商，让承担职位管理、招聘管理、职务管理、培训管理、劳动关系管理、业绩考核管理、薪酬激励管理等工作的相关部门之间、责任人之间，以及企业其他资源之间消除分歧，最大程度地保持统一与和谐，形成合力。

五是控制。要对职位管理、招聘管理、职务管理、培训管理、劳动关系管理、业绩考核管理、薪酬激励管理等工作的计划执行情况，包括过程和结果进行检验和分析，对出现的问题及时进行调整，并对相关部门和责任人予以必要的奖惩。

这些就构成了人力资源管理的实质——对企业的"人"进行有效的管理，即围绕企业的职位管理、招聘管理、职务管理、培训管理、劳动关系管理、业绩考核管理、薪酬激励管理等管理行为，通过计划、组织、指挥、协调、控制，激发和调动人的积极性，让平凡的人做出不平凡的事。

6.2　职位管理是开展人力资源管理的前提

何谓职位管理？

职位管理就是将企业中的每一个职位作为管理对象所开展的若干管理工作，包括通过职位设置与调整即增加或减少职位，决定各个职位的角色地位；通过职位分析形成职位说明书，明确各个职位的具体职责和相应的任职资格；通过职位评估认定各个职位的相对价值的大小；通过建立不同职位、不同等级、不同数量的职位序列，为干部员工提供双通道甚至多通道的职业发展计划；等等。

我以为，职位管理是开展人力资源管理的前提。

之所以这样讲，大体有这样的理由：

大千世界，找不出两样绝对相同的东西，即事物间总有差异之处。企业也是如此。不同的企业，有着不同的愿景、定位、发展战略、组织架构等基本属性，而职位管理就与企业的这些基本属性密不可分——企业有什么样的基本属性，就会有什么样的职位管理的内容和形式；一旦企业的基本属性发生变化，则职位管理的内容和形式也将随之变化。从这个意义上说，职位管理也可以视为企业的基本属性了。

同样，大千世界，找不出两样绝对不同的东西，即事物间仍有共通之处。企业也是如此。尽管不同企业职位管理的内容和形式有所不同，但不同企业在职位管理是开展人力资源管理诸多工作的基础、发端和保证这一点上，又是相同的。事实上，企业建立了职位管理平台，才掌握了企业人力资源的现状，知道哪些职位人员充裕或不足，哪些职位薪酬有竞争力或没有竞争力，哪些职位已做到了能岗匹配或不匹配，等等，也才有了与之相适应的人力资源规划、人员招聘、人员培训、薪酬福利政策、职业发展计划，甚至涉及差旅或通信费用标准等完整的人力资源管理体系，并保证了这一人力资源管理体系的合理、健康、持续运行。

所以，做企业，不能没有人力资源管理；而搞人力资源管理，不能没有职位管理。这就像日月经天、江河行地一样，毋庸置疑。

6.3　相马赛马应"彼所属、此所依"

初汉时，韩婴曾在其所著《韩诗外传》中提到伯乐相马："使骥不得伯乐，安得千里之足。"至中唐，韩愈也在其所著《杂说》里论及伯乐相马："世有伯乐，然后有千里马。千里马常有，而伯乐不常有。"从此，"先有伯乐而后有千里马"即辨才识才的"相马说"盛行于世。

1991年，海尔集团内部举行了一场名为"千里马与伯乐"的讨论活动，一位名叫张弛的职工在其征文中写道："相马这种机制，对于千里马来说，命运掌握在别人手里，十分被动，弄不好就会碌碌无为一生。所以，就这个意义来说，我倒认为相马不如赛马。赛马与相马虽一字之差，却有本质的不同。赛马彻底改变了千里马的被动命运，使它不再把充分显示自身价值的期望寄托于伯乐的出现，而是将命运的缰绳紧紧握在了自己手里。"于是，海尔集团将其观点进行加工、提炼，形成了"人人是人才，赛马不相马"的理念，即海尔集团人力资源管理的"赛马说"，并为多家企业效仿。

我以为，相马也好，赛马也罢，其实各有长短，并非一定要论出高低、优劣之后，把所谓的落败者一棍子打死。

这一面是人才的"相马"，即通过履历筛查、笔试、面试等方式甄选人才。

相马之长在于"从过去知晓现在"，或由此及彼、由表及里——企业可以从某人已具有的学识、经验和工作能力，或既往解决过的工作难题和已取得的工作业绩中，去识别其是否就是企业所需要的人才。

相马之短在于"过去并不代表现在"，或"人非人、花非花"——历史不会重演，万物亦各有不同，企业很难从某人已具有的学识、经验和工作能力，或既往已解决的工作难题和已取得的工作业绩中，去识别其是否真是企业所需要的人才。若一味地相信相马，或者被其夸夸其谈所迷惑，或者为之花拳绣腿所倾倒，单纯地"以貌取人"，最终往往会落得如《三国演义》所述"诸葛兵退汉中，马谡命断辕门"的下场。

而另一面是人才的"赛马"，即通过岗位竞赛、职位竞聘，或情景测试[①]等

[①] 一种间接的岗位竞赛、职位竞聘的方式，即搭建一个模拟的工作场景，让竞聘者在这个模拟的工作场景中工作，同时由评价者对其进行观察、打分，以评判其素质、能力的强弱或其工作成果的大小、优劣，以此来选拔人才。其主要包括抽样工作、无领导小组讨论、公文夹批阅、管理游戏等具体做法。

方式甄选人才。

赛马之长在于"不看昨日看今朝",或"是骡子是马拉出来遛遛"——企业可以为每个人展现自身才华搭建公平竞赛的舞台,通过岗位比武、打擂来实现能岗匹配、人尽其才,以业绩选人用人,让真正具有执行、协作、创新等能力的员工能够脱颖而出,成为方方面面的岗位能手、项目标兵,或管理骨干、管理精英,以形成企业所需要的一支浩浩荡荡的人才大军。

赛马之短在于"今朝并不代表未来",或"今天之豪杰并非明日之英雄"——人在变,岗位在变,企业需要为每个人展现自身才华不断地搭建公平竞赛的舞台,通过持续的岗位比武、打擂来实现能岗匹配、人尽其才,以业绩选人用人,这就很难对某人是否真是企业所需要的人才进行预判,也很难对企业的人才队伍进行统一建设,包括预测、规划、培训、培养、储备等。若一味地相信赛马,或者被其花费巨大所拖累,或者为之组织繁复所困扰,使拥有"一支浩浩荡荡的人才大军"成了一句空话,最终往往会落得如《红楼梦》所述的"潇湘女子水中月,怡红公子梦中花"的后果。

为什么会这样?

因为"人无千般好,花无百日红",任何事物都有两面性,所有的方式方法,其"高低、优劣"都是变化的、有条件的、相对的,而非不变的、无条件的、绝对的。

而现实中,无论什么企业,只"相马"而杜绝"赛马"的,或只"赛马"而摒弃"相马"的,恐怕并不多。

这正说明,其实企业大多深谙此道——相马赛马应"彼所属、此所依",人才队伍方能成军,企业才可砥砺前行。

6.4 对企业来说,智商情商孰轻孰重

智商(Intelligence Quotient,IQ),即智力商数,源自20世纪早期一些欧美心理学家编制智力测试量表并组织实施的智力测试,是用某人的智力测试成绩与其同龄对照组的智力测试成绩相比所得的商数,作为衡量其智力(认识客观事物并运用知识解决实际问题的能力,包括观察力、记忆力、理解力、推理

力、判断力等）水平高低的一种标准。

譬如，某人的 IQ 为 118，则属于较高智商人士；反之，某人的 IQ 为 82，则属于较低智商人士。据某些推测，爱因斯坦的 IQ 超过了 160，如果此类推测有些道理，说明爱因斯坦无疑属于高智商或超高智商的天才。

IQ 大多是与生俱来的，主要受先天遗传因素的影响。当然，后天环境（如某人是快乐还是痛苦，是健康还是患病，是富裕还是贫困，是受过良好教育还是目不识丁、浑浑噩噩）也会对其智商的高低产生一定的影响。

情商（Emotional Intelligence Quotient，EQ），即情绪智力商数，源自 20 世纪晚期一些欧美心理学家的研究成果。其实，情绪智力商数本不该简称为"情商"，简称为"情智"可能会更加准确，因为情绪智力商数并不需要计算商数，也就与商数没什么关系。之所以被简称为"情商"（EQ），可能是要与世人早已耳熟能详的"智商"（IQ）相对应——这样既好记，也好推广和普及。

EQ 主要涵盖了认识、管理和激励自我情绪，以及认识他人情绪、处理自我与他人的相互关系这五个方面的内容。

一是认识自我情绪：能够观察、审视自己某种或某些情绪的出现、变化和发展。人只有先认识自己，才能认识世界。

二是管理自我情绪：能够调控自己某种或某些情绪，该发泄、宣泄的才发泄、宣泄，否则只适时、适度地表现出来即可。

三是激励自我情绪：能够依据某一目标，唤起、调动、强化、指挥自己某种或某些（正向）情绪，使自己走出生命低谷，重新振作、再次出发。

四是认识他人情绪：能够观察、审视他人某种或某些情绪的出现、变化和发展，可洞察他人的感受与需求。人只有认识他人，才能更好地认识自己、认识世界。

五是处理自我与他人的相互关系即人际关系：能够培育、建立和发展自己与他人彼此沟通、协调、合作、支持等的人际关系，促进彼此情绪的交流、互鉴，以及共同目标的最终实现。

通常，高情商的人一是知道哪些可为，哪些不可为，只做有意义的事情，哪怕每天只进步了一点点，也不会打退堂鼓，且说到做到、敢作敢为、敢于承担责任；二是情绪稳定，不论事大事小、事急事缓，都能心静如水、应对自如，而不是喜怒无常，内心起起伏伏、翻江倒海，或暴跳如雷，或手足无措；

三是总能保持一种好心情，不爱怨天尤人，对生活和工作富有热情，善于调动自己和鼓励自己——给自己一个微笑，告诉自己"我是最棒的"，让乐观、上进的情绪伴随自己的每一天；四是心胸宽广、眼界远大，对人对事从不斤斤计较，多怀包容之心，不会动辄指责他人，反而善于赞美他人——能看见他人优点的人才能不断进步；五是善于倾听、沟通，善于建立和发展广泛的合作关系，使合作者能够敞开心扉、以诚相待，共享共赢。

EQ 虽然也受先天遗传因素的影响，但更多的是在后天环境因素（如某人是生于和平年代还是生于动荡年代，是家庭和睦还是妻离子散，朋友间是肝胆相照还是背信弃义，工作是顺风顺水还是跌跌撞撞）的影响下，逐步养成、变化和发展起来的。

既然 EQ 与后天环境因素密不可分，就可以发挥后天环境中积极因素的作用，施以培养、锻炼或改造、提高。譬如，当某人处于青春期、高考备战期，进行必要的心理疏导，使其能够正确处理自己与父母的关系、与同学的关系，以及怕学、厌学和考试焦虑等心理问题，化解其心理上的种种困惑和学业上的巨大压力，使其正常地发挥自己的潜能；当某人遭遇天灾人祸的时候，安排专门的心理干预，使其能够顺利度过恐惧、痛苦、忧虑、苦闷，甚至幻灭的心理低潮期，重拾生活的勇气和力量，笑对人生的未来；当某人刚参加工作的时候，通过正常的入职培训，包括适当的心理训练和"传帮带"，使其迅速适应工作环境和工作角色，与上级、同僚、搭档、下级等相处融洽、配合默契，做到履职平稳、顺利；当某人在某一工作领域做出成绩的时候，通过岗位锻炼，包括轮岗、双向或多向岗位交流，以及领导谈话——"交任务""压担子""给支持""把方向"和有针对性的心理辅导，使其能够提高团队组织能力、沟通协调能力、决策判断能力、处理复杂问题能力等，从而在走上新的、具有挑战性的工作岗位时，可以坦然地面对各种工作压力、对外合作压力、市场竞争压力，再一次做出让人信服、让人刮目相看的工作业绩……

就智商与情商的辩证关系而言，二者既相互区别、相互独立，又相互依存、相互促进。

其一是智商是情商的基础。任何情商都必须建立在一定智商的基础之上，没有最初的智商，就谈不到后来的情商。

其二是情商是智商的发展。智商是一种特殊的、相对单一的情商，它是一种对自身行为产生的自身利益关系的认识能力；而情商是一种综合的、相对全面的智商，是对自身行为、集体行为和社会行为产生的自身利益、集体利益和社会利益关系的认识能力与互动能力，是对智商在更大范围内的扩展。

其三是情商可以反作用于智商。情商的提高能够带动智商的提高，不但可以拓展智商作用的领域，还可以使智商朝着能产生更大效益的方向发展，使人们不再盲目地、随机地，或单纯凭个人兴趣去发展自己的智商。

因此，我认为，大多数企业其实并不需要具有高智商或超高智商的天才。

这一是因为真正开展基础研究、超前研究，甚至是"跨世纪"研究的企业并不多，大多数企业并不需要太多的具有高智商或超高智商的天才；二是因为具有高智商或超高智商的天才往往表现为个性孤傲，做事执拗，不善与人交往、合作，这显然更适合专业性强、交互性弱、工作环境相对单一的教育、科研机构等，并不适合综合性强、交互性强、工作环境和社会环境相对复杂的，面向市场、以销售产品或提供服务等为目的的企业。

同样，我认为，大多数企业其实更需要具有高情商，甚至超高情商的人才。

这一是因为企业是"两自、两独立"的经济实体，不是党政机关或公共事业单位，没有任何财政经费来源，一切开支和收益都需要企业自己从市场上拼出来、挣出来，如果没有较强的认识、管理和激励自我情绪的能力，就很难知道自己之长和自己之短，也无法抵御内外交困下的种种压力，更不能在遭遇挫折时很好地完成自我唤醒、自我修复和自我激发，则很容易在危机四伏、竞争惨烈的市场搏击中损兵折将、全军覆没；二是因为企业从事的是销售产品或提供服务等商业活动，对内需要上下左右各部门、各单位的密切配合，对外需要面向各类市场，如产品市场、服务市场、技术市场、金融市场、生产资料市场、专业人才市场和劳动力市场，等等，交互、合作者更是遍布四面八方、各行各业，如果没有较强的认识他人情绪的能力和处理自我与他人的相互关系的能力，就很难知道他人之长和他人之短，很难了解他人所想、所求，也无法很好地培育、建立和发展与他人的诸如沟通、协调、合作、支持、帮助等人际关系，形成合力，争取更多的资源和获得更多的机会，以最终实现双方或多方的共同目标。

一句话，高智商叫你做学问——在教育或研究领域；高情商让你做能人，甚至"完人"——在社会的其他领域，如企业里。

所以，对企业来说，智商情商孰轻孰重，也就显而易见了。

6.5 招人之难与破解之道

大千世界，企业形形色色、林林总总，而人总是企业的基本资源之一。

既然是一种资源，就是有限的、稀缺的、宝贵的，需要不断地挖掘、调整、充实和优化。人力资源亦当如此。

企业需要人才，除了对内选拔，其他常见的方式就是对外招聘。而招人看似简单，实则不易——"招不到人""招不到能干的人""招不到能干且愿干的人"往往是企业面临的现实中的难题。

对于这一难题，那些不需要带团队的领导，或不直接承担人员招聘任务的人可能并无深刻的感受。因为世界上的人的确很多，以至于他们大概仍相信那句"三条腿的蛤蟆不好找，但两条腿的人遍地都是"的俗语吧。

我以为，招人之难，在于每个人的素质能力有差异，且每个人的需求、期望大都有所不同。

不管是由于先天遗传因素，还是后天环境因素，抑或是个人努力程度的不同，人与人之间在素质能力上的差异是显而易见的。譬如在《水浒传》里的一百单八将，个个都拥有不一样的素质能力：宋江忠肝义胆、吴用足智多谋、林冲枪棒无敌、武松景阳打虎、花荣百步穿杨、李逵板斧刚烈、戴宗神行如风、时迁梁上功夫……，人人都有用武之地。

同样，由于生理因素或社会因素对个人内驱力产生的影响，人与人之间在需求、期望上也大都不同，可以有多个维度、多个层级，如物质的、精神的，自然的、社会的，生活的、工作的，兴趣的、职业的，浅显的、深刻的，单一的、多重的，虚幻的、真实的，心血来潮的、矢志不渝的，等等。在西方群体行为或组织行为学理论中，美国的亚伯拉罕·马斯洛（Abraham Maslow）将人的需求分为生理的需求、安全的需求、社交的需求、尊重的需求和自我实现的需求。[1] 中国的梁漱溟认为人生态度可分为三种："逐求""厌离""郑重"。[2] 持"逐求"态度的人，对现实生活逐求不已，如饮食、名誉、声色、货利等，既受趣味引诱，又受问题困扰，常颠倒迷离于苦乐之中，这与其他生物也没有

---

[1] 亚伯拉罕·马斯洛. 动机与人格 [M]. 北京：中国人民大学出版社，2013.
[2] 梁漱溟. 我的人生哲学 [M]. 北京：当代中国出版社，2013.

什么不同。如近代的西洋人能将"逐求"做到家，纯为向外用力，两眼直向前看，追求物质享受，其征服自然之威力十分强大。其代表是美国的约翰·杜威（John Dewey）的实用主义哲学。持"厌离"态度的人，最特殊之点在于其回头看自己的生活时总感觉人生太苦。一方面，自己为饮食男女及一切欲望所纠缠，不能不有许多痛苦；另一方面，社会上又充满了无限的偏私、忌妒、仇怨、计较，以及生离死别种种现象，更使人觉得人生太无意思，于是产生一种"厌离"人世的人生态度。许多宗教也由此而生，其中，最能发挥到家者为印度人，而最通透者为佛家。持"郑重"态度的人，除天真烂漫、未曾回头看的儿童以外，更深刻的、真正回头看生活而又郑重生活的是中国之儒家。儒学"寡欲""节欲""窒欲"和"正心诚意""慎独""仁义""忠恕"等说，反对仰赖外力之催逼与外边趣味之引诱而被动逐求的生活，是要人清楚地、自觉地尽力于当下生活而自然拥有的"郑重"态度。

因此，正是由于每个人的素质、能力有差异，且每个人的需求、期望大都不同，才有了"招不到人"之难题，其实是"招不到能干的人""招不到能干且愿干的人"。

要寻求招人之难的破解之道，我以为，企业应做到能岗匹配，并提供一个可实现其需求、期望的平台。

能岗匹配，才能够让应聘者得以施展其才华；提供一个可实现其需求、期望的平台，提供薪酬、福利、各种中长期激励、不同的职业发展通道等，才能够让应聘者如愿以偿、志得意满，实现其真正期望的人生价值。

当然，要实施这一破解之道，前提当然是全面、准确地识别应聘者的素质能力和了解其真正的需求、期望。

要做到这一点，并不难。

6.6 帕金森定律的"爬升金字塔"不是不可撼动

1958年，英国的帕金森（C. N. Parkinson）出版了揭示层级组织中"爬升金字塔"现象的《帕金森定律》[①]一书。

---

① 诺斯古德·帕金森. 帕金森定律 [M]. 兰州：甘肃文化出版社，2004.

帕金森通过大量的观察发现，层级组织中的高级管理者往往主观地采取一种"分化"和"征服"的策略，故意使管理跨度（横向）增大和管理层级（纵向）增多，借以提升自己的权势和保住自己的地位。显然，这种"爬升金字塔"现象将导致新的组织机构不断涌现，人员队伍不断扩大，组织中的每个人似乎都很忙，但其实个个都在偷懒磨蹭、扯皮推诿，最终使组织效率日渐低下。

照帕金森看来，在职场中如果某个高级管理者不称职，他可能有三条出路：一是自己主动申请退位、离职，将位子让给能干的人——但他极不情愿，也很少有人这样做，因为那样他会失去各种各样的利益；二是让一位能干的人来"协助"自己，与自己一道工作，或者干脆就靠这位能干的人来工作——但他会不情愿，也很少有人这样做，因为那样他就多了一个有力的竞争对手；三是任用两位或更多位水平比自己还低的助手来分担自己的工作，而自己则高高在上、颐指气使，只在必要时动动嘴皮子——他对此最为满意和热衷，因为任用两位或更多位平庸的助手，既有人帮他干活，也没有人会成为他晋级的障碍。但在第三条出路之下，两位或更多位平庸的助手又会上行下效，再分别任用两位或更多位水平比自己更低的助手来分担他们的工作，如此恶性循环而形成的这座"爬升金字塔"，最终将导致该层级组织中出现机构臃肿、效率低下、冗员众多、人浮于事等一系列严重的问题。

我认为，一是帕金森的"发现"过分夸大了层级组织中的"黑暗面"，以偏概全，把局部的、个别的"爬升金字塔"问题推而广之，这未免失之偏颇；二是帕金森的"看法"过分渲染了管理者（既有高级管理者，也有中低级管理者）内心的自私，把出现"爬升金字塔"的根源一概归咎于管理者自身的"故意"，这显然过于"厚黑"。

尽管如此，犹如帕金森所断言的那样：在某些企业中，的确有某些管理者会以一己之私搭建自己的"爬升金字塔"，虽为蚍蜉之害，却可能在某一天的早上，让企业这棵大树于朝霞之中轰然倒下。

该如何撼动"爬升金字塔"，而不使企业这棵大树反被其撼动呢？

关键是要移除"爬升金字塔"滋生的"土壤"，让"爬升金字塔"根本无法建立，即使建立了也会根基不稳、摇摇欲坠。

《帕金森定律》揭示了产生"爬升金字塔"的条件，一是管理者私心膨胀；二是其素质能力平庸；三是其在位与退位或离职之间的利益落差巨大；四是其在增大管理跨度和增加管理层级，包括任用两位或更多位水平比自己低的助手上，拥有一定的权力。

如此说来，要移除"爬升金字塔"滋生的"土壤"，企业尤其是企业人力资源部门要做的工作，不外乎以下几点。

一是对管理者，尤其是那些权欲较重的管理者（即使其本人不承认，或者并未意识到自身存在的缺陷），要坚持不懈地开展思想教育，增强其公仆意识，使其阳光磊落、坦荡无私，能以"先天下之忧而忧，后天下之乐而乐"傲然于世，尽显家国情怀。

二是对管理者，尤其是那些较为平庸的管理者（即使其本人或者不承认，或者并未意识到自身存在的短板），要持续不断地进行素质能力培养，包括内部培训或外部培训、短期培训或长期培训、在岗培养或轮岗培养、计划组织能力培养或分析决策能力培养、沟通协调能力培养或处理复杂问题能力培养等，使其素质能力足以胜任现岗位、新岗位，甚至是更高层级岗位的任职需求。

三是要建立合理的激励机制，降低与职位挂钩的固定激励的比重，提高与业绩挂钩的浮动激励的比重，能者至上，论功行赏；同时，要建立合理的保障机制，对主动退位的管理者给予相应的补偿，防止其收入水平在退位后出现明显的降低。

四是建立有效的权力分配与约束机制，在设置助手职位、决定助手人选和助手薪酬待遇等事项上，不但不能给予管理者相应的决定权，还要对其插手或干预该等事项的不正当行为予以相应的惩戒。

采取了这些举措，帕金森定律的"爬升金字塔"即使没有"荡然无存"，其对企业造成的负面作用也只能如南唐时李煜所叹的那样，"流水落花春去也，天上人间"了。

6.7 彼得原理的"魔咒"并非无法破解

美国的彼得（L. J. Peter）和雷蒙德·赫尔（Raymond Hull）在其合著的《彼得原理》[1]一书中，对世间不计其数、五花八门的"工作上的不胜任"现

---

[1] 劳伦斯 J. 彼得，雷蒙德·赫尔. 彼得原理 [M]. 北京：机械工业出版社，2021.

象进行分析后，发现其产生的原因竟然是"员工从称职的岗位晋升到不胜任的岗位"：在一个层级组织中，如果一个人在原有的职位上表现好、有业绩，即胜任后，通常会晋升到更高一级的职位；其后，如果继续胜任，则会进一步晋升，直至到达他不胜任的职位。因此，"层级组织的工作任务大多是由尚未达到不胜任阶层的员工完成的"。换句话说，层级组织的工作任务还有不少是由不胜任阶层的员工承担的，而这才导致了现实社会中涉及数量或质量的、人身或财产的、效率或安全的种种问题，乃至事故的频繁出现。

譬如，雷蒙德·赫尔就在《彼得原理》之前言中提及："我注意到，大部分人做事毛毛躁躁，只有极少数例外。因此不胜任者四处蔓延，一路成功。我曾见过一座1200米长的高速路桥莫名其妙倒塌，掉进海里，因为桥墩的设计完全要不得——尽管人们再三检查过；我曾见过城市规划者在一条大河的冲积平原上规划城市发展，而该地每隔一段时间必定发大水。……我观察到，各种用具的制造商按惯例总会设立地区维修站，因为他们预料到——经验也证明了——很多产品在质保期内就会出故障。我听无数司机抱怨过自己刚买的车就有各种各样的毛病，因此，了解到近年来各大汽车制造商生产的汽车有20%都存在危险的制造缺陷，我毫不感到吃惊。"

按照《彼得原理》揭示的逻辑，"晋升"成了"工作上的不胜任"现象的罪魁祸首！而"晋升"往往又是天经地义的，有谁不想晋升呢？尤其是在自己已做出了岗位业绩之后。

如此一来，由"晋升"到"工作上的不胜任"就构成了一条彼得原理的"魔咒"。

那么，这一彼得原理的"魔咒"，真的无法破解吗？

我的看法是"非也"。

首先，可以看一下让彼得原理成立的客观环境因素——"只要假以时日，并假定层级组织中存在足够的级别，每个员工都会晋升到不胜任阶层……"，因此，只要不是"假以时日"——让某一员工任职的时间不太长，或只要不在层级组织中设置"足够的级别"，则彼得原理就不能成立，相应的"魔咒"也就不存在了。

其次，可以看一下使彼得原理无法成立的人的因素——"自然，大多数人都能获得一两次晋升——从某个胜任的级别升到一个还可胜任的更高级别。能够胜任新职位的人，还会得到再次提升。每一个人，包括你和我，最终总会从胜任的级别升到不胜任的级别……"。因此，只要能够实现"持续晋升"——某一员工在其任职的每一个岗位上都能够取得岗位业绩，且素质能力能够不断提高，则可以继续晋升，反之则不能继续晋升，就能使彼得原理无法成立，相应的"魔咒"也就迎刃而解了。

所以，企业，尤其是企业人力资源部门，一是不宜采取员工长期或超长期聘用政策；二是不应设置过多的职位层级——譬如多达一二十级等；三是不论员工是初次聘用，还是已数次晋升，都要遵循"能岗匹配"的原则，不能单纯地以成败论英雄——尤其是既往的成败；四是要做好员工的职业发展规划，引导员工尽早确立自己的职业定位，在适合自己的职业发展道路上笃定前行；五是要教育员工，"曾经的辉煌仅仅代表过去""一切都要从零开始、从头再来"，"想要得到新职位，或想要晋升到更高的职位，你必须不断地提高自身的素质和能力，以适应新职位或更高职位的要求，否则，新职位或更高职位不可能'压低身段'来主动向你招手"。

如果采取了这些举措，那彼得原理的"魔咒"还会缠绕着你吗？

应该不可能了吧……

6.8 人怎样才能成长和进步

人怎样才能成长和进步？

如果你是一位管理者，尤其是一位负责人力资源管理工作的管理者，员工一定会时常向你提出这样的问题。

该如何回答？

我想，大体有如下的"七法"可作答案。

第一法是"持续学习"。

不要总想着自己"学霸"的过往，你必须在实践活动中续写你当年那"书山有路勤为径，学海无涯苦作舟"的奋斗史。要在干中学、于干中练，针对需求补知识，破解难题增才干。只有勤学苦练，在实践活动中不断提高自身素质能力，才能早日成为某一具体项目中那个不可或缺的"关键先生"——即便你仍很平凡，仍不是企业里"文可运筹帷幄"的诸葛亮或"武能横刀立马"的关云长。

第二法是"脚踏实地"。

不要存有急功近利、"一口吃成个大胖子"的心思，要深入到工作任务中去，因为在所有"高大上"的职位和一切炫目的成果的背后，其实都是无数的汗水与平凡的琐事；也不要抱有好高骛远、"这山望着那山高"的思想，即使你的兴趣与眼前的工作不一致，也不要轻言放弃或一口拒绝，要相信兴趣是可以培养或转换的，假以时日，你可能发现今日之无趣已变成了明日之有趣，并在这个过程中实现了自己真正的志向——因为你眼下的志向可能只是某种"幻象"，并不是你真正想要的。

第三法是"执行到位"。

不要口是心非，也不要虎头蛇尾，做什么都要落地有声，承诺的事情就要千方百计地完成。正所谓"道阻且长，行则将至"，有困难不怕，只要你坚持，只要你竭尽全力。没有企业喜欢只会夸夸其谈、做事则不知所终的人，何况切实履行职责和完成工作目标将决定你自己的职位层级、薪酬福利，以及你将来能够走多远、你未来的胸怀与格局有多大。

第四法是"团队奋斗"。

不要逞一己之勇、贪一己之财、享一己之快，总以为别人都是酒囊饭袋或好利之徒。要知道这个世界早已不是单打独斗者的天下，摒弃的是"零和博弈"，提倡的是"合作共赢"。要相信在任何时候、任何地方，永远都会有你的生死搭档、你的真心朋友、你的合作伙伴在与你并肩战斗，与你有汗一起淌，有泪一起流，同舟共济，一起向未来。

第五法是"不断创新"。

不要墨守成规、人云亦云，吃别人嚼过的馍永远不会感到有滋有味。唯有创新，包括技术创新、工艺创新、理论创新、方法创新、思想创新、制度创新、产品或服务创新、战略或商业模式创新等，哪怕不是整个体系的改变，而只是某个点、某条线上的创新，也能让自己的生命与众不同、更加精彩，让自身所在的企业常在常新、越发辉煌。

第六法是"抗压包容"。

不要慵懒成性、拈轻怕重，只想着那些"干活轻，拿钱多""天上掉馅饼"的好事。要知道，"不经历风雨怎么见彩虹，没有人能随随便便成功"，而能够承受工作压力，已是现代社会对一个合格的从业者的起码要求；不要抱怨命运多舛、世事坎坷，动辄怀疑周边的人和事都与自己过不去，事实上，要相信"人在做，天在看"，只要自己去理解、去包容，浮云总会散去，阳光终将洒向四面八方——何况世界上从来就没有绝对的公平，社会也会有阴暗面，会有对你的误解和中伤，但理解和包容终究会让你的脸上荡漾着坦诚的微笑。

第七法是"客户至上"。

不要忘记谁是企业的"上帝"和衣食父母——客户。要记住，在企业内部也有"客户"，这个"客户"就是负责"下一道工序"的部门或同事。在思想上，要有"客户至上"的意识，尊重客户，不要只想着把产品或服务扔（卖）给客户就万事大吉了，而要使自己的产品或服务确实满足客户的需要，能够给客户带来实实在在的利益；在言行上，要保持微笑，设身处地替客户考虑，耐心倾听客户的意见和建议，切实改进自己的不足，周到细致，与客户交朋友、交好朋友、交真朋友、交老朋友——只有一切围着市场转，着眼于客户，服务于客户，取信于客户，才能赢得客户，而赢得客户你终将赢得一切。

这28个字的"七法"，你记住了吗？

6.9 领导与管理者其实并无二致

领导是管理者吗？反过来，管理者是领导吗？

领导，是指能够率领团队和发挥指引、导向作用的人。

领导的特征是什么？毛泽东曾说过，"领导者的责任，归结起来，主要地是出主意、用干部两件事。"杰克·韦尔奇也曾说过，"一个领导者的任务，就是要为整个企业定下基调，让合适的人做合适的事。"

在现代管理学领域，领导通常指企业的高层管理者。现在，专有一门被称作"领导学"的热门学科，重在研究"领导力"如决策力、洞察力、组织力、感召力、凝聚力、激励力、个性魅力，各种"如何当领导""如何做决策""如何带团队"的文章、讲演等已数不胜数、充斥于世。。

管理者，是指能够发挥管理和梳理、处置作用的人。

管理者的特征是什么？亨利·法约尔曾提出过"管理五要素"，即计划、组织、指挥、协调、控制职能，我认为这就是管理者的特征，也是管理者应具备的基本能力。

其中，计划，即提前对经营管理活动做出安排部署，包括未来要达到的目标、实现目标的路线图和时间表，以及相应的保障措施等。如果计划包括了企业的中长期计划、总体规划等，就构成了发展战略；定计划，就构成了决策。这就等同于"出主意"，为整个企业定下基调。

同样，组织、指挥、协调、控制都是针对人、针对团队而言的。如组织，即搭建组织架构和团队；指挥，即对团队做出工作安排，下达工作任务；协调，即通过沟通协商，让人与人、团队与团队之间消除分歧，最大限度地保持统一与和谐，形成合力；控制，即在计划执行中，对执行的过程和结果进行检验，对出现的问题及时进行调整，并对相关责任部门或责任人予以必要的奖惩。这些就等同于"用干部"，让合适的人做合适的事。

可见，领导与管理者仅仅是在称谓上有所不同，其实并无二致，在企业人力资源的职位管理中，都属于与"员工"系列相对应的"干部"系列，只不过领导通常为高层管理者；而管理者既包括高层管理者，也包括一般的或中、低层管理者。

所谓"领导力"，如决策力、洞察力、组织力、感召力、凝聚力、激励力、个性魅力，等等，往往被说得天花乱坠，其实忽悠的成分居多，说穿了，其无非想表达高层管理者的能力应当更加全面，具有更大的影响力而已。

对这些，姑且听听，但不要当真。

要记住，称呼自己或认为自己是"领导"时不要忘乎所以，而称呼自己或认为自己是"管理者"时也不要妄自菲薄。

6.10 企业应成为改造人性弱点的舞台

人性有很多弱点。

一是贪婪、冒险、侥幸、投机，二是傲慢、狂妄、冲动、任性，三是懒惰、怯懦、逃避、依赖，四是虚荣、放纵、奢侈、浪费，五是虚假、欺骗、失责、失信，六是狭隘、嫉妒、怀疑、忧虑，七是阴损、仇恨、报复、毁灭（他人),……而这些弱点的本质,最终都可以归结到"自私"上。

自私是天生的吗?不同的人有不同的看法。有的人持人性本善论,如中国的孔子、孟子,以及西方的苏格拉底(Socrates)、柏拉图(Plato)等;而持人性本恶论的,如中国的荀子、韩非子,以及西方的托马斯·霍布斯(Thomas Hobbes)、约翰·洛克(John Locke)等则敲锣打鼓地唱起了对台戏。

这种已持续几千年的"纷争",可能再持续几千年也不会停歇吧。

还是不去管它,随它去吧。

我以为,既然人性有很多弱点,就需要加以改造,而企业应成为改造人性弱点的舞台。这是因为占人类很大比例的一部分人,会在企业中工作三四十年,有的甚至几乎终其一生。对人性弱点加以改造,不但可以造福于被改造的某个员工,而且可以造福于改造这个员工的这家企业——显然,由没有人性弱点或人性弱点较少的人组成的企业,一定比由与之相反的人组成的企业具有更大的创造力、竞争力和生命力。因此,这种"积德""向善""惠及天下"的大好事,企业何乐而不为呢?

谁来改造?自然是企业的人力资源管理部门和具体的用人部门。

如何改造?当然是通过培训和培养。

在培训上,除了注重对员工进行知识和技能培训外,还应该注重对其进行企业文化的培训,使其在思想认识上与企业精神——企业所倡导的核心价值观、企业愿景——企业为之奋斗的神圣使命,以及企业经营管理理念——企业始终如一的行为准则和行动作风,逐步趋于统一。当然,前提是,这一企业文化本身是一种积极向上、优秀进步的企业文化,而不是相反。

在培养上,可以组织"传帮带",使员工在实际工作岗位上锻炼,"摸爬滚打",包括在不同的工作强度、工作难度和工作环境条件下工作。对有贪婪、冒险、侥幸、投机等弱点的人,重点培养其知足、稳妥、实事求是的思想与言行;对有傲慢、狂妄、冲动、任性等弱点的人,重点培养其谦虚、理智、克制、严谨自律的思想与言行;对有懒惰、怯懦、逃避、依赖等弱点的人,重点培养其勤奋、勇敢、进取、自立自强的思想与言行;对有虚荣、放纵、奢侈、浪费等弱点的人,重点培养其真实、节制、朴素、勤俭节约的思想与言行;对有虚假、欺骗、失责、失信等弱点的人,重点培养其纯真、坦荡、担当、诚实守信的思想与言行;对有狭隘、嫉妒、怀疑、忧虑等弱点的人,重点培养其宽厚、包容、信任、乐观开朗的思想与言行;对有阴损、仇恨、报复、毁灭(他人）等弱点的人，重点培养其阳光、团结、共赢、风雨同舟的思想与言行……

在实施培训和培养之前，应该对某个人存在的人性弱点进行分析、甄别，以便结合培训和培养，分门别类、有的放矢地对其人性弱点加以改造。

在培训和培养之后，还应该对某个人存在的人性弱点是否改造成功进行评估、总结，以便结合下一轮培训和培养，对其尚存的人性弱点加以新一轮的改造。

只要企业愿意真正拿出滴水穿石、磨杵成针的功力，又何愁不能化腐朽为神奇，通过改造将某个人的人性弱点扔到爪哇国去呢？

6.11　选用干部的基本原则

干部，尤其是领导干部，是在一个组织里指挥、率领部分成员甚至所有成员不断前行的人。

毛泽东曾经说过，"政治路线确定之后，干部就是决定的因素。"[①] 可见，对一项事业来说，干部何其重要。

该如何选用干部？换句话说，选用干部的基本原则是什么呢？

我以为，选用干部的基本原则当属"出自实践""德才兼备""取长补短"三条。

为何要"出自实践"？

因为做干部需要更多的智慧与才干，如全局意识、超前眼光、开拓精神，善于团结他人一道工作，具有一定的计划、组织、指挥、协调、控制能力，等等。其智慧离不开实践，而才干更是如此，自当出自实践，在实战中增长。所以，除了继承或偶有的所谓"禅让"以外，干部不会天生，也难得被一张从天上掉下的馅饼砸到，而只能从更为具体、更为实际的基层或一线的群体中脱颖而出。

为何要"德才兼备"？

因为有德而无才不行——只有德，尽管不出事，但也干不成事；同样，有

[①] 毛泽东. 毛泽东选集[M].2版. 北京：人民出版社，1991.

才而无德也不行——只有才，尽管能干成一些事，但也能"捅出一个天大的窟窿"，让局面变得完全不可收拾。所以，宋代的司马光曾指出"夫聪察强毅谓之才，正直中和谓之德。才者，德之资也；德者，才之帅也"[①]，说的就是在选用干部时应该注重"德才兼备"的道理。

为何要"取长补短"？

因为世间一切事物都有正反两面，都有所谓利弊，不可能十全十美，必须有所取舍。许多在企业经营管理中的事项，如战略选择、项目投资、企业重组、流程再造，等等，都要讲求扬长避短。其实，选用干部也差不多，只不过选用干部不是讲求扬长避短，而是讲求取长补短。

其一在于人无完人，任何一个人都有长处也有短处。一些人做起来长袖善舞、轻车熟路的事情，让另一些人做起来却可能会手忙脚乱、不知所措，于是，才有了"术业有专攻""卤水点豆腐，一物降一物"等说法。这就是从中"取长"。

其二在于干部通常并非一个人，而是一个由若干人组成的干部班底。在这个班子里，有班长、副班长、机枪手、投弹手……，既各司其职、各显其能，又相互扶持、相互帮助，由大家共同完成班子所承担的目标任务。这就像《西游记》中的人物形象，唐僧笃定、把握方向，猴哥性情、降妖伏魔，八戒耍滑、爱找门路，悟净敦厚、任劳任怨，师徒四人翻山越岭、涉水穿林，行十万八千里，耗一十四年，经宝象国、乌鸡国、车迟国、西梁女儿国……，历九九八十一难，终达圣地西天，才捧回真经而修成了万世正果。这就是相互"补短"。

因此，选用干部应该在辨识和认可被选用干部道德品质的前提下，配备能优势互补，敢打仗、能打仗、打胜仗的干部班子。这样一来，一项伟大的事业又何愁不会一直伟大呢？

于是，不由得想起了与司马光同处宋代的朱熹在《春日》一诗中所吟："胜日寻芳泗水滨，无边光景一时新。等闲识得东风面，万紫千红总是春。"

---

① 司马光.资治通鉴[M].北京：当代中国出版社，2001.

6.12　人力资源部门的新使命

近日读史，发现中国古代各朝都对反腐问题相当重视，不但手段严，而且策略多。

其一是严惩不贷——不敢腐。

如战国时齐威王田因齐，曾问责一位让田野荒芜，致百姓贫苦，却只知贿赂君王身边官吏以求得赞誉的阿城大夫，"是日，烹阿大夫，及左右尝誉者比并烹之"①。此举令齐国上下震惧而得以大治——对内，官员们从此恪尽职守、诚实做人，再不敢文过饰非；对外，周边各诸侯国在二十多年里再不敢滋扰冒犯、出兵侵略齐国了。

又如明太祖朱元璋于洪武十八年（公元1385年）下诏"……尽逮天下官吏之为民害者，赴京师筑城"；对贪污银子60两（当时可买60石大米，约等于九品芝麻官一年俸禄）以上的贪官，"枭首示众，仍剥皮实草"②，并将这种蒙了人皮的草人竖立于贪官所在地方的官府衙门或悬挂于当地的土地庙门外示众，让所有为官者胆战心惊，真正起到了杀一儆百的作用。

再如清世宗爱新觉罗·胤禛，对待贪赃枉法者，一旦查实，一是罢官，二是处斩，三是抄家——把贪官的家底抄个底朝天，连其亲朋好友的家也不放过。为此，爱新觉罗·胤禛常被后世一些人称为"抄家皇帝"。雍正十二年即公元1734年，"戊戌，河南学政俞鸿图以婪赃处斩，其父侍郎俞兆晟褫职"③。据传，俞鸿图是因其小妾贪财受贿万两银子被处以腰斩的，斩后并未立即断气，而是拖着半截身子痛苦打滚，用手指蘸血在地上连写了七个"惨"字后才慢慢死去。由此可见，雍正年间刑法之严峻。

其二是制度约束——不能腐。

如秦始皇嬴政统一六国之后，废除分封制，实行郡县制，"分天下为三十六郡，郡置守、尉、监"④，由皇帝直接任命，分别负责各郡的行政、军

---

① 司马迁.史记[M].北京：中华书局，1999.
② （清）赵翼著，王树民校证.二十二史劄记校证[M].北京：中华书局，2023.
③ 赵尔巽等.清史稿[M].北京：中华书局，2015.
④ 司马迁.史记[M].北京：中华书局，1999.

事和监察工作。其中,"监"即"监郡御史""监御史"或简称"御史",至中央一级则为"御史大夫"。御史或御史大夫分别主掌各郡或中央一级官员的监督检查,以及依据其廉政、勤政的考核情况提出任用、弹劾建议,有功者可获奖赏或升迁,而有过者轻则贬秩,重则刑罚。

又如汉武帝刘彻,于元封五年(公元前106年)对除三辅等七郡以外的冀、兖、青、徐、扬、荆、豫、益、凉、幽、并、交趾、朔方共十三州,"……初置部刺史,掌奉诏条察州,秩六百石,员十三人"[1]。派往各州的刺史"……以诏六条问事,非条所问,即不省。一条,强宗豪右田宅逾制,以强凌弱,以众暴寡;二条,二千石不奉诏书遵承典制,倍公向私,旁诏守利,侵渔百姓,聚敛为奸;三条,二千石不恤疑狱,风厉杀人,怒则任刑,喜则淫赏,烦扰刻暴,剥截黎元,为百姓所疾,山崩石裂,袄祥论言;四条,二千石选署不平,苟阿所爱,蔽贤宠顽;五条,二千石子弟恃怙荣势,请托所监;六条,二千石违公下比,阿附豪强,通行货赂,割损正令也"[2]。此"诏六条"当属中国历史上最早建立的相对严密、完整的地方监察制度,对封建王朝加强中央集权和治理腐败发挥了重要作用。

再如宋太祖赵匡胤在杯酒释兵权后,深恐去各州府任职知州、知府者手中的军、政权力过甚,于是在乾德元年即公元963年,"始置诸州通判……诏知府公事并须长吏、通判签议连书,方许行下",还赋予通判监察"所部官有善否及职事修废,得刺举以闻"[3]的职责。同年,为避免公卿大臣们在科举考试前以公荐之名行徇情选人之实,下诏禁止公荐,并规定凡是"官二代"科举考试合格的,均需复试一次。

其三是道德教化——不想腐。

如周公姬旦在平定"三监"及武庚发动的叛乱后,曾代表周成王姬诵对分封于殷的康叔姬封训话:"惟乃丕显考文王,克明德慎罚,不敢侮鳏寡,庸庸,祇祇,威威,显民。"[4]周公在这里对康叔说的是:只有你那英明的父亲文王能崇尚德教而慎用刑罚,不敢欺侮无依无靠的人,任用应该任用的人,尊敬应该尊敬的人,威慑应该威慑的人,以让人民了解他的治国之道。即治

---

[1] 班固. 汉书[M]. 北京:中华书局,1999.
[2] 见《汉书·卷十九上·百官公卿表第七上》中(唐)颜师古所注。班固. 汉书[M]. 北京:中华书局,1999.
[3] 脱脱. 宋史[M]. 北京:中华书局,1999.
[4] 王世舜,王翠叶译注. 尚书[M]. 北京:中华书局,2012.

国、理政，要以德教人，教而后刑，王权才能保住，人民才能安康，国家才能兴盛。

又如秦以后，历朝历代所备加尊崇的孔子，曾与子张有过一段对话："子张问于孔子曰：'何如斯可以从政矣？'子曰：'尊五美，屏四恶，斯可以从政矣。'子张曰：'何谓五美？'子曰：'君子惠而不费，劳而不怨，欲而不贪，泰而不骄，威而不猛。'……子张曰：'何谓四恶？'子曰：'不教而杀谓之虐；不戒视成谓之暴；慢令致期谓之贼；犹之与人也，出纳之吝谓之有司。'"[①] 孔子与子张的这段对话说的是，子张问怎样才可以从事政治，孔子说，尊崇五种美德，摒除四种恶政，这样就可以从事政治了。子张问五种美德指什么，孔子说，君子使百姓获利而自己并无耗费，让百姓劳作而他们并无怨恨，有欲望而不贪求，行为舒泰而不骄横，神情威严而不凶猛。子张问四种恶政指什么，孔子说，不先教育就施行杀戮的叫"虐"，不先告诫就要求成功的叫"暴"，政令前松后紧导致误期的叫"贼"，给人财物却锱铢必较的叫"小人做派"。孔子认为，从政、当官，要尊崇"五德"，摒弃"四恶"，不瞒上欺下，不贪赃枉法，不骄横暴虐，不搞阴谋诡计，具有远大的格局才行。

再如唐太宗李世民，于贞观初年即公元627年对王公大臣们说："人有明珠，莫不贵重。若以弹雀，岂非可惜？况人之性命甚于明珠，见金钱财帛不惧刑网，径即受纳，乃是不惜性命。明珠是身外之物，尚不可弹雀，何况性命之重，乃以博财物耶？群臣若能备尽忠直，益国利人，则官爵立至。皆不能以此道求荣，遂妄受财物，赃贿既露，其身亦殒，实可为笑。"贞观二年，他又对王公大臣们说："朕尝谓贪人不解爱财也。至如内外官五品以上，禄秩优厚，一年所得，其数自多。若受人财贿，不过数万。一朝彰露，禄秩削夺，此岂是解爱财物？规小得而大失者也。……且为主贪，必丧其国；为臣贪，必亡其身。"贞观四年，他再对王公大臣们说："卿等若能小心奉法，常如朕畏天地，非但百姓安宁，自身常得欢乐。古人云：'贤者多财损其志，愚者多财生其过。'此言可为深诫。若徇私贪浊，非止坏公法、损百姓，纵事未发闻，中心岂不常惧？恐惧既多，亦有因而致死。大丈夫岂得苟贪财物，以害及身命，使子孙每怀愧耻耶？卿等宜深思此言。"贞观十六年，他还对王公大臣们说："古人云'鸟栖于林，犹恐其不高，复巢于木末；鱼藏于水，犹恐其不深，复

---

① 陈晓芬，徐儒宗译注．论语·大学·中庸 [M]．北京：中华书局，2015．

穴于窟下。然而为人所获者，皆由贪饵故也。'今人臣受任，居高位，食厚禄，当须履忠正，蹈公清，则无灾害，长守富贵矣。古人云：'祸福无门，惟人所召。'然陷其身者，皆为贪冒财利，与夫鱼鸟何以异哉？卿等宜思此语为鉴诫。"① 唐太宗以这种谈心式的廉政教育，语重心长，动之以情、晓之以理，使廉政思想深入官吏心中，起到了很好的道德教化的功效。

若让昔日之阳光照耀今日的院落，我以为，当下之企业反腐，应成为人力资源部门的新使命——要形成反腐的惩戒力、防腐的约束力和拒腐的引导力。

也许有人对此有某种疑问：企业不是已有内审部门，甚至已有纪检监察部门在抓反腐一事吗？

没错，但仅有这些部门抓反腐是不完整、不全面的。因为腐败，无论是干部腐败还是员工腐败，也无论是党员腐败还是非党员腐败，归根结底都是人的腐败，而人力资源部门正是全面负责对人的管理的职能部门。所以，其抓反腐，责无旁贷。

就形成反腐的惩戒力而言，企业的人力资源部门当然无法出台严刑峻法来惩治贪腐之人——不光企业的人力资源部门做不到，企业所有的部门，甚至是整个企业也做不到。企业人力资源部门可以做的，就是依据企业的规章制度，对贪腐之人予以警告、严重警告、记过、记大过、退赔、罚款、降薪、降级、停职、免职、清退、开除等企业处罚；对其中已构成刑事犯罪的，移送司法机关，由司法机关予以批捕、公诉、判刑等司法严惩。

其结果，可大力提升企业内"不敢腐"的震慑效应，让已有贪腐本不想收手的人，能够出于对惩罚的恐惧而害怕再次染指半分，使尚未贪腐但存有觊觎之心的人，能够因为敬畏而不敢越过雷池一步。

就形成防腐的约束力而言，企业的人力资源部门可以做的，就是强化反腐倡廉的机制建设和完善各项反腐倡廉的制度规定，建立能褒奖拼搏有为的上进者之举、鞭挞胡作非为的落后行径的干部员工考核、评价体系，以及问责制度、处分条例、纠风规定等，堵塞制度漏洞，有效挤压权力腐败的空间，防止"灰度"或"空白""死角"问题泛滥，不断强化制度的约束力和执行力，形成靠制度管事、管人、管权的长效机制，以保证企业"政令"畅通、组织健全、职责明确、作风正派、机制落实，使所有经营活动都暴露于阳光之下，让

---

① 骈宇骞译注. 贞观政要 [M]. 北京：中华书局，2022.

一切自私龌龊的行为无处藏身、难以逃遁。

其结果，可使企业内"不能腐"的机制与制度笼子更加牢固，强化执纪、执法效能，深化作风建设，推动反腐倡廉的各项规定制度落地生根，让干部员工在防止腐败的机制与制度面前无法造次、不能妄为。

就形成拒腐的引导力而言，企业的人力资源部门可以做的，就是广泛组织各种谈话谈心活动，以及各类主题教育，打造干部员工正确的世界观、人生观、价值观，用企业优秀的传统文化自昭明德、强根固本，用"不忘初心、牢记使命"的火炬照亮每一位干部员工前进的方向，以思想、信念、意志上的清醒，保证经营活动中赋权用权和拒腐防变的清醒，以建立良好的政治生态、思想生态、作风生态。

其结果，可明显增强企业内"不想腐"的思想自觉，教化于心、律己于行，推动他律向自律转化，自律再向自觉升华，扬大德、守公德，坚守人间正道，让干部员工因信仰觉悟、道德修养而自立、自强，以形成求真务实、清正廉洁、团结奋斗的企业风气。

显然，"不敢腐"的惩戒力、"不能腐"的约束力和"不想腐"的引导力，三者是相互联系、相互依存、相互促进的有机整体，企业人力资源部门应统筹兼顾，综合发力，才能在履行这一新使命中大有作为。

第7章 财务管理

7.1 财务管理的本质

财务管理是一个庞大、繁复的体系，通常会涉及企业的筹资活动、投资活动、经营活动和收益分配活动等若干领域，而每一领域又有若干分支和很多节点。譬如，筹资活动可以划分为权益性筹资和负债性筹资，而权益性筹资还可以划分为私募型的直接吸收投资、公募型的发行股票或配股，以及用企业留存收益转增资本等不同的筹资方式，而每一种筹资方式又都包括筹划、概算、精算、方案批准、（对外）公告、资金流入流出、账务处理、编制和出具会计报表等。所以，在企业里常常可以见到不少负责财务管理的人整天忙忙碌碌的身影。

那么，庞大、繁复的财务管理的本质是什么呢？换句话说，把握住了什么关键点，就可以将财务管理庞大、繁复，看似"一地鸡毛"的工作变得清晰起来，并使人知晓其存在的或普通或伟大的意义呢？

传统的政治经济学理论认为：由劳动者、劳动工具（机器、仪表、土地、房屋等）和劳动对象（原材料、零部件等）构成的生产力，是推动社会进步的巨大力量。资金本身虽然不是生产力，但其通过雇佣劳动者、购置或租赁劳动工具和购买劳动对象，可以转化为生产力。

如何才能让资金转化为更多、更大、更先进的生产力？

一是计划。要对筹资、投资、经营和收益分配工作进行筹划，确定预算总基调和预算大纲，编制总体预算和专项预算，提出未来要达到的目标、实现目标的路线图和时间表，以及相应的保障措施等。

二是组织。要建立、健全筹资、投资、经营和收益分配工作的财务管理制度体系，搭建负责财务管理的相关组织架构，明确相关部门的职责和各岗位的职责，确定各岗位的责任人等。

三是指挥。要对承担筹资、投资、经营和收益分配工作的相关部门和责任人布置工作、分解任务和下达工作指令等。

四是协调。通过沟通协商，让承担筹资、投资、经营和收益分配工作的相关部门之间、责任人之间，以及企业其他资源之间消除分歧，最大程度地保持统一与和谐，形成合力。

五是控制。要对筹资、投资、经营和收益分配工作的计划执行情况，包括过程和结果进行检验和分析，对出现的问题及时进行调整，并对相关部门和责任人予以必要的奖惩。

这些就构成了财务管理的本质——对企业的资金进行有效的管理，即围绕企业筹资活动、投资活动、经营活动和收益分配活动中的资金运动，进行计划、组织、指挥、协调、控制，使相对有限的资金发挥出对企业价值创造的最大的作用。

7.2　与业务部门最"亲"的职能部门当属财务部吗

"太阳最红，毛主席最亲，您的光辉思想永远照我心。春风最暖，毛主席最亲，您的光辉思想永远指航程……"在二十世纪七八十年代，这首红歌曾经传遍了大江南北，家喻户晓，妇孺皆知。

而对一个企业来说，我以为，与业务部门最"亲"的职能部门当属财务部。

缘何有此一说？

因为所有的职能部门都承担着对业务部门或其他职能部门的服务、支持和监督三项职能，只不过财务部在承担这三项职能方面的表现往往要更胜一筹罢了。

就财务部门对业务部门的"服务"来说，会涉及业务部门的预算评审，业务项目的财务可行性评审，采购、销售合同等的财务条款评审，日常费用报销，业务项目费用列支，预付款和采购款项支付，预收款和销售货款开票、结算，提供业务部门预算完成进度报告、存货明细报告、应收款（尤其是逾期应收款）情况报告，以及出具企业会计报表和企业资信证明，等等。通常，财务部门的这种"服务"应体现及时、热情和无差错的特点。

就财务部门对业务部门的"支持"来说，表面上是财务部门在协助业务部门开拓业务，而实际是财务部门自身通过业务部门参与了业务活动，是财务部门透过业务部门对供应商、客户等做出的一种"支持"的行为。这包括对供应商、客户等的资信情况进行评审，为供应商、客户等提供商业信用工具，为供应商、客户等的债务融资提供征信帮助，等等。通常，财务部门的这种"支持"，应做到主动、周到、无空白和无死角。

就财务部门对业务部门的"监督"来说，容易使人产生某种疑惑："服务""支持"可称得上"亲"的表现，但"监督"难道也能算是"亲"吗？答案是肯定的。监督一般会以一种严肃、严谨，甚至严厉、严苛的方式方法，监视被监视者是否存在违章、违纪，甚至违规、违法的行为；督促被督促者切实履行合同、计划，或者及时纠正偏差、改正错误，并能够亡羊补牢、防微杜渐，就此远离失误或失败的陷阱。显然，财务部门的这种监督最终还是为了业务部门好。这就如旧时私塾先生手中对无赖学生扬起的戒尺，或者像当下一些"虎爸""虎妈"口里对顽劣子女发出的呵斥一样，实际仍是一种"打是亲，骂是爱"的体现吧。

所以，财务部门对业务部门的"监督"，在于及时发现业务部门出现的资金问题、财务问题和履职尽责问题，并通过提醒、告诫、警示，直至采取中止资金支付、冻结资产账户等手段，强化对业务部门行使业务权力的依据、过程和结果的监督，确保业务部门的权力在哪里运行，财务部门的监督就在哪里出现，以促使业务部门在业务活动中能够遵纪守法、自律勤勉，不渎职、不贪腐，少犯错误，直至不犯错误。

7.3　让预算成为企业年度经营工作的定海神针

预算是企业战略的一种短期化（通常为一年）的具体体现，是企业围绕主要的财务指标拟定的年度经营计划，是保证企业年度经营工作能够持续、稳定、健康、有序进行的定海神针。

没有了预算，企业的经营工作就失去了前进的目标和努力的方向，员工就没有了认识上的客观性和工作上的主动性，企业就可能按下葫芦起来瓢，也可能在市场强敌面前七零八落、溃不成军。

预算不是单一的行为，不是只拿出几张纸的一份所谓的预算报告就万事大吉了，而是一个完整的行为过程，不仅涉及预算编制，还涉及预算实施、预算控制和预算调整等环节，是一个类似 PDCA 的程序链。

预算编制中的关键步骤，一是由企业预算委员会或企业经营层明确预算的总基调，是采取效益优先的总基调还是采取规模优先的总基调，或是采取积极、进取、稳健的总基调，还是采取审慎、防御、收缩的总基调等；二是由企业预算委员会或企业经营层提出预算大纲，包括年度预算覆盖的范围、预算指标体系和对指标值的总体要求、预算编制的时间进度安排等内容；三是由企业预算办公室或财务部门确定一定的预算编制方法以确定具体的指标值，是采取定期预算法还是采取滚动预算法，是采取增（减）量预算法还是采取零基预算法，是采取固定预算法还是采取弹性预算法等；四是由企业预算办公室或财务部门提出完整的预算草案并经相关质询、修改和论证后形成最终的预算方案；五是经企业决策机构审议、批准后，在每年年初将预算下达至各预算承担单位和相关部门。

预算实施中的关键步骤是对下达的预算予以严格实施，包括由预算承担单位的业务单元组织、开展经营活动，由财务部门进行财务收支核算、结算和资金调配，由人力资源部门进行人力资源配置，由审计监督部门组织预算的事中和事后审计，由业绩考核部门以预算的某些关键指标和指标值作为业绩考核指标和指标值，制订业绩考核制度和具体的业绩考核计分办法，组织签订业绩考核责任书并开展业绩考核，最终根据业绩考核成绩进行奖勤罚懒等。

预算控制中的关键步骤，一是由预算承担单位定期（每月或每季）组织预算实施分析例会，肯定成绩，找到问题，提出下一步工作要求；二是由企业预算办公室或财务部门对预算实施情况进行综合分析，发现问题，提出解决问题的措施、建议，形成定期（每月或每季）预算实施分析报告；三是经企业预算委员会或企业经营层同意，由企业预算办公室或财务部门对预算承担单位在预算实施中出现较大偏差的予以提示，对出现严重偏差的予以警示，直至要求其暂停费用开支和大额资金占用，限期完成整改，使预算实施重回正常的轨道。

预算调整中的关键步骤，一是对预算进行全面的、根本性的整体调整——基本上等同于重新编制预算，由于其将影响企业年度整体的经营工作，事关重大，因此，原则上不允许轻易对预算进行整体调整，至少不应在预算实施已超过半年之后再进行整体调整；二是对预算进行部分的、非重要性的局部调整——在保持原有预算指标和指标值基本不变的前提下对原预算进行的部分调整，由于其无碍企业年度整体的经营工作，因此，局部调整只需在授权范围内，由预算承担单位填报预算局部调整变动审批表，经企业预算办公室或财务部门审核同意后即可实施。

把握了预算编制、预算实施、预算控制和预算调整中的这些关键步骤，预算方能成为企业年度经营工作的定海神针。

7.4 影响企业重组成败之关键

企业重组是企业间的一场兼并或收购活动。善意的企业重组是在平等自愿的基础上，某一企业法人以一定的支付方式（国有企业间特定的无偿划拨方式除外），如支付现金、股票、债权等，取得另一企业法人产权的行为。

企业开展重组的理由往往不同。如，对与自身存在市场竞争关系的企业实施重组，即"消灭异己"——吃掉或控制竞争对手，以减少市场竞争压力，甚至赢得一定程度的市场垄断地位；对上下游企业实施重组，即"拓展产业链"——实现产业链资源优化配置、组织一体化经营，以获取更大的规模经营效益；对新业务领域的企业实施重组，即"开展多元化经营"——既可以降低自己原有的相对单一业务的经营风险，又可以利用已在新业务领域耕耘的他人的成熟经验与既有优势，使自己能够快速切入该新业务领域；对价值被低估的企业实施重组，即"捡个大便宜"——重组那些因管理不善、人才流失、现金流断裂等原因重组前后的资产价值可能存在巨大差异的企业，并在重组后的适当时机出售这些企业，以赚取由前后资产交易所带来的直接的重组收益……

尽管企业重组的动机多种多样，但无论是对重组的企业整体来说，还是对被重组的企业单体来说，最终是否真的实现了收入增加和支出减少，才是企业重组成败之关键。

得出这一结论的理由在于企业基本的损益等式：利润＝收入－支出。显然，只有收入增加和支出减少，重组活动才会带来经营业务的盈利，也才会有企业资产价值的增值。

其中，以产业运营为目的重组企业，可能更关注重组所带来的超出预期的经营业务的盈利——最好是 1+1>2；而以资本运营为目的重组企业，可能更期待重组所带来的被重组企业的资产价值的增值——最好能增加几十倍、几百倍，但根本的前提仍是其收入增加和支出减少，是其经营业务盈利的持续提升。

另外，重组所带来的收入增加和支出减少的结果，应该同时出现为好——二者兼顾则成，偏废则败。如果某一重组只带来了单一的"收入增加"或单一的"支出减少"，则并不代表该重组已获得了成功。

譬如，在某一重组案里，重组后的收入同比重组前增加了 18%，而重组后的支出同比重组前没有减少而是增加了 22%，该重组案能称得上成功吗？在另一重组案里，重组后的支出同比重组前减少了 12%，而重组后的收入同比重组前没有增加而是减少了 14%，此重组案又能算作成功吗？

显然，都不能！

事实上，重组要做到减少成本费用，似乎并不难——大多数的重组活动都能够做到这一点。因为减少成本费用，毕竟更多地属于企业的内控事务，下点功夫，总能搞出点"节流"的名堂；相反，重组要做到增加营业收入，恐怕就要难得多——只有个别重组活动能够做到这一点。因为增加营业收入，更多地要涉及企业市场资源的扩张和市场能力的拓展，需要得到各方的通力配合，需要策划周密、布局巧妙、措施得当……才有可能确立"开源"的格局，而不是自己拍拍胸脯、喊喊口号，就可以轻易地左右外部世界了。

7.5 企业并购中的盲点

企业并购行为很常见。小公司或存续时间不长的企业姑且不算，单就"世界500强"或存续时间在二十年以上的企业来说，没发生过并购行为的当属凤毛麟角。

有一些企业热衷于并购。可以说它们就是专为"买卖"企业而生的——企业在它们手里很多时候就像时髦女人眼里的一件衣服，喜则翻手而来，厌则覆手而去，如一些股权投资企业或资产管理企业，像美国的黑石公司，日本的软银集团，中国的华融资产、东方资产等。

还有一些企业也会涉及并购。它们或者因采取多元化战略而希望通过并购来进入新的业务领域，如美国的通用电气、韩国的三星电子、中国的华润集团等；或者因暂时遭遇经营困难而企盼通过并购来出售自己的某些业务，如在21世纪初期美国的摩托罗拉、加拿大的北方电讯、芬兰的诺基亚等。

在企业并购行为中，并购方企业要明确的事情不外乎"为何要买""买入哪一企业和哪些业务""花多少钱买""采取何种支付方式"等；与此相反，被并购方企业要明确的事情不外乎"为何要卖""卖出哪一企业和哪些业务""要多少钱卖""接受何种支付方式"等。这些与资产、负债、业务、技术等相关的"硬、实"的事情往往不会成为企业并购中的盲点，因为它们不可能不受到并购各方的关注和重视，只要并购各方不冲动、不头脑发热，均本着客观、审慎、实事求是的态度，相向而行、稳步推进，许多"硬、实"的问题最终都可以得到解决。

那企业并购中的盲点是什么呢？

依我看，成为企业并购中的盲点的是两件常常得不到关注和重视，甚至被完全忽略的所谓"软、虚"的事情，即队伍建设和企业文化融合。

恰恰是这两个看似"软、虚"的问题，最终成了企业并购成功与否的关键。许多企业并购失败的案例，几乎都是在两个问题上栽了跟头——并购方企业开始时是踌躇满志、意气风发，到头来却是丢盔卸甲、铩羽而归；而被并购方企业开始时是如获至宝、喜出望外，到头来却是得不偿失、人去楼空。

盲点之一是队伍建设。主要的问题是，团队尤其是核心骨干团队是否具备，人才队伍建设是否适应并购后企业发展的步伐。

企业是企业人的集合体。别说是被并购方企业，就是并购方企业，如果没有人，没有合适的人，没有勇于创新、敢于担当和不惧困难挑战的人，什么任务目标都无法完成，一切就都是空话。所以，并购方企业要对被并购方企业的人员情况进行全面梳理，尤其要了解其核心骨干人员的数量和质量是否满足企业短期和中长期经营的需要；缺口如何弥补，是通过内部选派，还是采取外部招聘；外部招聘的把握有多大，风险如何防范；对从外部招聘来的人，怎样培训、培养，使之能够尽快地融入企业团队；……所有这些，都要做到心中有数，都要提前做出部署和安排。

盲点之二是企业文化融合。要思考企业精神（核心价值观）、企业愿景（神圣使命）、企业经营管理理念（行为规范和作风习惯），以及制度体系等是方枘圆凿、冰炭不洽，还是能够和谐统一、共生共进。

企业文化是一个企业的魂魄，这对并购各方来说都是如此。如果并购各方的企业文化差异过大，或者在并购后的企业中存在不同的企业文化，或者表面上看被并购方企业的企业文化已经统一到了并购方的企业文化之中，实则仍是"各念各的经""各唱各的调"——并购各方的企业文化都在暗中发挥着"魂魄"的作用，这样的企业并购行为肯定用不了多久就会走到尽头。所以，并购方企业要对被并购方企业的企业文化进行系统研判，除非认定其是一种病态消极、低劣落后的企业文化，否则就应保留其合理部分，摒弃其不合理部分，使之与自身的企业文化全面对接，并最终形成统一的，健康向上、优秀进步的企业文化。

要解决企业并购中的盲点问题，一是要精心组织，搭建项目推进工作组；二是要将企业并购后的公司名称、经营范围、法人治理结构及关键岗位的人事安排、薪酬和业绩考核体系、财务及并表要求、品牌商标适用要求、企业文化建设要求等重大事项载入相关制度文件并生效；三是要切实执行，包括抓好人员选派、招聘、培训、培养、考核、激励，企业文化的统一宣贯，以及对原有制度体系的"废、改、立"或新的制度体系的全面导入——含企业文化、战略管理、组织架构、人力资源、财务管理、市场营销、产品研发、生产运营、信息化制度，等等；四是对企业并购的执行情况进行分阶段核查和最终核查；五是对企业并购进行客观、公正的后评估，并按照后评估结论做好项目整改或收尾工作。

诚然，企业并购行为中的队伍建设和企业文化融合的事情，以及其他的与资产、负债、业务、技术等相关的事情，更多地应由并购方企业负责，但被并购方企业也不是"事不关己，高高挂起"，而应该在并购前做好配合，在并购中做好交接，在并购后做好善后，"扶上马，送一程"，以保证企业并购最终得以顺利、圆满完成，给并购各方都送去企业并购丰收的福音而不是企业并购失败的苦果。

7.6 热衷于投资的福兮祸兮

在二十世纪八九十年代，喜欢"对缝"①的企业或个人曾多如牛毛；而眼下，热衷于投资的企业或个人又比比皆是。

一次搭乘京沪高铁，一位坐在我后排的女士一上车就开始给她的下属打电话："我昨晚看了报告，这几个产业项目都不错。你们投资部要全力推进，抓紧与对方谈，争取早签协议……。钱不是问题，一会儿我就给孙总打电话。可以从经营资金里挤出一些来。实在不行，还可以走贷款……"

她放下电话没多久，我邻座的男士——一位脖子上挂着金链子，嘴里嚼着口香糖的家伙又打起了电话："三哥，是三哥吗？你们怎么样啊？……我挺好的，最近这不是一直在弄那个'××贷'嘛……全是小额的，单笔100块，50块也行，就一个点的息，快贷快还，势头还不错……我看，你们也可以干，不要老盯着现在的厂子，一年也赚不了几个钱，有啥劲啊？……"他打电话的声音很大，而且一直持续到这趟高铁驶入上海虹桥站。

为什么企业或个人今天会如此热衷于投资？

我想，大概有这样一些原因吧。

一是时代使然。人类已走过了蒸汽时代、电气时代，正全面进入信息时代——包括计算机时代、网络时代、人工智能（Artificial Intelligence，AI）时代和万物互联时代，金融、教育、科研、咨询、文旅、体育、医疗、养老等服务业，以及各种网络经济、虚拟经济等新型业态此起彼伏，不断崛起，为全社

---

① "对缝"，指在市场上以"皮包公司"等方式"倒腾"物资从而凭空获取价差收益的行为。

会提供了无数的、新的投资机会;同时,中国不断深化的改革开放政策和具体措施,使投资体制和竞业限制等全面放开,极大地激发了来自国内或国外的、政府或民间的、国有或私有的投资者的投资热情。

二是资本的特征和项目的特点所致。资本的本质是逐利,而已有的项目,尤其是产业类项目,普遍资产重、产程长、人员多、物耗能耗大、环保要求高、进入或退出困难,已很难再找到"蓝海"[①],偶尔碰上个"红海"[②]就已不错,基本上都是在"黑海"[③]中挣扎,其盈利水平都很低,甚至亏损,不可能满足资本的盈利性要求;只有新项目,尤其是非产业类项目,往往资产轻、产程短、人员少、物耗能耗小、环保要求低、进入或退出相对容易,新奇、新颖、新潮,可能产出富有划时代意义的创新成果和超额收益,有可能使介入其中的资本赚得盆满钵满,自然也就容易受到各种资本的追捧。

三是投资者的贪婪心理作祟。不少企业或个人总是这山望着那山高,并不安心在已有的项目尤其是产业项目上精耕细作,认为经营产品或服务是一件费力不讨好的差事,做起来太难,也太累、太苦,只想着一锄头挖出个金娃娃,希望通过投资方式,靠直接买卖资产或买卖企业而快速获利,甚至可以一夜暴富、一举成名,幻想着可以"一度春风至,归去马蹄香",于是就有了各种名目的基金公司、投资公司等在这片土地上不断涌现出来。

那么,热衷于投资是福还是祸呢?

我认为,这不能一概而论。

是祸吗?如果能够对投资项目进行全面、严格的尽职调查并开展客观、公正的技术经济分析、队伍建设分析和企业文化融合分析,再审慎、冷静地做出投资决定,投资的风险就会显著降低,而投资的成功率则会明显提高。这时,热衷于投资就是福而不是祸——因为能够发现"蓝海"在什么情况下都是一桩天大的好事。

是福吗?如果只是敷衍了事或先入为主,不能够对投资项目进行全面、严格的尽职调查并开展客观、公正的技术经济分析、队伍建设分析和企业文化融合分析,就轻率、盲目地做出投资决定,投资的成功率就会显著降低,而投资的风险则会明显提高。这时,热衷于投资就是祸而不是福——因为"蓝海"往

---

① "蓝海",指未被开发或基本未被开发、进入者少、竞争性弱、增长空间很大的市场。
② "红海",指已被开发、进入者多、竞争性强、增长空间不大的市场。
③ "黑海",指已被完全开发、进入者过剩、竞争极为惨烈、无任何增长空间的市场。

往可望而不可即，能够跳出"黑海"到"红海"，并尽可能地延长自己在"红海"里的寿命就当属不易了。

塞翁失马，焉知非福？塞翁得马，焉知非祸？热衷于投资究竟是福是祸，全看管理者的揣度、判断，以及如何去操作了。

7.7　在投资项目失败时的上上之策

投资项目不可能个个成功，都能达到项目可行性研究报告，或别的什么结论性的报告的预期。究其原因，可能是客观因素如市场需求、技术进步、成本费用等发生变化，可能是主观因素如干部队伍建设、激励政策实施、后勤服务保障等无法落实。当然，也许是主客观都存在问题，或者是当初就对主客观的预测、估算出了偏差……

此时，应该对项目进行必要的调整和改进。但如果项目最终仍无法达到预期的目标，则标志着该项目已失败。

我认为，在投资项目失败时的上上之策，应该是"三十六计，走为上计"[1]，即"跑""快跑""撒开脚丫子跑"……，而这种"跑"，如果换一句不太体面的话讲，其实就是逃。

在投资项目失败时的"跑"，大体有以下几种方式：或者是对外转让项目，即把项目涉及的所有东西，如资产、团队、业务、成果等，统统打包出售；或者是只对外转让资产或对外出租资产，包括有形资产和无形资产；再不就是直接对项目进行清算、撤销，即对资产做报废或变现处置，对人员实行并转、安置或解聘、辞退……

这样做，看似有几分凄凉、惨淡，但比起一条路走到黑，最后让项目彻底灰飞烟灭，结果还是要好了很多。

在投资项目失败时选择"跑"，至少有这样一些意义：不安于宿命的安排，可以及时止损，尽可能地减少投资损失，保留了剩余资产和重出江湖的机会等；不再自我催眠，便于深刻思考，从失败中吸取教训，搞清楚成败得失，

---

[1] 陈曦，骈宇骞译注. 孙子兵法·三十六计 [M]. 北京：中华书局，2016.

知道哪些事情能干、哪些事情不能干、如果干，该由谁来干，又该如何去干；更有利于休养生息，恢复元气，重拾信心，策马扬鞭，以图新时代，再塑新河山……

所以，作为管理者，千万不要低估、贬低了"跑"这种行为的意义。

正所谓"有一种失败叫胜利""有一种撤退叫进攻"，而无论把失败和撤退叫成什么，作为一个管理者——应该也算作一个智者吧，都应该理性地、从容地去面对"跑"。

7.8 企业上市之利弊

企业多种多样，有大企业和小企业，有制造企业和服务企业，有实体企业和虚拟企业，有传统企业和高新技术企业，还有上市企业和非上市企业……

别的先不说，为什么有的企业热衷于上市，对上市趋之若鹜，极尽追逐之能事，而有的企业拒绝上市，对上市充耳不闻，就像碰到了一场瘟疫早就避之不及、逃之夭夭了？

俗话说"无利不起早"。照此说法，企业选择上市还是选择不上市，全在一个"利"字——当有利或自认为有利时，企业往往选择上市；当无利或自认为无利时，企业常常选择不上市。

其实，世间一切事物均有正反两面，有利就有弊，上市或不上市也是如此。

那么，企业上市之利弊究竟有哪些呢？

就上市之利而言，一是可扩大企业融资的渠道和规模。通过首次公开发行（Initial Public Offering，IPO）和后续的增发、配股，既可以拓展公司股权融资的渠道，使公司获得充足的资本金，又能缓解公司由债务融资带来的偿债压力，为公司的发展提供源源不断的资金资源，夯实公司发展的基础，增强公司发展潜力与发展后劲。二是可提升企业声誉。通过募股宣传、信息披露、业绩公告、召开股东大会等形式，可以增强上市公司的社会影响力，提高上市公司的知名度和美誉度——前提是上市公司有正向的业绩表现而不是相反，在增加上市公司的无形资产的同时，提高上市公司提供的产品或服务的市场竞争力，使上市公司获得更多的市场机会。三是可完善企业法人治理结构。通过推进上市公司建立规范的经营管理机制，减少企业内部原有的不合理的人为控制，使上市公司能够以市场为导向开展各种经营管理活动，不断提高自身的经营管理水平，能以世界一流企业为标杆，持续提升上市公司的运行效率和运行效益，使其努力成为国内甚至国际的行业排头兵。四是可巩固企业作为经营平台的地位。通过上市实现股权多元化以后，原来的大股东所持有的企业股权被稀释，其所持股份往往不再大于50%，也就不再具备可以左右上市公司重组、兼并，甚至做出撤销、解散决定的权力[1]，使上市公司得以长时间地保留企业法人地位，能够持续开展自己相对独立的经营活动。五是可推进企业开展中长期激励工作。通过以上市公司的股价、市值等作为资产评估、业绩考核和制订激励政策的依据，对上市公司管理层和核心骨干员工开展限制性股票[2]、期股[3]、期权[4]等中长期激励会更加容易和合理。六是便于企业或股东开展资本运营活动。通过以上市公司的股价、市值等作为资产评估、股票作价的依据，上市公司或股东能以股票作为支付、换股等方式，对外开展收购、兼并活动，股东也能对外转让所持有的上市公司股票而变现来开展其他的经营活动，从而增加向更为广阔的市场拓展的机会。

就上市之弊而言，一是企业运营成本，尤其是财务费用会明显提高。在企业上市之前发生的给中介机构的承销费、律师费、评估费、审计费和顾问费等上市费用，会作为企业的开办费用、待摊费用等在未来的上市公司中列支；在企业上市之后，每年的财务报告审计费和在媒体上披露信息的宣传费，以及

---

[1] 按照2023年12月29日第十四届全国人民代表大会常务委员会第七次会议第二次修订的《中华人民共和国公司法》，股份有限公司的股东大会作出修改公司章程，增加或者减少注册资本的决议，以及公司合并、分立、解散或者变更公司形式的决议，必须经出席会议的股东所持表决权的三分之二以上通过。

[2] 指经企业与被激励者商定并经公司股东大会批准，被激励者能够获得企业赠予的一定数量的公司股票，但须在满足一定的限制条件后（如实现企业和个人业绩目标、达到一定的年限等），才能够以市场价格出售相应的公司股票而获益。

[3] 指经企业与被激励者商定并经公司股东大会批准，被激励者能够以某一确定的公司股票的价格，并通过个人向企业贷款，用当期奖金或年薪中的一部分等购买一定数量的公司股票，但须在满足一定的限制条件后（如已偿还企业贷款、实现企业和个人业绩目标、达到一定的年限等），才能够以市场价格出售相应的公司股票而获益。

[4] 指经企业与被激励者商定并经公司股东大会批准，被激励者在满足一定的限制性条件后（如实现企业和个人业绩目标、达到一定的年限等），能以某一确定的公司股票的价格购买一定数量的公司股票，并能以市场价格出售相应的公司股票，即"行权"而获益。

独立董事津贴、董事会和股东大会费用等也是一笔比非上市企业要多得多的开支。二是企业信息披露受到证监会、股票交易所的严格监管，以及广大股民的时时监督。上市公司在进行信息披露时，必须保证所披露信息的真实性、准确性、完整性、及时性和公平性，如在信息披露中存在违规违法行为，上市公司及其董事、监事、高级管理人员等将受到相应的行政处罚，甚至受到相应的法律严惩。三是大股东对上市公司的控制力，会随着其所持上市公司股份的减少而降低。大股东不能再搞一言堂，上市公司的重大经营决策，以及通过修改公司章程，增加或者减少注册资本，公司合并、分立、解散等重大事项的决议，必须履行董事会、股东大会的审议、表决程序，必须保证所有股东，尤其是小股东的合法权益不会遭到侵犯。

我以为，凡此种种利弊的根源，就在于非上市企业与上市企业具有不同的企业属性。

前者往往是产业资本独自构成的企业，也被称作"私人企业"，其股权集中在一人手中或由若干股东所持有，为有限责任公司。

在这样的企业里，讲求的是"人资两合"，既要考虑资本、股权的作用，也要考虑"人合"的因素——股东间要"对脾气"，兴趣相投、志同道合且亲密无间。即便产生了不同的想法，某一股东想分道扬镳、另图他就，转让股权也必须优先转让给原股东。

这样的企业，其资本金相对紧张，资产结构不甚合理，内部治理结构不尽完善，人为控制的地方多，暗箱操作的痕迹不少，无对外进行信息披露的责任与义务，即使进行披露也大多不及时、不全面、不准确，甚至不真实、不公平，也不需要支出大把的上市费用和每年的审计费、宣传费，以及（独立）董事津贴、董事会和股东大会费用等。企业成也好，败也罢；取得佳绩也好，出现劣迹也罢；是短期行为也好，是中长期发展战略也罢；……全在于数量有限的股东的"自说自话"，是私人企业自行决定的，与资本市场无关，与社会无关。

而后者则是产融资本相结合的企业，也被称作"公众企业"，其股权已高度分散，为众多的股票市场的股东所持有，即便有大股东，其所持股份通常也不再大于50%，对企业不再具有控制力。

在这样的企业里，讲求的是"单一资合"，"人合"的因素已无影无踪，只剩下资本因素，"资合"为上，由公众的资本来决定一切。谁要想成为控股股东，只能在股票市场上收购他人持有的股份，而且需要多次举牌、持续披露。随着股价的"水涨船高"，其收购行为即使付出极大的代价，仍很难取得成功。而企业要想赎回已发行的全部股份，需要履行一系列内外部的审批或核准程序，赎回的进程大多困难重重，实际完成赎回的可能性并不大。

这样的企业，其资本金相对充裕，资产结构基本合理，内部已建立完善的治理结构，减少了人为控制，不再搞暗箱操作，会严格履行信息披露的责任与义务，且进行披露时须做到真实、全面、准确、及时、公平，自然也需要支出大把的上市费用和每年的审计费、宣传费，以及(独立)董事津贴、董事会和股东大会费用等。企业成也好，败也罢；取得佳绩也好，出现劣迹也罢；是短期行为也好，是中长期发展战略也罢；……全在于内外部股东，包括数量众多的小散股东的集体参与，是公众企业在证监会、交易所的监管下、在广大股民的监督下才能决定的事情，与资本市场有关，与社会有关。

因此，企业上市有利有弊。如确定上市有利或利大于弊时，企业应该选择上市；如确定上市有弊或弊大于利时，企业应该选择不上市。

对这个问题，你还需要纠结吗？

7.9 千万不要放松对"二金"的管控

在企业流动资产中，存货和应收账款常被称为"二金"。

既然属于流动资产，"二金"本该具有流动性好、周转期短、变现容易等特征，但事实恰恰与之相反——在许多企业，尤其是在那些产程较长的实体企业里，"二金"往往失去了这些流动资产应有的特征，成了类似长期股权投资、固定资产、在建工程等非流动资产，甚至最终成了企业眼中一堆毫无价值可言的"垃圾"，或企业手上一张永远也无法兑现的空头支票。

7.9.1 存货必为"垃圾"

企业或多或少总会有存货——在库、在产、在途或正常经营活动中由企业占用，但用于销售产品或提供服务所需的物资资产，包括原材料、零部件、半成品、产成品、发出商品等。

企业保有适量存货的好处，一是便于维持自身的均衡生产，二是能够及时应对市场上突然出现的客户需求。

企业拥有过多存货的坏处，一是降低了自身资金的偿债能力、盈利能力、支付能力和周转能力；二是在存货跌价时给自身造成巨额的资产减值损失。

世间，受大量存货的拖累，造成资金链断裂而破产或巨额亏损而退市的企业，往往体无完肤、伤痕累累，所见之人无不心惊胆战。

我认为，对存货问题视而不见，不加以管控，则存货必为"垃圾"。

该怎样管控？

一是应依据经济订货批量进行采购；二是采取"限额"采购和生产，譬如将每次的采购量和生产量限制在预计市场需求量的 1/12 或 1/24 以内；三是不考虑均衡生产策略，只在订单追随策略和弹性安排策略中做出选择，甚至干脆就采取订单追随策略——有订单才安排采购和生产。

这样一来，企业尽管可能无法获得保有适量存货的好处，但可以弱化或避免拥有过多存货的坏处。与后者造成的苦果比起来，前者带来的甜头也许就只是沧海一粟，可忽略不计了。

7.9.2　应收账款就是空头支票

企业或多或少总会有应收账款——销售产品或提供服务后，企业应向客户收取但尚未收取到账的款项。

企业保有适量应收账款的好处，主要是利用向客户提供的商业信用政策——在获得商品或接受服务后，客户可以延期支付或按一定比例分期支付款项，以增强自身销售产品或提供服务的市场竞争力。

企业拥有过多应收账款的坏处，一是降低了自身资金的偿债能力、盈利能力、支付能力和周转能力；二是在发生坏账时给自身造成巨额的资产减值损失。

世间，受大量应收账款的拖累，造成资金链断裂而破产或巨额亏损而退市的企业，往往遍体鳞伤、血迹斑斑，所见之人皆会不寒而栗。

我认为，对应收账款问题视而不见，不加以管控，则应收账款就是空头支票。

该怎样管控？

一是应建立动态管理的客户信用档案和客户信用数据库，依据客户的信用评级采取不同的赊销政策，如给予不同的信用期限（7天、15天、30天、3个月等）和不同的信用额度；二是对无信用档案和信用数据的客户，或信用评级很低的客户，概不赊账，必要时还应该"先款后货"；三是对应收账款，尤其是接近到期日的应收账款应及时安排清收；四是对逾期的和存在坏账风险的应收账款，采取包括法律手段在内的各种方法立即予以处置。

这样一来，企业尽管可能无法获得保有适量应收账款的好处，但就此可以弱化或避免拥有过多应收账款的坏处。与后者造成的苦果比起来，前者带来的甜头也许仅是九牛一毛，可忽略不计了。

7.10　该如何理解"现金为王"

在人们普遍的认识里，在山林中有老虎为王，在河谷里有鳄鱼为王，在天空中有秃鹫为王，在海洋里有鲨鱼为王，而在企业里，一直就有"现金为王"的说法。

现金是什么？

现金是企业资金的一部分，既包括库存现金，也包括银行存款（含支票账户和储蓄账户的存款）、银行汇票、银行本票以及其他货币类的资金。

现金来自企业的筹资活动（含权益性筹资和负债性筹资）、投资活动（含股权投资和资产投资）和经营活动的现金流入。当然，严格地说，是来自企业筹资活动、投资活动和经营活动的现金净流入。

现金为通用的交换媒介，价值量相对稳定，可随时进入流通环节以购买商品、支付劳务或偿还债务，具有更大的可接受性、更小的风险性、更高的流动性和更低的盈利性等基本属性。

现金既然属于企业资金的一部分，其作用就与企业总的资金的作用大同小异，也是偿债、支付、周转和盈利的作用。但相对来说，由于现金的基本属性，其发挥的作用常常体现在企业的偿债和支付方面。

那么，该如何理解"现金为王"？

我以为，在企业发展平顺之时，"现金为王"其实并不成立——现金不会或基本不会带来直接的资产价值的增值，是一种最不能"赚钱"的资产。现金必须参与资金运动，进入企业的生产经营过程并最终产生净现金流，才能体现其价值创造的作用，而这恰恰不是现金的长项。

同样，我以为，在企业遭遇危机之时，方显"现金为王"的本色。第一是现金可用以偿债，尤其是企业的短期债务，以避免企业陷入"一文钱难倒英雄汉""黑云压城城欲摧"的破产危局；第二是现金可用以支付，包括购买原材料，支付房租、水电费和人员薪酬等，以避免企业出现生产线停车待料、厂区车间被禁止入内、断水断电、员工讨薪等停摆事件；第三是现金可用以保本，只要留有一定的现金，企业就避免了血本无归，就保有了翻盘、重整旗鼓的机会。

据说"现金可用以保本"也是"股神"沃伦·巴菲特的观点。他曾说过，持有足够的现金，能令他感到舒服，不会在睡觉的时候感到担忧。但这并不意味着他喜欢将现金作为一种投资。在他看来，现金是无利可图的投资，但你总要有足够的现金，以避免别人可以决定你的未来。

显然，在他眼里，股票的上涨为其赚来的都是浮云，只有现金才能使其产生落袋为安的感觉。

所以，沧海桑田，并无不化之亘古，企业永远处于一个动态的发展过程之中，单纯的一帆风顺的发展是完全不可能的。这就要求管理者必须在企业平顺时的"利润至上"和企业危机时的"现金为王"之间做出选择。

是少留一些现金，还是多留一些现金？

关键看一家企业处于何种状态和一个管理者想要什么。

7.11 利润，是"算出来"的还是"干出来"的

利润是企业在一定时期内从事经营活动的综合成果，是企业经济效益的最终体现。

对企业来说，利润分为销售利润（毛利）、营业利润、利润总额、净利润和超额利润。前面四种利润的数据均会直接载于企业会计报表里的利润表中，

是利用"利润＝收入－支出"这一基本的财务会计公式计算所得,而最后一种利润的数据不会直接载于企业会计报表里的利润表中,是在计算得出净利润数据的基础上,减掉股东资本的市场化报酬而得到的。

因此,就各种利润数据形成的形式来讲,利润的确是"算出来"的。

但这种"算",并不是企业财务会计人员自己想当然的任意行为——可以想怎么算就怎么算,应遵循《会计法》《企业财务通则》《企业会计准则》和企业会计制度,必须符合持续经营、权责发生制、实质重于形式,以及客观性、相关性、清晰性、可比性、一致性、重要性、谨慎性、及时性等基本的会计原则。

在现实中,的确可以见到企业的某一笔收入或支出因财务会计人员的学识、经验或业务能力的不同,导致在账务处理和报表生成中得到不同的利润结果的情形。企业对某一类业务或某一个会计期间"计算"出的利润数据可能存在些许不同,但除非是人为故意,如处心积虑地做"假账",否则绝不会大相径庭。

譬如,某一类产品或服务的销售利润多了,则其他类的产品或服务的销售利润就可能少了——只计入了某一类产品或服务的销售收入,却把相应的销售成本记在了其他类产品或服务的名下。

又如,当期的产品或服务的营业利润多了,则未来期的产品或服务的营业利润就可能少了——只计入了当期的投资收益和资产处置收益,却未计入当期全部的投资损失和资产处置损失等;只计入了当期的销售利润,却未计入当期全部的期间费用(如未及时对在建工程予以转固,减少了当期的固定资产折旧费用;如将研发成果转化成了专利、软件著作权、专有技术、标准等无形资产,减少了当期的研发费用)。

再如,当期的利润总额多了,则未来期的利润总额就可能少了——只计入了当期的营业利润及营业外收益,却未计入当期全部的营业外支出。

所以,就各种利润形成的实质来讲,利润绝不是"算出来"的,而是"干出来"的。

该怎么干?

我以为,自然是回归"利润＝收入－支出"这一基本的财务会计公式,即开源节流——增加收入和减少支出,不断提高利润,以全面提升企业的经济效益。

增加收入的方式方法数不胜数。

如开展感情营销——无限贴近客户，洞察客户，与客户建立热络、亲密的朋友圈；销售计划要真实具体——细分市场，研判市场，因地制宜，差别对待；为客户创造价值——向客户提供与众不同，甚至独一无二的帮助和支持，使客户相信只有从你这里购买的产品或服务可以给他带来意想不到的价值增值；尝试饥饿销售——制造"缺货"、供不应求的情形，或反常规性地主动拒绝客户，反倒可能引起客户的重视，以获得更大的超预期的合同订单；不要以自己的成本来定价——记住，价格与成本没关系，只与市场接受度有关系，只要市场接受，价格则愈高愈好；不要总是降价，也试试涨价如何——看看哪一种价格策略的作用更大，是降价还是涨价可以带来更多的销售进账；充分利用客户的黏性——持续不断地挖掘客户的需求，千万不要忘记，上一次订单的结束就是下一次订单的开始；卖产品不如卖服务、卖系统，卖本地不如卖外地、卖国外——卖的数量越多越好，卖的"包"越大越好，卖的范围越广越好；该花的钱必须花——渠道费、广告费、销售人员人工费等，哪一项销售费用的边际贡献最大就加大对其投入的力度；等等。

具体是哪一种方式或哪几种方法，则需要管理者自己去判断、选择，去挽起袖子加油干了。

同样，减少支出的方式方法俯拾皆是。

如实行"零基预算"——不以前一期成本费用预算和过往的实际开支为基础，预算要一切从零开始，"花钱必须讲出理由""没有理由或理由不充分的不能列入预算"；预算应自上而下——预算通常是由上级提出预算总思路，再由下级编制预算和提出预算申请，最后交由上级审批的流程，但其中间环节往往会需要上上下下的博弈和妥协，预算中的水分很难挤干，所以，不妨试试由上级直接提出预算，下级只是负责执行预算的流程，结果往往会大不一样；不放过每一笔开支——即便是书报费、邮递费、印刷费……，虽然每一项都毫不起眼，但汇总起来就是一个不小的数目，况且节俭是企业的一种理念、一种价值评价标准，不在于花钱是多还是少，而是不该花的一分钱也不能花；让花钱不再容易——设置多个花钱的先决条件，或履行复杂的花钱审批流程，直至需要企业一把手亲自在费用申请单据上签字，使花钱者能够望而却步；将花钱的计划公之于众——企业里谁都认可"挣钱的人是英雄，而花钱的人是狗熊"的道理，所以，将花钱的计划提前予以曝光的行动，往往会吓退不少打算花钱的人；降低采购成本——千万不要放过自己当"上帝"而压低供应商价格的机会，应采取反向竞标，宣布采购限价，一个人唱红脸而另一个人唱白脸，甚至不惜以"谈崩""一拍两散"等对策来减少通常作为销售成本中"巨无霸"的采购成本；增加购买批次——多批次采购而减少单次购买的数量，以减少库存积压；压缩直接人工——裁撤非生产性人员，宁愿有人加班而不养闲人，宁愿签订季节性、临时性和短期性用工合同而不签订长期性用工合同；大刀阔斧地降低期间费用——推行轻资产经营，减少设备房产的折旧，对房租水电费、差旅费严格控制，对会议费、通信费、资料费、宣传费能砍就砍，宁愿减人加薪而不是增人不加薪，利用商业信用、延迟付款、减少应收和库存等降低资金占用成本；年年都要下狠手——做到持之以恒，坚持每一次和每一天、每一周……每一年不断地降低成本费用，始终把减少支出作为企业生命特征的最重要的部分；等等。

同样是那一句话：具体是哪一种方式或哪几种方法，则需要管理者自己去判断、选择，去挽起袖子加油干了。

7.12 税务筹划，也许是天堂，也许是地狱

对许多企业来说，税务筹划或许是一桩带有几分"高级"，又带着几分神秘色彩的事情。

税务筹划指企业在不违反税法和其他相关法规，以及税收优惠政策鼓励的前提下，通过对自身经营活动、投资活动等的涉税事项做出某些预先安排，以达到减免或缓征缴税而获取更大的企业收益的行为。

之所以说其"高级"，一是做税务筹划的企业需要拥有一支专业人才队伍——具体从事税务筹划的人员应当掌握必要的税法知识，熟悉相关的税收政策，并具备一定的专业经验和专业能力；二是做税务筹划的途径很多，不同的企业有不同的做法，哪些可做、哪些不可做、哪些适合、哪些不适合、哪些有意义、哪些意义不大，都需要企业展现自己的智慧，认真分析并做出判断和取舍；三是做税务筹划的企业需要拥有开展组织再造的决心和能力——能够配合税务筹划的需要，敢于对自身业务运营现有的组织架构、计划、流程等进行必

要的甚至大刀阔斧的调整，以通过税务筹划真正实现适当降低、部分免除或全部免除涉税费用的目标。

之所以说其神秘，主要是税务筹划通常会涉及企业的业务模式、收入、成本和费用结构，以及盈利水平等商业秘密，企业对此一般都讳莫如深，很难获知他人的具体做法和经验，尤其是其中可能还有利用税收中的空白地带、模糊地带，以打擦边球的方式规避缴税，甚至违法违规、偷逃缴税等问题，就更需要企业自己去拿捏和决断了。

从理论上讲，进行税务筹划可以从企业的一切商业活动入手，但那样往往事情太杂、头绪太多，做起来会是一桩费力不讨好的买卖。

应该从哪里切入，才可以让税务筹划事半功倍？

一是以能够明显降低税负比率的税种为切入点，优先选择起征点高、税基小、税率低、扣除项目多的税种进行税务筹划。二是以优惠种类多、优惠力度大的税收优惠政策为切入点，围绕用全、用足各种优惠政策来进行税务筹划。三是以纳税人类型为切入点，以不同的纳税人缴纳不同的税种为据进行税务筹划，如缴纳营业税与缴纳增值税的纳税人不同，而同样缴纳增值税的一般纳税人和小规模纳税人也不同，其计税方式均有差别。四是以企业不同的经营环节为切入点，比如在筹资环节，可利用债息在所得税前列支，而股息和股利只能在所得税后列支来进行税务筹划；在投资环节，可选择税收优惠大的地区进行投资布点，包括新建、扩建企业，或收购、兼并当地的亏损企业（通常可享受税收优惠政策）来进行税务筹划；在业务经营环节，可采用不同的固定资产折旧方法、不同的存货计价方法，或缩短采购开票时间但延长销售开票时间等来进行税务筹划；等等。

进行税务筹划的基本步骤，一是熟练掌握税法和其他相关法规，以及税收优惠政策，认识和把握进行税务筹划的法律法规和优惠政策的"红线""底线"；二是了解税务部门对企业开展税务筹划活动所给出的合法、合理的认定与说明，把握税务部门认可或不认可的具体尺度；三是汇集和分析企业的自身情况——组织架构、业务架构、财务架构、缴税历史和对税务筹划的预期等；四是在考虑前述各类主客观因素的基础上，编制税务筹划方案，包括税务筹划的目标、计划，税收涉及的法律法规和税务部门的相关要求，具体税务筹划的方法，可能面临的风险，重点注意事项等，并进行详细的测算，分析该税务筹划方案是否可行；五是在该税务筹划方案可行的前提下，组织执行该税务筹划方案，以达到相应的税务筹划的目标。

显然，对税务筹划，应积极去做税法和其他相关法规允许，以及受税收优惠政策鼓励而减免或缓征税款的；不做或基本不做利用税收中可能存在的空白地带、模糊地带，以打擦边球的方式规避缴税的；绝对不能做违法违规而偷逃缴税的。否则，对企业来说，税务筹划一面也许是天堂，另一面也许就是地狱——前者当然会让企业如沐春风、得意扬扬，而后者必定会使企业天塌地陷、万劫不复。

7.13　财务里最大的"黑洞"

财务问题通常很多、很杂，如亏损严重、现金流紧张、存货和应收账款巨大、成本费用高企、资产负债率超过警戒线，等等。

如果某一财务问题是显性的，不但自己知道，外人也知道，其实并不可怕。因为办法总比困难多，只要及早发现、及时处置，总能找到防止企业经营局势进一步恶化的有效措施，而不会使企业迅速地烂掉、死掉，彻底地退出市场竞争的舞台。

但如果某一财务问题是隐性的，只有自己知道（其实只有内部极个别的人知道），外人却不知道，这就非常可怕了。因为表面上看企业风平浪静，什么问题都没有，实则危机四伏，随时都可能触发"核爆"，使企业瞬间灰飞烟灭、化为乌有。

我认为，这种隐性的财务问题——做假账，无疑构成了财务里最大的"黑洞"。

在宇宙中，黑洞是一种密度极大，致使其引力极大，大到连光在其视界内都无法逃逸，即"看不见"的一种天体，也是目前人类还不能完全认识和准确把握的天文现象之一。

人们普遍认为，已知的，可以认识、能够把握的事物就不是风险，因为风险基本可控；而未知的，或虽然已知但无法认识、不能把握的事物，才是真正的风险，因为风险完全不可控。而做假账，就属于这种隐藏着巨大的不可控风险的行为。

做假账，指违反《会计法》《企业财务通则》《企业会计准则》和企业会计制度，人为进行虚假账务处理的行为，包括主观故意造成会计凭证失真、记账或过账失真、财务报表或财务信息披露失真，等等。

做假账的目的，不外乎以下几点。一是偷税逃税，手法主要有少计收入、多列支出等；二是骗取信贷，手法主要有虚增收入、利润和资产等；三是满足股票上市或政府支持政策等需要，手法主要是粉饰经营业绩，对收入、利润、资产等进行人为调节；四是掩盖经营中的其他违法违规行为，如进行商业贿赂、侵吞企业资产、私设小金库等，手法主要是将不合理不合规的支出包装为合理合规的支出入账，或者将企业拥有的收入、资产等篡改为个人或小集团占有的收入、资产等。

做假账的性质是以虚假的手段获取不当的非法利益，包括物质的、精神的，直接的、间接的，一时的、长期的，等等。其实质就等同于诈骗犯罪。

分析做假账行为产生的根源，在主观上，一是私欲膨胀，二是偷奸耍滑思想滋生，三是投机侥幸心理作祟。在客观上，一是财务审计体系存在缺陷，如无法深入到企业账务处理的所有的点和面；二是违规违法的成本太低，如被惩戒者大多面临的是谴责、罚款和禁业限制等，而让相关责任人倾家荡产、锒铛入狱的毕竟是少数；三是社会信用体系仍不完善，如禁业限制、限制高额消费等，时间一过，或换一个"马甲"后，许多人就又开始故伎重演了。

论及做假账带来的危害，首先是损人利己，而最终则是既害人也害己。

由此说来，作为一家企业，千万不要做假账，千万不要给自己挖下一个"黑洞"去钻。做假账，也许能够躲得了一时，但绝对躲不过一世，迟早有一天，你将会被这个"黑洞"所吞噬。

所以，请记住了：无论是你自以为是的权宜之计，还是你痴心妄想的百年大计、千年大计、万年大计，你都不要动"做假账"这个脑筋。

第 8 章
市场营销

8.1 企业赚钱的秘诀就这一条

企业赚钱的秘诀是什么？

我说，把你的产品销售出去，或把服务提供出去，并让顾客愿意为其买单——这就是企业赚钱的秘诀。

这样说的道理何在？

在于商业的本质。商业，是企业与顾客进行商品或服务的交易、买卖行为。企业与顾客构成了交易、买卖行为的两端，是商业得以成立的基础。而商业的本质是让业务收入大于业务支出，即实现业务盈利。

企业正是通过市场营销，将自己的产品或服务提供给顾客，并从顾客处获得业务收入，如果业务收入又大于业务支出，即可实现业务盈利，也就满足了商业的本质要求。

企业除了从事商业活动，即开展业务活动之外，往往还会开展融资活动和投资活动，但融资活动和投资活动并不能直接地使企业赚钱。

融资活动可以改变企业的资产结构，通过财务杠杆会影响企业权益性资产的收益水平与风险水平；也可以改变企业的现金流状况，通过融资活动产生的净现金流会影响企业资金的偿债能力、支付能力、周转能力和盈利能力，从而间接地使企业赚钱。但融资活动必须与业务活动相结合，并最终通过业务活动才能使企业获利。

投资活动可以使企业资产增值，但资产增值所带来的并不是利润——除非企业出售已增值资产的全部或大部分；投资活动也可以改变企业资产的形态，例如由现金变为长期股权投资、固定资产和在建工程等，从而间接地使企业赚钱。但与融资活动一样，投资活动必须与业务活动相结合，并最终通过业务活动才能使企业获利。

而企业从事商业活动，即开展业务活动——把自己的产品销售出去，或把服务提供出去，并让顾客愿意为其买单，这其实就是市场营销。

换句话说，企业赚钱的秘诀，最终还是归结到了市场营销上。

因此，对企业，尤其是实体企业来说，其从事的商业活动，即开展的业务活动是否正常，其经营活动净现金流是否为正，其市场营销是否成功，才是其是否赚钱的关键。

8.2 谁是你的客户

1925年，面对当时云谲波诡、错综复杂的时局，毛泽东写下了《中国社会各阶级的分析》[①]一文，他开宗明义地指出："谁是我们的敌人？谁是我们的朋友？这个问题是革命的首要问题。"

而今天，企业要开展市场营销，首要的问题就是认清谁是你的客户。

只有认清了谁是你的客户，你才能深入了解客户的具体需求，掌握其会在何时、何地、以什么价格购买你向市场提供的什么产品或服务，进而你才能开启市场营销、产品研发、生产运营等事关企业经营业务的各项工作。

也就是说，若是你的客户，你就应视其为"上帝"；反之，若不是你的客户，你就理应与其"断舍离"，对其说一声拜拜了。

那么，谁是你的客户呢？

有人说，与你达成交易的，或以前曾与你达成过交易的，或以后有可能与你达成交易的，就是你的客户。

但这一对客户的界定太过宽泛，也不够准确，差不多已覆盖了所有的消费

---

① 毛泽东. 毛泽东选集[M]. 2版. 北京：人民出版社，1991.

者或需求单位，几乎等于说，谁都是你的客户。当然，这也就相当于说，谁都不是你的客户。

我认为，在人类社会进入商品经济时代以后，自给自足的事情就日渐稀少了，几乎所有对产品或服务的需求今天都需要通过交易来实现。换句话说，交易无所不在，客户似乎也就遍地都是了。但由于具体的交易五花八门、千奇百怪，且越来越特定化、专门化和个性化，当你不再能够满足某一具体交易方的需求时，就算他是以前曾与你达成过交易的，也不会与你继续交易。一旦交易双方中的供方不再是你了，需方也就自然不再是你的客户了。另外，任何一笔交易，即便交易双方都有意愿，仍然有可能由于受到价格、数量、品质、交货地、交货期、售前和售后服务条件、应收应付信用政策，甚至所谓的"基于规则""基于共有价值观"等非经济因素的左右而无法最终达成。一旦此种以后有可能达成的交易泡汤了，你原来认定的客户还会是你的客户吗？自然不是了。

所以，要我说，只有与你达成交易的，才是你的客户；而其余的，都不算，最多可以算作你的潜在客户罢了。

其实，把握好自己的所欲所能，会更为容易和直截了当。当交易中你的所欲所能与对方的所想所需正好一致时："OK，成交！"你就可以与交易中的对方——你的客户，握手言欢、举杯相庆了。

8.3 "满足客户需求"绝不只是标语或口号

客户就是"上帝"，就是企业的衣食父母。放眼今日之商界，恐怕无人对此存有什么异议。

相反，踏进任何一家企业，你都会看见或听到诸如 "一切以客户为中心""客户始终在我心中""顾客永远是对的""顾客就是企业的空气、阳光和雨露"等，与"满足客户需求"的含义相近的标语或口号。

而我要说，"满足客户需求"绝不只是标语或口号。企业贴贴标语或喊喊口号易，但将"满足客户需求"真正落到实处难。

为什么难？

因为企业需要做到"三好"——既要产品好，又要价格好，还要售后服务好。

如果企业只满足"三好"中之一，或之二，不能说已经"满足客户需求"了。要想满足客户需求，企业必须同时做到产品好、价格好、售后服务好，缺一不可。

况且，"三好"往往你中有我、我中有你，是相互关联，彼此密不可分的。

从企业一方来说，要做到产品好、价格好、售后服务好，需要企业的市场营销、产品研发、生产运营、售后服务、项目管理等各个环节都运行顺畅，人力、财务、行政、后勤等各个部门齐心协力、协调配合。没有这些，做到"三好"断无可能。

从客户一方来说，只有产品好不行，还要价格好——在买方市场中，那种"优质高价"的路子早就行不通了，而"优质平价"，甚至"质优价廉"，才是一条让企业的产品得以畅行无阻、纵横天下的坦途；同样，只有产品好、价格好也不行，还要售后服务好——服务的特性是服务方要亲力亲为，且提供的服务可能会持续很长的时间，这就要求企业在售后服务上保持必要的黏性和韧性，主动贴近客户，持续倾听客户的心声，了解客户的诉求，为客户排忧解难，成为客户的朋友、伙伴，甚至亲人。没有这些，做到"三好"想都别想。

也许有人会问，满足客户需求只做到"三好"就行了吗？是不是有什么"四好""五好"要做的呢？

我认为，客户需求的表象可能各式各样，也许千差万别，但最普遍、最直接、最本质的核心需求，其实就是产品好、价格好、售后服务好。言外之意，满足客户需求，做到"三好"足矣。

如果企业在满足客户需求上还想"更上一层楼"的话，我以为，那可以在做到"三好"的基础上进一步做到"三超"——即超前于客户需求、超值于客户需求、超越于客户需求。

超前于客户需求，是在客户对产品、价格、售后服务的某种需求现在还没有的情况下，企业就做出了满足客户此种需求的安排和行动——提前于客户，以满足客户需求。

超值于客户需求，是在客户已认可为产品、价格、售后服务的某种需求所付出的代价的情况下，企业就做出了在满足客户此类需求的同时，客户只需付出更小的代价的安排和行动——让利于客户,以满足客户需求。

超越于客户需求,是在客户对产品、价格、售后服务还未产生某种需求意识的情况下,企业就替客户想到并做出了满足此种需求的安排和行动——远胜于客户,以满足客户需求。

显然,"三超"较之于"三好",是更高层次的"满足客户需求"。

有人会问,还有比"三超"更高层次的"满足客户需求"吗?

我想,这一定会有的。因为时代在变,社会在变,市场在变,客户在变,而企业满足客户需求的步伐就一刻也不会停止。

8.4 做市场与做销售是一回事吗

对企业的经营活动来说,市场既是起点,也是终点——企业从市场需求或潜在的市场需求中获取商业灵感,明确自身的企业定位和自己的市场定位,编制预算和计划,进行产品研发或服务设计,再经过产品生产或服务培育,最终向市场销售产品或提供服务,并得到市场的认可,从而完成一个经营活动的完整循环。

所以,离开了市场,企业或者无生,或者必死。

不同的企业,由于体量大小不同、发展阶段不同、所处的行业不同,其市场营销的内容和形式也就有所不同。

譬如,一些小型、微型企业,处于初创期、衰退期的企业,以及农林牧渔业、采矿业、资源垄断型或政策垄断型企业等就不太区分市场行为与销售行为,常常是同一个部门甚至是同一个人,既做市场也做销售,"眉毛胡子一把抓"——不分主次、不分先后、不分彼此;更有甚者,企业中干脆就没有人在做市场,只有人在做销售。

那么,做市场与做销售是一回事吗?

其实不是。只不过有些企业或者是自己糊涂,或者是未对二者加以正确区分罢了。

做市场,主要是开展市场分析和做出市场选择,进而提出市场营销策略,为实现企业的市场营销目标打下扎实的基础。

其一是开展市场分析。譬如，要分析企业面对的是消费者市场还是单位市场，是产品市场还是服务市场，是技术市场、资本市场还是人才市场、文化市场，是国内市场还是国际市场，影响市场需求的人口、经济、信息技术、社会文化和自然环境因素的强弱程度如何……。如果是消费者市场，还要进一步分析消费者是男性还是女性，是青年、中老年还是少年儿童，他们有什么特别的宗教信仰、风俗习惯，受教育水平怎样，从事什么职业，收入水平和购买力如何，是否属于残障人士等特殊人群，每一群体的数量有多少，等等。

其二是做出市场选择。譬如，一家大型基建设备的制造企业，按照自己面向基建工程施工单位的市场定位，在市场分析的基础上就选择了自己3~5年的目标市场为国内全境，以及国外共建"一带一路"国家，向这些区域的基建工程施工单位销售可靠性优秀，自动化与数字化程度高的混凝土设备、挖掘设备、起重设备、路面设备等大型基建设备。

其三是提出市场营销策略，包括产品策略、价格策略、渠道策略和促销策略等。譬如，一家承接市场数据调查服务的企业，在选择自己的目标市场之后，就提出了自己的产品策略是向中外企业客户或个人客户提供月度、季度和年度的通信信息设备的市场数据调查报告，涵盖各省、直辖市及自治区的通信信息设备的销售量、单价、销售额，以及历史同期数据等，并提供简明扼要的综合分析结论；报告采用客户可通过密钥解密的PDF版本。同时，该企业还可以根据客户的特别需要提供每周、每天，甚至即时的通信信息设备的市场数据调查报告。

而做销售，则主要是组织开展各种营销业务活动，最终签订销售合同或订单，以实现企业的市场营销目标。

其一是编制营销计划。譬如，要依据市场营销策略，尤其是促销策略，提出销售产品或提供服务的年度目标，包括销售产品或提供服务的种类、合同金额、销售收入、销售费用、预计的市场占有率等，并确定完成目标的路线图和时间表，以及相应的保障措施，包括明确责任单位和责任人、建立约束激励机制等，在质询、修改、论证后按照管理权限经审批后下达。对该营销计划，如需按时间、地域、客户、产品或服务种类等进行分解，还要逐一编制经分解的营销计划。

其二是组织营销实施。譬如，对下达的营销计划在营销组织内部进行分解，做到目标到人、责任到人；根据需要，对原有的营销组织，包括营销渠道、网点结构等进行调整，或建立新的营销组织，配置相应的人力、物力、财力等资源；管理者通过协调营销部门或业务单元的内外部关系，并有效地指挥、督导和激励员工，让大家共同努力去完成营销计划确定的各项目标任务。

其三是进行营销控制。譬如，在营销实施之中或实施之后，对营销计划的贯彻执行情况进行检查，对发现的问题及时解决，对成功的经验及时总结、推广和普及，等等。

因此，做市场与做销售绝非一回事。前者是后者的基础，也是后者的方向；而后者是前者的实操，也是前者的结果。

当然，尽管做市场与做销售在行为方式上，以及在时间、空间、因果等逻辑关系上有所不同，但做市场与做销售的最终目的却是相同的：要认识市场、适应市场，通过向市场销售产品或提供服务来满足市场需求，甚至引导市场需求，从而实现企业自己的使命——"逐利""追名"，或"名利双收"，或者是对股东、员工、社会和自然环境做出贡献，等等。

所以，从这个意义上讲，做市场与做销售又是一个共同体，二者相互依存、相互拱卫，一起肩负起了市场营销之中流砥柱的重任。

8.5 什么人会成为发现"蓝海"的"关键先生"

经常可以听见管理者们对"蓝海"日益稀缺的各种抱怨。

可不是吗？

随着生产力的巨大的"宣泄"，眼下差不多到处都是产品或服务相似甚至完全雷同、供给与需求失衡甚至严重失衡、市场竞争激烈甚至极为惨烈的"红海"或"黑海"了。

在"红海"或"黑海"里"讨生活"肯定不易，但让企业能够"躺赢"——既活得潇洒悠闲，又赚得盆满钵满的"蓝海"又在哪里呢？

我以为，"从来就没有什么救世主，也不靠神仙皇帝"，要靠就靠企业自己，靠企业中能够发现"蓝海"的"关键先生"。

这样的"关键先生"不是董事长、总经理等企业里的"大人物"，而是处在企业基层和一线的市场营销人员。

这样说的理由,并不是董事长、总经理等企业里的"大人物"对发现"蓝海"漠不关心、无能为力,而只是他们的职责和义务不在于此罢了。

事实上,这其中并没有什么高深的因果逻辑,只是职责和义务让处在企业基层和一线的市场营销人员能够直接接触客户,能够广泛、深入地开展市场调查,能够随时了解客户对产品或服务的需求情况,并能够及时捕捉客户对未来的产品或服务的种种期许,以进行更为全面、准确的市场分析,提出市场选择和市场营销策略等方面的关键意见,促使企业提前进行战略布局——对从产品研发或服务设计,到产品生产或服务培育等全产业链的运作过程做出具体安排,从而使企业能够抓住那些极难觉察,且有可能稍纵即逝的商业机会。

当然,董事长、总经理等企业里的"大人物"需要倾听来自企业基层和一线的市场营销人员关于"蓝海"的真知灼见,以做出相应的决策安排;否则一切都是白搭,都是空话。

那么,能够担当市场营销人员中"关键先生"的会是张三、李四,还是王五呢?这我不知道,但一定是那些富有创新和进取精神,能够把握在"蓝海"中遨游的市场营销真谛,在产品研发或服务设计上做到"领先一步"的干将。

因为"蓝海"是未来的市场、潜在的市场、尚在发育中的市场,而绝非"红海""黑海"所分别对应的现在的市场、显现的市场、已成熟的市场,曾经的市场、成熟过了的市场、已进入衰退期的市场。所以,"关键先生"需要探索、开拓,需要通过时间的、空间的、物质的、精神的等一切方式方法——但必须合法、合规——联系客户、贴近客户、熟悉客户,及时、深入了解客户潜在的需求和潜在客户的需求,突出市场营销策略中产品策略的运用,在产品研发或服务设计上早下功夫、多下功夫,避免在市场营销策略的运用中只重视价格策略、渠道策略和促销策略,而与竞争对手在市场上,尤其是在"红海""黑海"市场上的缠斗、恶斗、死斗,以使企业这艘"渔船"能够早日冲破惊涛骇浪,在风平浪静,虾儿欢、鱼儿跳的"蓝海"上,自由自在地撒下一张可收获丰硕成果与由衷喜悦的大网。

为此,我们都应该感谢"关键先生"!

8.6 营销计划是事关经营活动成败的重中之重

营销计划是企业对年度营销工作的总体安排，涉及营销业务的总体目标和分解目标、责任单位和责任人、完成目标的路线图和时间表，以及相应的保障措施，如团队建设、激励机制、营销策略等具体内容。

我以为，营销计划是事关经营活动成败的重中之重。

何以如此？

因为营销计划是企业经营预算的基础。众所周知，预算是企业战略的短期化（通常为1年）、具体化的一种体现，既是企业围绕主要财务指标拟定的年度经营计划，也是企业开展年度整体经营工作的"纲"，而编制预算的基础，除了企业定位、企业的中长期发展目标，以及企业的自身情况以外，还取决于企业的环境情况，尤其是客户需求，以及为满足客户需求所开展的产品或服务的各种营销业务。离开了营销计划，预算就成了"跳大神"者手中会被烧掉的、不靠谱的一张符纸而已。

因为营销计划是企业开展所有经营工作的依据。企业开展的经营工作，无论是业务工作，如产品研发、生产、销售或服务设计、培育、提供，还是管理工作，如战略、组织、行政、人力和财务管理，都要体现商业的本质——让业务收入大于业务支出，即实现业务盈利，而要做到这一点，企业首先要把自己的产品销售出去或把服务提供出去。如果没有营销计划，企业所有的经营工作就会走入死胡同，就会无果而终，像秋日里凄风苦雨中的几根芦苇，东倒西歪，再无完形。

因为营销计划是企业对营销活动进行监督、调控的准绳。编制和下达营销计划只是企业开展营销活动的第一步。其实施过程是否顺利，是提前还是滞后，是超额还是未能完成营销目标，销售产品或提供服务的种类、签订的合同金额、发生的销售费用、实现的销售收入和市场占有率等有无偏差，保障措施是否全部落实到位，等等，都需要对照营销计划进行监督、调控，以及时发现问题、分析问题根源、总结经验教训、纠正错误，不断前进，使营销计划由期望成为现实，让丰收的果实挂满枝头，万里飘香。

因为……

一份合理、可行的营销计划应当坚持"三性"，即真实性、准确性、完整性。

有真实性的营销计划是实事求是的,不得弄虚作假,即便带有预测成分,也不能纯粹是主观臆断,而应该是有凭有据的,是建立在充分的市场调研和深入的市场分析基础之上的一种"经验"的或"逻辑"的推定,且必须反映客户的真实需求,并以已占有的一定数量的合同订单为基本依据。

有准确性的营销计划是精准和确定的,不能含含糊糊,"上也行、下也行",充满了水分——不是夸海口,就是藏猫腻,左右逢源,留下太多的余地,而应该"一就是一、二就是二",如果初始的计划就模棱两可,最后的执行结果要想好,恐怕只是痴人说梦了。

有完整性的营销计划是全面、深入的,不能只有一两个笼统的目标,如合同金额多少、销售收入多少等,而应该是一份包括详细的分解目标、承担任务的责任单位和责任人、完成目标的路线图和时间表,以及相应的保障措施的详尽、周全、可具体实施的计划书。否则,空洞无物的营销计划没人真正相信,也得不到认真执行,只能是在嘴里喊喊、在墙上挂挂而已。

所以,企业的营销工作开展得怎样,不妨先拿出自己的营销计划看一下再说。

8.7 应对市场需求多样化之策

当信息时代——包括计算机时代、网络时代、人工智能(Artificial Intelligence,AI)时代和万物互联时代来临,你一觉醒来,差不多就会发现今天的市场需求正变得越来越多样化——具备个性化、小众化、定制化特色的各种产品或服务正越来越受到客户的追捧。

但现代企业本身是社会化大生产的产物——大规模生产不但可以摊薄固定成本,而且在满足经济订货批量的条件下还会大幅降低采购原、辅材料等的变动成本,从而使企业向顾客销售产品或提供服务的价格更为低廉;反之,小规模生产,甚至是单件生产,则只能使企业向顾客销售产品或提供服务的价格更为高昂。

于是,市场需求多样化与价格低廉水火不容,二者之间矗立着一道难以逾越的高墙。

该怎么办？什么才是企业应对铺天盖地的市场需求的多样化之策？

我想，最好的应对之策应该是"以不变应万变"。

其一，只做某一种或某一类的产品或服务。

企业应保持定力、守住清宁，只做自身熟悉和擅长的、能够彰显自身实力和发挥自身优势的某一种或某一类的产品或服务。正所谓：即使泰山崩于前，仍能镇定自若；纵然星河灿于目，唯有日月在胸。

其二，只做产品或服务的基础平台。

企业应以静制动、以定制变，只做自身已掌握核心技术（包括专利、软件著作权、专有技术、标准等）的产品或服务的基础平台，而将在此基础平台上的应用产品或服务、附加产品或服务、衍生产品或服务等，分拆或外包给其他的小型企业或微型企业。正所谓：即便大树枝繁叶茂，仍需把根留住；纵有百花争奇斗艳，唯念土地肥沃。

只有以不变应万变，企业才能做到大规模生产，靠专一化战略或差异化战略，尤其是靠成本领先战略带来的价格优势立于不败之地。

而那种所谓的"以万变应万变"，即打破企业原有的组织架构，化整为零，采取"各自为战""人自为战"之策，将分散企业资源，使企业社会化大生产的优势荡然无存，并让那些指望满足市场多样化需求的形形色色的努力最终付诸东流。

所以，"以万变应万变"并不适用于社会化大生产下的现代企业。一些小型企业或微型企业也许还能以此策"浪迹江湖"，但中大型企业，尤其是超大型企业、跨国公司等要以此策雄霸天下，则可能如唐代大诗人李白在《蜀道难》开篇时所感叹的那样："噫吁嚱，危乎高哉！蜀道之难，难于上青天！"

8.8 产品策略更为重要

在市场营销策略之中，是产品策略，还是其他策略——如价格策略、渠道策略、促销策略等——更为重要？

我认为，产品策略更为重要。

因为，产品策略是企业开展市场分析，做出市场选择，并结合自身特点，为满足市场需求或潜在的市场需求，围绕产品研发、生产或服务设计、培育所采取的方式方法，包括做出的决策选择、计划安排和具体措施等，是企业开展各种经营活动的最终目的——"向市场销售产品或提供服务并让客户为其买单"得以实现的根本保证。

当然，这里所说的产品策略，是指企业合理的、有效的、正确的产品策略，而不合理的、无效的、错误的产品策略不在此列。

"产品策略更为重要"，与俗话"酒香不怕巷子深"所蕴含的道理其实大体一样。

所谓"酒香不怕巷子深"，讲的是某一酒坊生产、销售的酒很"香"，其香气袭人，纵然这家酒坊匿于小巷深处，也会引得左近的酒客闻香而来，在此沽酒品尝，或沉吟，或放言，均能通宵达旦、不醉不归……

在这里，"酒香"代表了美酒的品质，正是在产品策略的保证下，美酒得以香味四溢，才有了"酒香不怕巷子深"，也才让市场营销策略中的其他策略都不那么重要了。反之，如果酒不香——没有产品策略的保证，则此酒并非美酒，那么，即使市场营销策略中的其他策略都各施拳脚，如降价潮风起云涌、代理商不遗余力、广告词家喻户晓，也只能是白搭，都不可能起到太大的、持续性的作用。

当然，仅有产品策略也是不行的。

说"仅有产品策略也是不行的"，与俗话"酒香也怕巷子深"所蕴含的道理其实无甚区别。

所谓"酒香也怕巷子深"，讲的是某一酒坊生产、销售的酒很"香"，其香气袭人，但毕竟无法"穿山越岭""登界游方"，结果纵然引得左近的酒客闻香而来，而来的只能是左近的，却无法让更多的、更遥远的酒客闻香而来——因为他们根本就闻不到酒香，自然也就难以在此豪饮一番了。

在这里，"酒香"代表了美酒的品质，正是在产品策略的保证下，美酒得以香味四溢，但这种只靠香味"自发式"传播的美酒，如果离开市场营销策略中的其他策略的辅佐，如价格策略的促销、渠道策略的推广、广告策略的宣传等等，其市场开拓的范围必然是有限的，很难让一个更大的市场所知晓和认可，也就无法赢下其本该赢下的这一更大的市场了。

所以，产品策略是根基，决定的是市场的有无，是可以让市场根深蒂固的一种"修为";而市场营销策略中的其他策略是花瓣，决定的是市场的大小，是能够给市场锦上添花的若干"技巧"。

修为，难而重；技巧，易而轻。

如二者全取，甚好；如只取其一，当取前者。

当然，好的产品策略，应该是企业提供那些让客户满意就好的"简单"产品，而不是以"高精尖"为幌子的"复杂"产品。对消费者市场来说，这一点更是如此。

8.9 应守住的价格的底线

企业开展市场营销活动一定会涉及产品或服务的价格问题，价格策略通常是企业在市场中最爱挥舞的兵器之一，但它却是一把双刃剑。

在企业的产品品质——包括产品或服务的品牌和商标、产品的技术性能或服务的水准、产品的功能或服务的功效、产品的质量或服务的质量、产品的包装或服务的形象符号、产品的附件或连带的服务、产品使用说明书或服务指南的语言及版本、售前和售后服务事项等——与竞争对手的产品品质相同或大体相当时，价格的高低往往决定着销售量的大小，价格提高则销售量降低，价格降低则销售量提高，从而引起营业收入、营业利润等经营指标的变化。这些变化有时可能是正面的、积极的，有时却可能是负面的、消极的。

在企业定价或调价时，如果以客户为导向，一是可以采用客户认知价值法——根据客户对企业产品或服务的价值所做的主观评价来确定价格；二是可以采用客户心理因素法——利用客户购买产品或服务的心理因素来确定价格；三是可以采用渗透价格法——在产品或服务投放市场的初期，用较低的价格尽快切入市场，以赢得更大的客户面和站稳脚跟。

在企业定价或调价时，如果以竞争为导向，一是可以采用行业平均价格法——按照行业内同类产品或服务的平均价格水平来确定价格；二是可以采用主动竞争价格法——不寻求与竞争对手的价格水平一致，而是利用自身产品或服务与竞争对手之间存在的差异来确定价格；三是可以采用被动竞争价格法——在竞争对手主动降价或主动提价时，不得不做出应对来确定价格。

在企业定价或调价时，如要以调整供需平衡关系为导向，一是可以采用高价或加价法——为应对企业产能不足的压力，以减少销售产品或提供服务为目的来确定价格；二是可以采用低价或降价法——为应对企业过剩产能的压力，以扩大销售产品或提供服务为目的来确定价格。

在企业定价或调价时，如要以成本为导向，一是可以采用完全成本加成法——在产品或服务的全部成本费用的基础上，再加上一定的利润来确定价格；二是可以采用进价加成法——在营业成本的基础上，再加上一定的营业毛利来确定价格；三是可以采用盈亏平衡法——利用盈亏平衡点，即企业保本经营时的单价来确定价格；四是可以采用撇脂价格法——在高新技术的产品或服务投放市场的初期，即便采用了极高的价位，仍可赢得那些"尝鲜者"或"超级粉丝"们的买单，使企业迅速赚取丰厚的营业利润。

显然，对这些定价或调价的方法的好与坏无法一概而论。该如何选择，关键是看企业究竟想要什么，即企业想以什么为导向。

抛开企业短期的、局部的，或其他非营利性的经营目的，我认为，企业应守住的价格的底线是"不能低于盈亏平衡点时的单价"。

这种认识的理由很简单：企业需要维系商业的本质——让业务收入大于业务支出，即实现业务盈利。价格一旦突破了这一底线，企业及其从事的所有的商业活动最终都会"死"掉。

8.10　分销已走上穷途末路了吗

分销是相对于直销而言的。

直销是由企业向最终客户直接销售产品或提供服务的一种市场营销渠道，包括企业直供和由其分支机构进行的销售；而分销是由企业通过中间商向最终客户销售产品[①]的另一种市场营销渠道，包括通过批发商、零售商等进行的销售。

---

① 分销只适用于产品，而不适用于服务。服务的市场营销渠道只有直销。这是由服务这一特殊产品本身的特性（无形性、没有所有权、不可储存和转移、企业提供服务和客户接受服务在时间和空间上是同一的等）所决定的。

分销并不是伴随销售行为而生的。

在工业革命前的农耕时代,社会生产力的水平普遍不高,致使当时无论是农业,还是手工业和家庭饲养业,讲求的都是自给自足或自产自销。因此,那时作坊式或"前店后厂"式企业的市场营销渠道只有直销(包括"直供"和利用自己的分支机构销售),也就不可能有分销的存在。

在工业革命后的蒸汽时代以及后来的电气时代,社会生产力的水平得到了极大提高,致使各行各业,特别是制造业的产出无论是在规模数量,还是在花色品种上,都较之以前有了翻天覆地的变化,可谓波澜壮阔。这样一来,单靠直销,已无法适应企业自身规模化的生产能力,也无法满足越来越广阔的市场需求,对非本地市场和国际市场,以及那些对企业而言相对陌生、自身又无甚开拓优势的市场等来说,更是如此。

于是,分销才应运而生。

而当人类社会大踏步地进入现在仍在持续发展的信息时代——包括计算机时代、网络时代、人工智能(Artificial Intelligence,AI)时代和万物互联时代等之后,特别是进入21世纪以后,过去在国内面对单位市场时企业大多选择直销,而面对消费者市场时企业大多选择分销这一传统的渠道模式,正在电子商务的冲锋号中发生着前所未有的变化。今天,越来越多的企业正逐渐远离过去习惯了的产品分销,而改为直接通过电子商务开展产品直销。

所以,我认为,由于信息与物流无时、无处不在的通达性、便捷性及其所带来的电子商务的空前发展,最终将使分销走上穷途末路。

这种情形在现实中已初露端倪。

譬如,即便仍在通过分销进行销售,但中间环节减少了,渠道缩短了。以往那种由厂家经逐级批发再到零售商的分销形式,正被由厂家直接到零售商的分销形式所取代,即批发商越来越少了。

又如,小型的零售商自不必说,就连那些零售业的巨头,无论是外资的沃尔玛、家乐福,还是中资的苏宁、永辉、国美等,其电商业务的销售额和销售增长率近年来都在大幅跃升,已接近甚至超过了其门店、卖场业务,而且这种势头大概率还会延续下去。

当然,尽管如此,分销并不会绝迹。

未来,传统意义上的绝大多数分销商会逐渐地淡出人们的视野,但对那些需要消费者亲身体验，甚至要在比对、试用，并在其中品味那种独特的乐趣后才会购买的产品，应该仍有一些零售商会继续参与分销。

8.11　千万别碰这朵罂粟花

在商业活动中，给予客户回扣的行为并不鲜见。

如果此处的"客户"是真正的客户——与企业存在真实的交易，此处的"回扣"属于企业正常的促销手段——已签订合同或订单，具备相关会计凭证，且能够正规入账和进行账务处理的直接价格折扣[1]或间接价格折扣[2]等，则这种给予客户回扣的行为就是合法合规[3]的，既能得到法律法规的保护，又能发挥其开拓市场的作用——犹如青莲，"出淤泥而不染，濯清涟而不妖"[4]，临者或可闻及一阵清香随风而至。

反之，如果此处的"客户"并非真正的客户——与企业并不存在真实的交易，此处的"回扣"也不属于企业正常的促销手段——没有签订合同或订单，无开具的会计凭证，且未正规入账和进行账务处理的现金和实物，包括金银珠宝、文玩字画、奢侈品、收藏品等，则这种给予客户回扣的行为就是不合法、不合规的，不仅无法得到法律法规的保护，反而为其开拓市场的行为留下了无穷的隐患——宛若罂粟，"娇小垂头立，丰盈出面来"[5]，临者必因吸食其果实制品[6]而魂飞魄散。

这种"客户并非真正的客户，回扣也不属于企业正常的促销手段"的给予客户回扣的行为，通常在世界上许多国家都被界定为贿赂或商业贿赂，成了千万碰不得的一朵妖冶却可能要了你或你所在企业性命的罂粟花。

对此，我能说的是：这种"客户并非真正的客户，回扣也不属于企业正

---

[1] 包括降价、价格打折等。
[2] 包括"送量""返点""免加盟费、免装修费、免培训费""给中间人佣金"等。
[3] 指《反不正当竞争法》《刑法》《关于禁止商业贿赂行为的暂行规定》《关于办理商业贿赂刑事案件适用法律若干问题的意见》等。
[4] 见宋代周敦颐所作《爱莲说》。
[5] 见明代王守仁所作《罂粟》。
[6] 指鸦片等。

常的促销手段"的给予客户回扣的行为,如果只是企业面对的市场上的个别现象,那最好放弃某一笔或某几笔业务;而这种"客户并非真正的客户,回扣也不属于企业正常的促销手段"的给予客户回扣的行为,如果已是企业面对的市场上的普遍现象,那最好通过分销渠道去开展市场营销,否则企业应暂时远离这个市场——即使这个市场是那般的炙手可热。

8.12 企业最该在意的商业文化

若论及经商,中国可能是这个世界中最早出现商人、商业和商业文化的国家。

根据考古发现和文字记载,中国远在石器时代就有了商品交换。早在夏朝(约公元前 2070 年至公元前 1600 年)已有了一定规模的商品交易;到了商朝(公元前 1600 年至公元前 1300 年)则出现了专门从事商贸活动的商人——因其多为中原黄河流域的商族人而得名,并出现了最早的货币贝币、最早的交易集市、最早的拉货车马、最早的马车行驶的道路……;进入周朝至春秋战国时,工商业已相当繁荣,姜子牙、管仲、鲍叔牙、弦高、子产、子贡、计然、范蠡、白圭、吕不韦等一大批士人出入商海,他们不仅在商业活动中长袖善舞,也在探究商业的本质和发展规律上实现了认识论、方法论上的突破,形成了独特的、带有中国传统文化特点的商业文化。

于是,才有司马迁写下的集先秦与秦汉商业文化之大成的《史记·货殖列传》[①]。其一经问世,就确立了在世界商业文化史中"毋能出其右者"的地位。

对商业运行规律,司马迁认为应遵循市场的自然法则,不做或少做人为干预之事。他写道:"夫山西饶材、竹、谷、纑、旄、玉石;山东多鱼、盐、漆、丝、声色;江南出楠[②]、梓、姜、桂、金、锡、连[③]、丹沙、犀、瑇、珠玑、齿革;龙门、碣石北多马、牛、羊、旃裘、筋角;铜、铁则千里往往山出

[①] 司马迁. 史记 [M]. 北京:中华书局,2011.
[②] 同"楠"。
[③] 亦作"链",意为铅、铅矿。

棋置：此其大较也。皆中国人民所喜好，谣俗被服饮食奉生送死之具也。故待农而食之，虞①而出之，工而成之，商而通之。此宁有政教发征期会哉？人各任其能，竭其力，以得所欲。故物贱之征贵，贵之征贱，各劝其业，乐其事，若水之趋下，日夜无休时，不召而自来，不求而民出之。岂非道之所符，而自然之验邪？"这说的是，太行山以西盛产材、竹、谷、麻、牦尾、玉石；太行山以东多出鱼、盐、漆、丝、乐舞和美女；江南富有楠、梓、姜、桂、金、锡、铅、丹砂、犀牛、玳瑁、珠玑、象牙、皮革；龙门山和碣石山以北高产马、牛、羊、毛毡和裘皮、兽筋和兽角，铜、铁则往往如星罗棋布般地藏于崇山峻岭之中，这就是大致的物产分布情况。而这些都是中原人民喜爱的必需品，是俗语所讲的用度吃穿和养生送死的东西。所以说，大家靠农民耕种才有食物，靠虞人采伐才有资源，靠工匠生产才有器具，靠商人贸易才有货物。这难道是政令所征发和教育所约束的结果吗？人们各司其职、各尽其力，以其所得来满足自己的欲望。因此，物品贱是物品变贵的征候，而物品贵是物品变贱的预兆，让各行各业的人从事自己的职业，以自己的工作为乐趣，这就如水往低处流，昼夜不停一样，物品用不着召唤自己能来，用不着寻求而人们自己会生产。这难道不是农民、虞人、工匠、商人的行为符合自然规律的证明吗？

对商业经营方法，司马迁认为要对天时、地利等做出预判，才能有备无患；货物定价要合理，不能过低也不能过高，方能让买卖双方均能获利；不要做囤积居奇的美梦，要让资金能够快速周转等。他写道："昔者越王勾践困于会稽之上，乃用范蠡、计然。计然曰：'知斗则修备，时用则知物，二者形则万货之情可得而观已。故岁在金，穰；水，毁；木，饥；火，旱。旱则资舟，水则资车，物之理也。六岁穰，六岁旱，十二岁一大饥。夫粜②，二十病农，九十病末③。末病则财不出，农病则草不辟矣。上不过八十，下不减三十，则农末俱利，平粜齐物，关市不乏，治国之道也。积著之理，务完物，无息币。以物相贸易，腐败而食之货勿留，无敢居贵。论其有馀不足，则知贵贱。贵上极则反贱，贱下极则反贵。贵出如粪土，贱取如珠玉。财币欲其行如流水。'修之十年，国富，厚赂战士，士赴矢石，如渴得饮，遂报彊④吴，观兵中国，

---

① 指开发山林川泽的人，相当于现今从事林、牧、副、渔和采掘业的人。
② 意为卖出粮食。
③ 与"本""农"对应，指商、商业。
④ 同"强"。

称号'五霸'。"这说的是，以前越王勾践被围困在会稽山上，于是任用了范蠡、计然。计然说："知道要打仗就要做好战备，了解货物何时需用才算懂得货物，善于将时间与需用二者相对照，则上万货物的供需行情就能一目了然。所以，岁在金时就丰收，岁在水时就荒芜，岁在木时就饥馑，岁在火时就干旱。而旱时要备船以待涝，涝时要备车以待旱，这样做才符合事物发展的道理。通常六年一丰收，六年一干旱，十二年有一次大饥荒。出售粮食，如每斗价格二十钱就会伤农，而每斗价格九十钱就会害商。商人受损，钱财就无法流通周转；而农民受损，田地就会寸草不生。因此，粮食每斗价格最高不要多过八十钱，最低不要少于三十钱，则农民和商人都能获利。平价出售粮食并平抑其他物价，税收和市场就不会疲惫乏力，这是治国之道。至于储存货物，应务求货物的完好，不要让钱币停止流通。买卖货物，凡属容易腐败的食物不要久藏，切忌冒险囤积以求高价。研究商品过剩或短缺的情况，就会懂得物价涨跌的道理。物价贵到极点就会返归于贱，物价贱到极点就要返归于贵。当货物贵到极点时要视其为粪土而果断卖出，当货物贱到极点时要视其为珠宝而立即购入。钱币的流通周转要如同流水那样。勾践照计然的策略治理越国十年，国富了，就花重金养兵，使士兵们能不顾箭射石击而冲锋陷阵，就像干渴时得到甘泉之饮那样，终于报仇雪耻，灭掉吴国，继而兵锋直指中原，位列春秋"五霸"。

对商业思想、精神和道德取向，司马迁认为不应唯利是图，要具备"为商四德"，即智、勇、仁、强，方可成就伟业。他写道，"白圭，周人也。当魏文侯时，李克[①]务尽地力，而白圭乐观时变，故人弃我取，人取我与。夫岁孰[②]取谷，予之丝漆；茧出取帛絮，予之食。太阴在卯，穰；明岁衰恶。至午，旱；明岁美。至酉，穰；明岁衰恶。至子，大旱；明岁美，有水。至卯，积著率岁倍。欲长钱，取下谷；长石斗，取上种。能薄饮食，忍嗜欲，节衣服，与用事僮仆同苦乐，趋时若猛兽挚鸟之发。故曰：'吾治生产，犹伊尹、吕尚之谋，孙吴用兵，商鞅行法是也。是故其智不足与权变，勇不足以决断，仁不能以取予，彊不能有所守，虽欲学吾术，终不告之矣。'盖天下言治生祖白圭。白圭其有所试矣，能试有所长，非苟而已也。"这说的是，白圭是战国时期人。当魏文侯在位时，李克致力于土地耕作，而白圭却喜欢观察市场行情的起伏和年

---

① 即李悝，战国初期魏国的政治家、法学家。
② 同"熟"，成熟。

景丰歉的变化，所以当货物过剩被低价抛售时他就收购，当货物不足被高价争抢时他就出售。谷物成熟时，他买进粮食，卖出丝、漆；蚕茧结成时，他买进绢帛锦絮，卖出粮食。他了解，年岁在卯位时会丰收，而转年年景会衰败；年岁在午位时会有旱灾，而转年年景会丰收；年岁在酉位时又会丰收，而转年年景又会衰败；年岁在子位时会有大旱，而转年年景还会丰收，因有雨水。当年岁复至卯位时，他积聚的货物大致每年会翻上一倍。如要提高钱财收入，他便收购质次的谷物——快进快出，看重短期获利；如要增加石斗中谷物的储量，他便买入上等的谷物——慢进慢出，着眼于长期收益。他不讲吃喝，严控嗜好，节俭穿戴，与雇用的奴仆同甘共苦，在捕捉到商业机会时却变得像走兽飞禽捕捉猎物那样迅速敏捷。因此，他说："我经商致富，就像伊尹、吕尚筹划谋略，孙子、吴起用兵打仗，商鞅推行变法那样。所以，如果一个人的才智不足以随机应变，勇气不足以果断决策，仁德不能够正确取舍，强韧不能够始终坚守，虽然他想学习我的经商致富之术，我终究不会教给他的。"因而，天下人谈论经商致富时都尊崇白圭为商祖。白圭对经商之道均有所尝试，尝试且有所成就，这不是随随便便就能成事的。

　　我以为，司马迁在《史记·货殖列传》里对人与事的夹叙夹议，揭示了中国商业文化里公平、诚信、节俭、勤奋、守正、出奇、合作、共赢等核心理念，构成了中华优秀传统文化中仁义礼智信、温良恭俭让、忠孝廉耻勇，以及重民生、谋太平、求大同、尚和合等精神财富的商业特质，塑造了中国商业文化独特的思想境界、事业追求、职业操守、行为态度、经营策略和价值评价标准。

　　而企业最该在意的商业文化就是在《史记·货殖列传》里白圭提出的"为商四德"：智、勇、仁、强。其概括了中国商业文化的基本原则、方法和理念，形成了中国商业文化的主体框架，能够成为中国工商业者传承，并为世界工商业者所借鉴的、带有共性的商业文化意识。

　　"智足与权变"，指为商者既要实事求是，又要突破创新。进行商业活动，必须脚踏实地，聚焦主业、专心致志、持恒精进、全力以赴，才能洞悉商业的本质，把握商业运营的客观规律，在波涛汹涌的商海上乘风破浪；同时，必须"乐观时变，故人弃我取，人取我与"，要根据情况变化，及时调整自身的经营策略，顺势而动、借势而行，并预判情态走势，求变出奇，超前进行产品创新、服务创新、管理创新、制度模式创新，才能超群越侪，为企业的发展开拓出一片崭新的天地。

"勇足以决断",指为商者既要沉稳冷静,又要积极进取。进行商业活动,"犹伊尹、吕尚之谋,孙吴用兵,商鞅行法是也",面对问题时,必须保持清醒的头脑,不冲动、不蛮干,要在全面、准确、真实掌握客观依据的基础上,提出解决措施并加以落实;而面对商业机会时,必须勇敢无畏,前提是勇而有谋,并当机立断地做出方案选择,条件是断而有据,以抓住可能转瞬即逝的各种市场机会,包括投资机会、重组机会、产品机会、服务机会、盈利机会、合作机会、海外拓展机会,等等。

"仁能以取予",指为商者既要追求高收益,又要讲求和谐共赢。进行商业活动,期望获取丰厚的利润本身无可非议,但决不可唯利是图、损人利己,做出违反社会公德、破坏自然环境,甚至将国家和民族的根本利益抛之于脑后,大发不义之财的龌龊之事;而对内应该"与用事僮仆同苦乐",提倡以人为本,雇主、经理等能与员工休戚与共,对外应该"夫岁孰取谷,予之丝漆;茧出取帛絮,予之食",摒弃只取不予、蛮横霸道,崇尚公平交易、开放包容,与客户、供应商、合作伙伴、社会和自然环境等保持和谐,承担应有的社会责任,真正拥有一颗"仁者爱人"的博大真诚之心。

"强能有所守",指为商者既要律己,又要守信。进行商业活动,真正的强者其实在于"自强",要像白圭那样"能薄饮食,忍嗜欲,节衣服",自觉制贪、节欲,在各种诱惑面前保持定力,坚忍不拔、初衷不改,穷也罢,富也罢,"自律"都始终如一;同时,要坚持诚信原则,无论是对内,还是对外,也无论是数量、质量、价格,还是交货期、完工期、保证期,"信用"二字都时时无所不在,只有守信践诺,取信于自己,取信于他人,才配做一个合格的为商者。否则,今日"坑人",明日必会"坑己",必将遭到来自自身与外部环境的无情的嘲弄和打击。

8.13 不要让整体解决方案变成一种噱头

但凡生产类企业,最早都只是把自己制造的产品——整机或零部件等,以及与之配套的服务——送货、安装等,销售或提供给客户,后来才是以自己制造的产品及与之配套的服务为基础,并把其他生产类企业制造的产品及与之配套的服务,甚至更多相关的服务,如用户培训服务、维修保养服务、运行维护服务、技术咨询和技术升级服务、金融信贷和保险租赁服务等"打包"在一起,一揽子地销售或提供给客户。

其中,前一种为传统的市场营销方式,其实质仍是以企业为中心——企业制造或培育什么,就销售或提供什么;后一种即所谓整体解决方案的市场营销方式,其实质才是以客户为中心——围绕客户一切可能的需求,为客户销售或提供细致、周到,甚至是带预见性的"一站式"的产品和衍生产品,以及服务和衍生服务。

整体解决方案在20世纪90年代初见端倪,现在差不多已发展到了"无以复加"的程度——今天,几乎所有的生产类企业都喜欢对外宣称自己"能够为客户提供多种整体解决方案""是一家地地道道的整体解决方案提供商"……

那么,企业真的都变成整体解决方案提供商了吗?

其实并不尽然。

对消费者市场而言,客户购买的产品或服务一般并不参与社会生产或社会服务的再循环,客户最终性、连续性地占有或享受了该产品或服务的价值和使用价值。因此,消费者的需求往往较为直接、简单和确定,企业向其销售衍生产品或提供衍生服务的可能性并不大,并不存在"企业必须是一家整体解决方案提供商"的客观需要。

而对单位市场而言,客户购买的产品或服务一般都会参与社会生产或社会服务的再循环,客户只是中途性、过渡性地占有或享受了该产品或服务的价值和使用价值。因此,单位的需求往往更为间接、复杂和不定,企业向其销售衍生产品或提供衍生服务的可能性要大得多,的确存在"企业最好是一家整体解决方案提供商"的客观需要。

但即便是面对单位市场,不少对外宣称自己是整体解决方案提供商的企业,实际上也只不过是一家系统集成商。

这里可能存在一个在认识上,进而在行为上的误区:将整体解决方案提供商与系统集成商混为一谈,当成一回事了。不错,整体解决方案提供商一定是系统集成商,但系统集成商不一定就是整体解决方案提供商。二者关键的区别在于,系统集成商只对单位客户"打包"销售产品或提供服务,以提高自身销售产品或提供服务的业务量,与客户的关系仍是供求关系,其目的依然是为企业自己创造出更多的企业价值；整体解决方案提供商却不仅对单位客户"打包"销售产品或提供服务，还要在提高，甚至不提高自身销售产品或提供服务的业务量的同时，融入客户，化身客户，假定自己此时此刻就是客户，一切从客户需求出发，针对客户的生存与发展问题提供整体解决方案，与客户的关系变为"一体关系"，其目的是为客户创造出更多的客户价值。

所以，面向消费者市场的企业往往不是整体解决方案提供商，而面向单位市场的企业也不一定都是整体解决方案提供商。换句话说，所谓的"整体解决方案"，不过是一些对外宣称自己是整体解决方案提供商的企业，为了提高自身销售产品或提供服务的业务量而制造出来的一种噱头。

而噱头就是噱头，永远也不可能转化为真实的身份特征。

依我看，那些想以整体解决方案为差异化的武器，杀入产品或服务日趋同质化的市场，以改变自身收入和利润增长方式的企业，本无可非议，但要做到这一点，企业必须真正为客户提供整体解决方案——这一整体解决方案，解决的应当是客户的问题，而不仅仅是企业自己的问题；提高的主要是客户的价值，而不单单是企业自己的价值。

因此，如若只是一种噱头的话，还是及早打住为好。

第 9 章

产品研发

9.1 产品研发关乎企业生命的长度

产品研发或服务设计关乎企业生命的长度——前者对制造类企业与后者对服务类企业来说,尤为如此。

这样说的理由,在于市场,在于客户是企业的衣食父母,是企业的"上帝",而客户的需求是无穷无尽的——旧的需求满足了,又会有新的需求大量涌现出来。这就要求企业为适应市场需求的变化不断进行产品研发,最终将企业新的产品推向市场,以不断满足人们日益增长的物质和精神文化需求。否则,企业不可能维持或提高自身的市场竞争力,也不可能持续发展下去,无论曾经多么优秀的企业都会每况愈下、坐吃山空,到头来只能是树倒猢狲散、泥牛入海无踪影了。

对企业来说,产品研发往往是烫手山芋——既能使你在饥肠辘辘时果腹充饥,使你在心灰意冷时重燃东山再起的希望之火;也能让你在披红挂彩之中轰然崩塌,把你从高高在上的云端直接拖入严寒彻骨的无底深渊。

这是由产品研发的特点所决定的。其特点,一是投入大、时间长、可变因素多,失败的风险不小;二是一旦成功,可能就是一种开创先河的大事,就会带来无限的商机,就会赚得钵满盆满。

于是,才有"不搞研发,等死;搞了研发,找死"之说。

其实,还应该补上一句——"搞成了研发,乐死"。

从狭义的角度看，创新等同于产品研发。此时，创新者，原创之新产品也。

譬如，华为公司拥有数万名研发人员和遍布世界各地的研发机构，每年的产品研发投入都超过其营业收入的10%，专利申请量位居全球榜首，所研发的高新技术产品从基础层到应用层，从交换与传输网到接入与用户网，从有线网到无线网，从通信网到互联网，从物联网到智能网，从系统设备到各类终端设备等，可谓层出不穷、铺天盖地，被当然地列为现今全球十大创新型企业。

而从广义的角度看，创新又不限于产品研发。

这时，创新既包括产品的内容创新，如专利、软件著作权、专有技术、标准等，也包括产品的形式创新，如启用新规格、新包装、新商标、新形象的"老"产品；既包括物质创新，如满足市场需求，甚至引导市场需求的原创产品，也包括精神创新，如原创产品承载的种种基本理论、应用方法、商业模式、企业文化、管理思想等……

所以，我认为，只要企业将自己的产品推向市场时，能够不断满足客户新的物质和精神文化需求，则企业围绕该产品开展的所有的"研发"活动就都可以视为"创新"了。

9.2　创新的不二法门

创新的不二法门是什么呢？

我想，应该是人才。

因为创新不是一种可以自然而然产生的现象，不是单靠资金、资产、劳动力（连同现今的智能机器人）、原材料（连同信息时代的大数据）等所有传统意义上的所谓"资源"的堆积，并随时间的推移就可以发生的，而是一种从无到有的创造性的劳动，是智力迸发的行为和智力施展的结果。

所以，有人才，才有创新；反之，没有人才，则没有创新。

要创新，对企业而言，应提供两大保证，即创新条件和激励机制。

创新条件包括思想舆论条件、资金投入条件、团队配备条件、实验室装备条件（仪器、仪表、软硬件平台工具等）、基础文献资料条件（专利、软件著作权、专有技术、标准等）、工作生活环境条件，以及其他一切有利于创新的物质层面和精神层面的条件。

激励机制如表扬表彰机制、奖金兑现机制、新产品销售提成机制、虚拟股权分红机制、期权期股激励机制，以及其他一切合理、合法、有益、积极的创新激励机制。

要创新，对人才而言，则应做好两大实务，即脚踏实地和坚持不懈。

脚踏实地，就是虽不坠青云之志，却始于足下之尘，要扑下身子，从带有创新火花的一桩桩、一件件身边的小事做起，不搞花架子，不做表面文章，也不想急功近利，只求可以抓铁有痕、踏石留印，让铮铮的骨气、坚实的底气和一丝不苟的匠气能够厚积薄发，最终使创新之火照亮自己，照亮企业，照亮全产业，甚至整个国家、世界和人类社会都为之焕然。

坚持不懈，则是矢志不移，不惧任何艰难困苦，以锲而不舍的精神咬定青山不放松，执着如一地去奋力实现既定的创新目标。因为创新从来就是一件知易行难的事情，没有谁能够轻言成功。不管是什么创新，大的小的、高的低的，都需要不折不挠，只有把失败踩在脚下，水滴石穿，坚持、再坚持，才能在登临泰山之巅时真正懂得既往的困惑与落寞所换来的此般风景是何等的美好。所以，才有中国明代的李时珍，踏遍千山万水而尝百草、记千万字，呕心沥血，历经四十个寒暑，三易其稿，终于有共16部、52卷、约190万字，可拯救无数人性命于水火的《本草纲目》问世；也才有外国现代的居里夫妇，经过不懈的努力，发现了钋和镭。居里夫人为了进一步验证镭的存在，更是在一个破旧的棚屋里，夜以继日地工作了4年，自己用铁棍搅拌锅里因沸腾而发出刺鼻气味的沥青矿渣，经过无数次的提炼，才从7吨重的沥青矿渣中得到了约0.12克的镭——一小袋白色的粉末，在黑暗中放射着微微的蓝光，于是就有了后来的放射物理学和放射化学，以及今天为世人所知的自然存在的所有放射性元素钋、氡、钫、镭、锕、钍、镁、铀、镎、钚……，这为人类社会的进步做出了划时代的巨大贡献。

9.3 创新，可庙堂之高，亦可江湖之远

创新，对于企业，当属生命一般。

于是，无论只是停留在口头上，还是实际付诸在行动中，企业往往都会在创新上表现得颇为积极。

同样，在许多人眼里，创新就应该是划时代的壮举，似乎不进行一场翻天覆地的"革命"，没有带颠覆性的技术产品问世，就远远不能触及自己心中对创新所抱有的那份赤诚与执念。

其实，并非每一个创新行为及其结果都是划时代的——其可分为多个不同的层次，可大可小。

可以是某一点上的创新。如某一中国白酒厂家仅对其酒瓶瓶盖进行了一项创新，推出了外观设计的发明专利，就解决了他人的假酒和自己的真酒在市场上鱼龙混杂的问题。

也可以是几个点连成某一条线上的创新。如某一灯具企业在金属材料、簧片厚薄、接触件结构上进行了几项创新，推出了新型开关，就一举将过去的开关的使用寿命提高了 2.7 倍。

还可以是几条线形成某一个面上的创新。如某一自行车企业通过对钢架、轮胎、链式传动结构等进行了全面的创新，推出了一体化成型、不易损坏、无法随意拆解的自行车，赢得了共享单车客户的普遍青睐。

进而可以是对全行业的创新。如某一中医药企业对灵芝、西红花、铁皮石斛等建立了一套从品种选育、有机栽培，再到炮制技艺、临床应用研究的全产业链发展模式，被列入国家非物质文化遗产名录，还先后获得欧盟、美国的产品认证，使中医药产品得以大踏步地走向世界，为全行业树立了中医药产业发展的标杆。

甚至是对国家、对全世界、对人类社会形成巨大影响的创新。如美国某大学于 1946 年 2 月 14 日推出了世界上第一台电子计算机埃尼阿克（ENIAC），它由 18000 多枚电子管组成，占地 170 平方米，重达 30 吨，耗电 150 千瓦/小时，可实现 5000 次/秒运算，这比此前最快的手摇计算机快了 1000 倍，虽然又大又笨，但它却是今天世界上所有的超级计算机、大中小型计算机、个人

机、智能手机，以及各类工作站、服务器等的鼻祖。它的诞生轰动了世界——以此为标志，人类社会正式进入了信息时代。

……

早年读范仲淹的《岳阳楼记》，既为其描绘的森森洞庭吞滚滚长江、造万千气象的景色所惊叹，又为其抒发的"不以物喜，不以己悲，居庙堂之高则忧其民，处江湖之远则忧其君"[①]的不朽的人格所折服。

依我看，企业的创新，无论是仅涉及某一点，还是涉及某条线，还是涉及某个面，还是涉及全行业，抑或是对国家、全世界、人类社会造成巨大影响，都是解客户之需，都是对社会的福祉，都是可喜可贺的。只要脚踏实地，不好高骛远，从一点一滴做起，不畏艰难，不怕曲折，坚忍不拔地做下去，终将汇聚滴水和溪流而成一望无际的烟波洞庭与奋勇东去的万里长江。

所以，创新，可庙堂之高，亦可江湖之远——无关大小，都会因其存在而在天地间留下一抹不一样的色彩。

9.4　产品研发的模式之争

企业进行产品研发主要有两种模式：领跑或跟随。

领跑，就是企业甘愿承担产品研发失败的风险，持续进行产品研发投入，包括投入大量的人力、物力、财力等，不断花费时间、精力研究市场，有针对性地组织产品研发，在产品技术、加工技术，甚至管理技术中取得突破，最终用自己研发的新产品去占领市场的行为模式。

领跑可以分为全面型领跑、部分型领跑、个别型领跑等几种类型。

全面型领跑者会时刻关注与自身定位相关的各类产品市场的变化情况，把握产品技术各个层面的发展趋势，进行大规模的产品研发投入和产品研发，在基础科学、应用技术、加工技术，甚至管理技术上取得突破，最终用自己研发的各类新产品去占领全部的市场。

部分型领跑者会经常关注与自身定位相关的某类产品市场的变化情况，把

[①] 范仲淹. 宋本范文正公文集 [M]. 北京：国家图书馆出版社，2017.

握产品技术某些层面的发展趋势，进行一定规模的产品研发投入和产品研发，在产品技术、加工技术，甚至管理技术上取得突破，最终用自己研发的某类新产品去占领局部的市场。

个别型领跑者会适时关注与自身定位相关的某一产品市场的变化情况，把握产品技术某一层面的发展趋势，进行小规模的产品研发投入和产品研发，在产品技术、加工技术中取得突破，最终用自己研发的某一新产品去占领单一的市场。

领跑者往往在市场上居于首要地位、支配地位、强势地位，其竞争力很强，甚至超强，是一位先行者，是一面旗帜，引导着技术，引导着市场，引导着行业，甚至也引导着一个时代的发展方向。

做领跑者的好处，一是可以获得新产品带来的高额利润回报，或独占产品带来的垄断利润回报；二是可以获得企业商誉等无形资产的快速上涨，并由品牌效应带来其他有形资产的巨大增值。

跟随，就是企业不做创新性的尝试，而是在其他企业把产品，包括产品技术、加工技术，甚至管理技术都开发出来以后，仿制或复制别人的产品去占领市场的行为模式。

跟随可以分为紧密型跟随、距离型跟随、末位型跟随等几种类型。

紧密型跟随者会随时洞察领跑者的产品研发动向，在其新产品成功进入市场之后的第一时间就进行仿制或复制，并很快在市场中找到适合自己产品的舞台，取得营收并获得不错的利润。这种跟随者有时也可能成为领跑者的竞争对手，但只要不激进地去挑战领跑者、妨碍领跑者，如冒用其品牌，盗用其专利、软件著作权等，双方一般不会发生直接冲突。

距离型跟随者会偶尔关注领跑者的产品研发动向，在其新产品已成功进入市场一段时间之后才开始进行仿制或复制，并逐步在市场中找到适合自己产品的舞台，取得营收并获得一定的利润。这种跟随者明显落后于领跑者，其"低姿态"不但不会对领跑者造成冲击，而且可以衬托领跑者产品的"高大上"，也可以使领跑者免遭独占市场的指责。

末位型跟随者不太在意领跑者的产品研发动向，只在其新产品早已成功进入市场之后，甚至在其新产品已快变成老产品之时才开始进行仿制或复制，并最终在市场中找到适合自己产品的舞台，取得营收并获得少量的利润。这种跟随者已远远地被领跑者抛于视线以外，其不可能对领跑者造成任何影响，相反，还可能使领跑者萌生出同情、怜悯之心。

跟随者往往在市场上居于次要地位、从属地位、弱势地位，其竞争力水平一般，甚至低下。

做跟随者的好处，一是可以避免产品研发失败的风险，包括研发方向和组织形式的选择，以及实施过程中各种试错的风险；二是可以节约产品研发成本，不用投入大量的人力、物力、财力等，不用花费更多的时间、精力研究市场，以有针对性地组织产品研发。当然，附加的好处是可以降低市场开发风险，直接从成熟市场中寻找到细分市场，切出自己的蛋糕，并大大地节约市场开发成本，不用再花费大笔的销售费用去建立渠道并开展各种各样的促销活动等。

产品研发的这两种模式都有不少拥趸——粉丝们通常不光拥戴自己心目中的明星，还会在"选边站队"之余，给己方摇旗呐喊、站脚助威，而给对方送上一片"倒彩"与"嘘"声。

这两种模式，哪一种更好？企业又该如何选择？

我认为，选择领跑还是选择跟随，取决于企业自己的客观实际。只要是适合自己的，就是最好的，就是企业应该选择的产品研发模式。

何谓"适合自己的"？

一是要适合自身的实力——团队、资金、仪器仪表、软件开发工具、产品技术平台、研发管理平台、已积累的研发经验等；二是要适合所拥有的环境资源——客户市场资源、人才市场资源、资本市场资源、基础设施资源、政府政策资源等。

譬如，无论是自身的实力，还是所拥有的环境资源，企业都处于"上上"水平，则当然选择领跑模式。这就像泾河入渭水——是显而易见的。

譬如，无论是自身的实力，还是所拥有的环境资源，企业都处于"下下"程度，则只能选择跟随模式。这就像小葱拌豆腐——也是显而易见的。

而无论是自身的实力，还是所拥有的环境资源，企业都处于中游水平，则可以选择部分型领跑或个别型领跑，也可以选择距离型跟随或末位型跟随。这就像白纸写黑字——还是显而易见的。

其实，还有一种非完全独立的、介于领跑与跟随之间的产品研发模式，我将其称为"共生模式"，即在自己某一或某一些产品领域采取领跑模式，而在自己另一或另一些产品领域采取跟随模式；或者在自己的同一产品中，对某一或某一些产品技术、硬件系统、软件系统等采取领跑模式，而对另一或另一些产品技术、硬件系统、软件系统等采取跟随模式。当然，此共生模式毕竟不是领跑模式和跟随模式之外的第三种模式，企业完全可以在分析自身的市场地位、竞争力、长处与不足后将其归于领跑模式或跟随模式，单独进行选择并予以区别管理。

此外，产品研发的领跑模式与跟随模式也不是一成不变的，二者在一定的条件下也可能发生相互转换。譬如，有的跟随者也具有一定的产品原创能力，当下虽采取了跟随模式，但并不排除其在不远的将来发展成一个后来居上、冲劲十足的领跑者的可能。

9.5　不能产业化的科研成果什么都不是

记得当年在企业工作时，一次曾与思科（Cisco Systems）的来访团队商谈研发合作的事项，当被问及思科是否拥有一个如朗讯（Lucent Technologies）的贝尔实验室（Bell Labs）[①]那样的研发机构时，来访者答："没有，但我们通过全球并购，将很多以前独立的研发机构纳入麾下，使其成为思科的多个专业化的小型研发机构。当然，这些小型、专业化的研发机构一般不会再做基础理论研究和专业基础研究——思科假定其早已完成了各自基础理论和专业基础的积淀，而只会一门心思地专注于产品应用开发工作，能够以源源不断的高新技术产品支撑思科的蓬勃发展……"

我认为，企业拥有什么样的研发机构并不重要——可以是朗讯贝尔实验室那样"大一统"的研发机构，也可以是思科那样"小快灵"的多个分专业的小型研发机构，还可以是其他类型的研发机构，重要的是企业采取什么样的研发

[①] 贝尔实验室（Bell Lab.）设立于 1925 年 1 月，最初为 AT&T 的研发实体，是有声电影、立体声录音、长途电视传送、晶体管、激光器、太阳能电池、通信卫星、电子计算机、数字交换机、UNIX 操作系统、蜂窝移动电话等重大发明的诞生地，拥有多位诺贝尔奖得主和数万项发明专利。按照美国政府分拆 AT&T 协议，1996 年贝尔实验室和 AT&T 的设备制造部门脱离 AT&T 组成朗讯，朗讯的基础理论研究、网络系统研究和软硬件产品应用开发等三大研发任务由贝尔实验室负责承担。但由于朗讯的经营业绩每况愈下，2006 年以来不得不数次实施资产与业务重组，致使昔日大名鼎鼎的贝尔实验室逐渐淡出了人们的视野，不再为世人所知。

策略：是从基础理论研究入手，再到专业基础研究，最后才是产品应用开发，还是只专注于产品应用开发。前者固然拥有在"长期谋划"上的优势，但涉及的领域广、战线长，投入的人员多、费用高，如果不是"财大气粗"，企业很难长久支撑下去；而后者，往往更加贴近市场和客户需求，具有更高的研发效率，研发产业化之路走起来也更为便捷，但又容易陷入"短期行为"的泥沼，很难推出划时代、颠覆性的研发成果。

其实，不同的研发策略各具千秋，难于一争高下而分出子丑寅卯或高低贵贱来。从基础理论研究入手，还是只从专业基础研究起步，还是仅仅专注于产品应用开发就行，并不是关键，关键是最终的研发成果可以通过转让或转产而成功地实现产业化。

因为，企业永远也不需要科研成果——专利、软件著作权、专有技术、标准、学术文献资料，等等，而只需要那些技术性能优异、功能为客户所称道，且质量上乘的实际产品。否则，企业断无立锥之地。

所以，如果企业的科研成果最终不能产业化，那这样的科研成果什么都不是，还不如一堆粪土，毕竟粪土还能肥田壮秧，让万千农人心花怒放、笑逐颜开。

9.6　没有项目带头人，就没有产品研发

在这个世界上，做任何事都离不开人。搞产品研发也一样，而且光有人还不够，还必须有项目带头人。

搞产品研发，需要有合理的研发规划、严谨的研发项目可行性研究、详尽的实施方案、必要的资金和资产资源、确定的研发组织形式和项目带头人，以及周密的组织实施、项目验收和研发成果产业化安排，等等。无疑，这些都很重要，但其中最为重要的是确定项目带头人。对那些选择研发领跑模式的企业来说，尤其是如此。

我认为，没有项目带头人，就没有产品研发。

何以如此笃定？

因为产品研发是企业开展的一种投资大、时间长、风险高、管理相对复杂

的创新活动，如果没有项目带头人，从产品研发的规划提出、可行性研究、方案安排、流程设计，到组织实施、过程监控、验收鉴定、研发成果转化等，都将无从谈起，最终的结果很可能是颗粒无收、一败涂地。

项目带头人应该具备哪些基本特质？

一是要有创新精神。创新精神是一种勇于抛弃旧思想、旧事物，并创立新思想、新事物的思想意识，属于哲学中与物质相对应的精神的范畴。其核心是求新、求变与敢为人先——认同"苟日新，日日新，又日新"与"穷则变，变则通，通则久"，不喜"嚼前人嚼过的馍""唯书、唯上""人云亦云"，而要"开风气之先河""走自己开拓出来的路"。

二是要有创新人格。创新人格是所有创新性个性的总和，是进行创新活动应当具备的某些心理与行为特征。个性中的气质本无优劣之说，但性格却有好坏之分。具有创新人格，是指具有非凡的勇气、强烈的自信、顽强的意志、乐观的态度、坚定的独立性、旺盛的好奇心与求知欲，等等。没有创新人格，可能直接导致产品研发的失败。

三是要有创新知识。创新知识是某产品或某类产品研发所需的知识体系，包括该产品或该类产品的基本原理、基本方法和相关的专利、软件著作权、专有技术、标准，以及产品技术和市场需求的发展、变化趋势的信息情报等。知识就是力量，如果没有创新知识来武装，任何创新活动都会是无尽大漠里的滚滚黄沙，所有创新者都将成为风雪交加中的迷途羔羊。

四是要有创新经验。创新经验是从既往的产品研发过程中直接获得或通过归纳、概括和总结获得的，对产品研发活动的实际及其客观发展规律的认识。经验并不全是成功的收获，也包括失败的教训，而且失败的教训往往更加珍贵，其可用以指导和改进工作，"吃一堑，长一智"，将以往的失败化作成功之母，以避免未来的重蹈覆辙。

五是要有创新能力。创新能力是提出产品研发的新思路、新观点、新概念、新方法的思维能力和进行发明创造、技术革新和技术改造中方案策划、组织实施、监督激励、调整提高等的行为能力，是项目带头人的精神、人格、知识、经验等的综合体现。

该创新能力大体包括：学习能力——获取、掌握及运用理论、方法和工具的能力；分析能力——运用各种思维方法，对客观事物的性质、变化规律、各局部之间以及局部与整体之间的关系等加以深刻认识的能力；批判能力——

不迷信、不盲从，批判性地对已知的或既往的知识、经验等去粗取精、去伪存真的能力；抗压能力——在身处逆境时，对自身的心理压力和负面情绪的承受与调节的能力；解决问题能力——对出现的问题做出预判，并能够临机提出解决问题方案和实施解决问题方案的能力；团队组织能力——团队组建、计划安排、监督执行、考核激励、指导培养团队成员等方面的能力；协调协作能力——广泛凝聚项目内外各种资源，并充分调动项目内外各种有利因素，以更好地发挥系统整体效能的能力等。

这样的项目带头人从何而来？

一是自己培养——或以老带新，或实战锻炼，或轮岗交流，或"海阔凭鱼跃，天高任鸟飞""你有多大的能耐，就给你搭建多大的舞台"。

二是对外招聘——或筑巢引凤，或通过猎头"挖"人。

三是收购兼并研发企业——留住人才，填补了人才空白，也就壮大了自身的人才队伍。

9.7　保证合作研发一帆风顺的要件

产品研发中常见的方式是自主研发、委托研发、合作研发。

如果抛开自主研发和委托研发不论，单就合作研发来说，保证合作研发一帆风顺的要件，无疑是合作的双方或多方之间订立的合作研发协议（或合作研发合同）。

合作研发协议通常是明确合作各方的责、权、利以及相互关系的最重要的法律文件。

合作研发协议至少应包括以下内容：

一是合作研发项目的名称以及内涵和外延界定。

二是项目牵头单位和合作单位。

三是项目团队架构、各层级人员数量，以及各自委派的各层级的人员的比例。

四是项目账户设置、账务处理及财务管理权限；项目费用金额、支付时间及各自承担比例；项目调用、占用的各方资源，是否有偿及有偿时的计价方式；在项目验收或终止结项时，项目形成的固定资产和剩余的流动资产的处置方式及各自的归属比例。

五是项目启动时间、项目周期、预计结束时间及研发过程中的重要时间节点。

六是项目场地。

七是研发项目成果，包括阶段性成果和最终成果中的学术论文、技术资料、研发样机（软硬件），以及专利、软件著作权、商标等知识产权的归属方式及各自的归属比例。

八是项目风险的分担。

九是违约责任及罚则。

十是争议解决的方式及途径。

有了这种完善的合作研发协议，虽然仍有可能发生合作伙伴违约的问题，但至少比没有此合作研发协议，或虽有合作研发协议，但合作研发协议极不完善（存有多处疏漏、语义不清或前后矛盾等情形）处理起来会简单很多，解决起来也会容易很多。

所以，千万不要相信谦谦君子之间的什么口头协议，或过命兄弟之间的所谓掏心窝子的话，搞合作研发，还是应该"把丑话说在头里""亲兄弟明算账"，先把合作研发协议谈妥了、签字了、生效了，再"锣是锣、鼓是鼓"地挽起袖子加油干为好。

对这一点，我曾有过许多不堪回首的经历，于是才有了如此这般的体会。

故，谨记于此，以飨看客或用家。

9.8 产品研发项目实施的关键流程

对企业来说，产品研发往往涉及较大的投资、较多的人员、较长的研发时间、较为复杂的工作内容……，因此，在企业中，产品研发通常被作为一个独立的项目来实施管理。

譬如，所在企业（或合作单位、委托单位等）要确定项目带头人、履行立项建议书手续、通过《项目可行性研究报告》审批、获得项目编号或代号、搭建项目团队、提出项目实施方案、编列项目专项预算、开设临时性专门账户、下达项目任务书、按计划组织项目实施等，以取得产品研发的最终成果。

依我看，产品研发项目实施的关键流程主要为六项，即需求分析、概念设计、产品设计、产品研制、产品测试、项目验收/终止结项等。

一是需求分析。

其一是通过各种市场调研活动，直接或间接地收集用户对拟研发产品的市场定位，以及主要性能、功能、质量等指标的意见和建议；其二是对用户的意见和建议进行汇总、归类，提出具体的拟研发的产品，并明确应优先实现的需求顺序；其三是进一步精准定义该产品，确认能够满足某些用户需求，且具有一定的市场定位。

二是概念设计。

其一是对该产品的基本架构、技术路线等进行梳理，完成整体概念描述；其二是对该产品的系统整体、各分/子系统及其相互关系等进行基本描述，对主要性能、功能、质量等指标予以确认。

三是产品设计。

其一是通过对该产品的系统整体、各分/子系统及其相互关系的详细描述，进一步完善性能、功能、质量等指标，实现从概念化到具体化、从原理层面到物理层面的转化；其二是完成该产品系统整体与各分/子系统的交互逻辑设计，提交可实现交互操作、产生交互效果的交互设计文件；其三是完成该产品的用户界面设计，提交可实现用户界面操作、产生用户界面效果的界面设计文件。

四是产品研制。

对硬件研制，其一是绘制该产品的机械结构图和设计图、液压或气压系统结构图和设计图、电子电气线路结构图和设计图、印刷电路板（Printed Circuit Board，PCB）设计图等，完成性能、功能、质量等指标实现过程的详细描述文档；其二是提出需采购的零部件，包括小至芯片、板卡，大至机械系统、液压或气压系统、电子电气控制系统等的名称、规格型号、版本号、厂家、单价、数量等清单，对其在该产品中的编号、性能、功能、质量等指标予以说明；其三是配合采购部门按照采购清单完成相应零部件等的采购；其四是配合相关软件的研制（单独的硬件研制项目除外）；其五是制作硬件样机，进行测试，依据测试结果修改、完善产品设计甚至概念设计，再制作硬件样机，再测试……，直至完成硬件样机的研制任务。

对软件研制，其一是明确该产品的系统总体和各分/子模块所涉及的主要算法，以及数据结构各层级的定义和存储、调用关系，对系统总体和各分/子模块中每一个程序加以详细设计；其二是提出该产品需采购的软件平台等的名称、规格型号、版本号、厂家、单价、数量等清单，对其在该产品中的编号、性能、功能、质量等指标等予以说明；其三是配合采购部门按照采购清单完成相应软件平台等的采购；其四是配合相关硬件的研制（单独的、非嵌入式的软件研制项目除外）；其五是选择编程语言，如Java、C、C++、Python、Visual Basic（VB）等，使用编程语言进行软件编程，安排测试，依据测试结果修改软件、完善产品设计甚至概念设计，再编程，再测试……，直至完成软件系统的研制任务。

五是产品测试。

其一是由产品研制团队提交测试申请；其二是由产品测试团队依据项目实施方案、项目任务书等确定的测试条件、测试标准等提出测试计划，对硬件样机或软件系统的性能、功能、质量等指标进行实测，并给出测试报告的结论（分为实现、基本实现、基本未实现、未实现等几种情形）。

产品测试既可以在研制过程中进行，也可以在研制过程结束后进行，且既可以是对某一零部件或某一分/子系统模块进行单独测试，也可以是对硬件样机或软件系统总体进行整体测试，还可以是将硬件样机或软件系统总体与外部环境系统连接、加载后进行的联调联测。

六是项目验收或终止结项。

对项目验收，其一，由项目团队提出进行项目验收的申请，并附产品研制报告、测试报告等。其二，由所在企业制订项目验收方案，就召开验收会议的时间、地点、出席方（由所在企业相关部门以及外部专家等组成）、列席答辩方（由项目团队等组成）、验收目的等做出安排，并通知各方提前做好参加验收会议的准备，包括出具资金使用报告（项目决算报告）、专项审计报告、对项目团队的业绩激励建议，以及对研发成果产业化的可能性的论证意见等。其三，组织验收会议，由出席方对该项目的实施完成情况进行评判：研发产品是否实现了预定的性能、功能、质量等指标，所提供的研制报告、测试报告、其他证明性文档资料，以及硬件样机、软件源程序等是否真实、完整、准确，经费使用是否违规，研制周期是否超时，技术成熟度是否已满足下一步产业化的要求，该项目是否能够通过验收。其四，通过项目验收的，一旦该验收会议决议经审议批准，则该项目正式结束，所在企业应及时编制项目总结报告，连同项目文档资料，含全套的硬件设计图纸、软件源程序、知识产权证书等进行归档，并将与该项目相关的固定资产和流动资产等移交所在企业相关部门；未通过项目验收的，应由项目团队按照验收会议的整改意见对该项目进行整改，并在规定的时间内再次组织验收。

对终止结项，其一是由项目团队提出终止结项的申请；其二是由所在企业对该申请进行审议批准，并由所在企业相关部门妥善做好终止结项的后续工作，包括项目调用、占用资源的处置，形成的固定资产和流动资产的处置，阶段性成果中的学术论文、技术资料、硬件样机、软件源程序的处置，专利、软件著作权、商标等知识产权的处置，以及项目团队人员的安置等。

显然，这六项产品研发项目实施的关键流程，对于确保产品研发成功是必不可少的——倘若离开了这些关键流程，产品研发不是失之千里，就定是无果而终。

9.9 产品研发的市场化生存法则

放眼今日乃至未来之世界，用户对企业提供的产品或服务的需求，正变得益发层出不穷——各式各样，且快速多变，要能充分彰显个性……

这无疑也是一种人类社会的发展、变化趋势，就像许多思想家、政论家、预言家们所描述的那些政治、经济、文化、科技甚至动物、植物、地质、气候等现象的发展、变化趋势一样。

究其原因，其最主要的根源在于社会生产力的发展而导致的时代的进步。

自工业革命开启以来，人类社会已先后走过了蒸汽时代、电气时代，正快速跑进信息时代。正是铺天盖地、无所不在的信息，极大地促进了企业与用户的交流——数据可以在企业与用户之间实现全时、全域的无缝传递。借此信息工具，企业能够随时了解用户的所购、所想，用户也能及时知晓企业的所销、所图。由此，企业不但可以快速地向用户提供真正为用户所欢迎的产品，还能够超前地研发新产品，以不断地满足用户需求、激发用户需求和引导用户需求，从而推动用户需求如汪洋大海般风起云涌、波澜壮阔。

对企业来说，需求旺盛本来是一桩好事，但如果这种需求旺盛更多地表现为一种用户需求的多样化和差异化时，就不再被简单地认为是一桩好事了。

为什么？

因为现代企业普遍是社会化大生产的商业组织，要符合社会化大生产规律，只有组织大规模的研发、生产和销售产品等经营活动才能降本增效，实现让业务收入大于业务支出，即实现业务盈利的商业的本质。否则，企业必死，其满足"各式各样，且快速多变，要能充分彰显个性……"的用户需求的奢望，又将安在？

因此，企业从产品研发之始，就要在符合社会化大生产规律与满足多样化和差异化的用户需求之间，建立起具有最大"公约数"的、可以平衡二者矛盾的某一共生关系，即找到一条产品研发的市场化生存法则。

我认为，这一法则就是零部件通用化、技术架构平台化、产品品种规格系列化。

其一是零部件通用化。

零部件[①]通用化是指在同类产品研发时，尽可能地采用，或设计在性能、功能、质量等内部指标上相同或基本相同，在形状、尺寸、适配环境等外部特征上能够相互替换的零部件的做法。

其直接目的是既可以在研发时避免重复性研发，提高研发效率和研发质量，节约研发的人力物力财力，又可以在生产时实现零部件的批量化制造，提高生产效率和加工质量，降低生产成本和制造费用，也为下一步的产品销售与产品运维提供了诸多便利。

其二是技术架构平台化。

技术架构[②]平台化是指在同类产品研发时，尽可能地采用，或设计在技术原理、运行与控制关系、物理结构、加工制作工艺等方面相同或基本相同，具有多种应用接口和普遍的适配环境，可供多个应用模块共同使用的基础平台的做法。

其直接目的与零部件通用化的直接目的相同，也是既可以在研发时，避免重复性研发，提高研发效率和研发质量，节约研发的人力、物力、财力，又可

---

① 对软件产品而言，为子系统程序。
② 对软件产品而言，为基础层系统程序。

以在生产时实现技术架构平台的批量化制造，提高生产效率和加工质量，降低生产成本和制造费用，也为下一步的产品销售与产品运维提供诸多便利。

其三是产品品种规格系列化。

产品品种规格[①]系列化是指在同类产品研发时，尽可能地采用，或设计零部件和技术架构平台相同或基本相同，实现的主要功能大体相当，只在外观、大小、选装模块和应用系统等非主要功能上有所区别，而形成如俄罗斯套娃般的系列产品的做法。

其直接目的与零部件通用化、技术架构平台化的直接目的相同，仍是既可以在研发时，避免重复性研发，提高研发效率和研发质量，节约研发的人力物力财力，又可以在生产时实现系列产品的批量化制造，提高生产效率和加工质量，降低生产成本和制造费用，也为下一步的产品销售与产品运维提供了诸多便利。

由此，该产品研发的市场化生存法则的最终目的是，企业在符合社会化大生产规律的前提下，通过零部件通用化、技术架构平台化、产品品种规格系列化的研发方式，向市场提供不同品种规格的同类产品或不同类产品——但选择同样的研发方式，以此来最大限度地满足今日乃至未来之多样化和差异化的用户需求。

直到某一天，当无限的多元化和差异化的用户需求，面对的是同样无限的企业和其无限的多元化和差异化的市场供给时，该产品研发的市场化生存法则就理所当然地失效了。

但这一天会在何时呢？

我不知道。

9.10　对产业化之路的不同选择

产业化，是将研发成果转化为企业生产、销售的产品的一种行为过程。

产业化之路通常有两条。

一是对源于自主研发、合作研发、委托研发等的研发成果，安排对内转

---

① 对软件产品而言，为完整的、可运行的、能够实现一定使用功能的系统程序。

产；二是将同样源于自主研发、合作研发、委托研发等的研发成果，予以对外转让。

所谓"对内转产"，或者是将已拥有并掌握的研发成果转化为由企业自己生产、销售的产品，或者是经评估、作价，以出资、增资等方式将已拥有并掌握的研发成果转化为由存在所属关系的分/子公司等生产、销售的产品，以直接实现该研发成果产业化的目的。

就对内转产而言，无论对企业自己，还是对分/子公司等，实际工作可分为试制、试产和正式投产三个阶段——如研发成果在转产前已具有较高的技术成熟度，则可以在实际工作中省去试制甚至试产的阶段。

首先是试制阶段。试制又称"中试"，即边试边制，由接产企业的试制车间负责实施，试制结束且能够"转段"的依据是接产企业对试制样机组织产品设计定型鉴定会，并通过了相应的鉴定报告。

其次是试产阶段。试产又称"小批量生产"，即安排二三百件或至少单个批次产品的生产，由接产企业的试产车间负责实施，试产结束且能够"转段"的依据是接产企业先对试产产品安排试销，取得用户试用报告，再组织产品生产定型鉴定会，并通过了相应的鉴定报告。

最后是正式投产阶段。正式投产即开始规模化生产，由接产企业的生产车间负责实施，并大规模地向市场投放正式产品。一旦接产企业对某一研发成果安排正式投产，则标志着该研发成果产业化——对内转产的任务已全部完成。

所谓"对外转让"，即技术转让，是通过技术贸易的方式，将研发成果的所有权、使用权，以及收益权等出售给外部企业，使该研发成果转化为由外部企业生产、销售的产品，以间接实现该研发成果产业化的目的。

就对外转让而言，实际工作可分为谈判、签约、履约、试制、试产、正式投产六个阶段——如研发成果在转让前已具有较高的技术成熟度，则可以在实际工作中省去试制甚至试产的阶段。

一是谈判阶段。无论通过何种考察、了解方式，在转让方与受让方对转让方所拥有的某一产品技术达成初步的技术转让意愿后，双方会各自组建由法律、技术、财务、投资等方面的专业人员组成的谈判团队，以现场会议或音视频会议等方式，围绕技术转让标的、转让权属性质、转让范围、转让价格、转让费支付方式、附加服务事项等展开多层级、多轮技术贸易谈判，形成会议记录、备忘录、纪要等重要文件和往来的电话记录、传真、邮件等辅助文件,以确定双方谈判已达成一致的关键内容。

二是签约阶段。在转让方与受让方谈判达成一致的基础上,双方将形成书面的技术转让合同及相关附加协议。如果是涉外技术转让,该技术转让合同及相关附加协议还应生成具有同等法律效力的外文版本。通常,先由双方谈判团队的负责人对技术转让合同及相关附加协议进行小签,再由双方法人代表或授权代表正式签署后生效。对于涉外技术转让合同,按照不同国家的政策规定,可能还需要履行当事国相关政府部门的批准手续后才能最终生效。

三是履约阶段。在技术转让合同及相关附加协议签约生效后,该技术转让进入履约阶段。其一是标的所有权转让,包括双方变更专利、软件著作权、商标等知识产权的权属登记证书;转让方移交专有技术、标准等的整套技术资料,以及相应的主辅材料、零部件、技术产品、加工设备等实物资产;受让方支付技术转让费等。其二是标的使用权转让,包括转让方提供专利、软件著作权、商标许可证,以及专有技术、标准等的整套技术资料,并予以必要的技术指导;受让方支付相应的技术转让费等。

因对外转让的试制、试产和正式投产阶段的实际工作,与对内转产的试制、试产和正式投产阶段的实际工作类似,就不在此多言了。

至于产业化之路该如何选择——对研发成果是安排对内转产,还是予以对外转让,这需要视企业自己的发展战略而定。

如果企业定位于一家全产业链企业,或已谋划要成为一家全产业链企业,则企业通常寄望于向单位市场或消费者市场销售自己的中间产品或最终产品来获取收益,并满足客户日益增长的物质生活与精神生活的需要。在这种情况下,企业自当选择将研发成果对内转产的产业化之路。

如果企业并非一家全产业链企业,也未谋划要成为一家全产业链企业,而只是一家产品研发企业,或只是一家不具备产品研发功能的制造加工企业,则前者通常寄望于向后者转让技术,由后者在受让技术后向单位市场或消费者市场销售自己的中间产品或最终产品来获取收益,并满足客户日益增长的物质生活与精神生活的需要。在这种情况下,企业自当选择将研发成果对外转让的产业化之路。

产业化之路的风险,可能更多地在于产品研发时就已埋下的各种"雷"。如研发项目立项随意和可行性研究不严谨,使研发产品与市场需求严重脱节,导致研发成果产业化一开始就先天不足；又如研发项目实施方案编制不合理，在产品设计环节其采用的软硬件就无成本优势，标准化、模块化以及通用性、可互换性程度也不高，结果势必影响研发成果产业化的成功率；又如对研发团队管理不力，激励约束机制也不到位，致使研发效率低下，不能按计划时间表完成研发任务，最终失去了将研发成果产业化的时间窗口；又如研发成果的技术成熟度不高、技术的文档化率低下，连开展试制和试产都困难重重，自然就谈不上正式投产或对外转让了。

所以，从顺应专业化分工和经济全球化的大趋势的角度，以及从降低风险的角度讲，选择对外转让的产业化之路似乎会更好一些——作为转让方只需专注于产品研发，承担由此带来的风险；作为受让方只需专注于制造加工，承担由此产生的风险。但遗憾的是，在这个世界上，真正一流的，甚至超一流的产品技术，如若正当其时而非明日黄花，那又有谁会轻易对外转让呢？

9.11 产品研发面临的新的挑战

在人类社会步入信息时代的今天，企业面对的市场形势不是变得更为宽松、滋润，而是变得更为严苛、险恶了。

一方面是竞争者铺天盖地——很难再碰到水静无波的"蓝海"，四周几乎都是波涛起伏的"红海"，甚至是惊涛骇浪的"黑海"。另一方面是客户需求千变万化——一是变化快，一成不变行不通了，一种产品或服务可能推向市场不久就会"寥落"，甚至可能还没有面市就要谢幕了；二是花样多，千篇一律不吃香了，只有那些小众化、个性化，甚至定制化的产品或服务才能获得客户的青睐，才有可能对上客户的胃口。

这种市场形势的变化使企业的各种经营管理活动，尤其是产品研发活动面临的新的挑战不胜枚举——产品研发的决策失误要少、时间周期要短、技术性能要好、使用功能要新、质量水平要高、研发成本要低……

而这些新的挑战，许多并不符合产品研发的客观规律，构成了在时间、空间、因果等逻辑关系上的种种矛盾。譬如，产品研发的时间周期要短，则可能压缩立项、可行性研究，以及设计方案评审等环节，如此这般，决策失误的概率自然就不会小反而还会增大；同样，如果产品研发的时间周期要短，则可能砍掉老化试验、抗疲劳试验，甚至加电测试、系统联调、中试等，这样一来，又怎么保证研发产品的质量水平最终会提高而不会降低呢？

那么，企业应该怎样应对这些新的挑战？

依我看，解铃还须系铃人——在信息时代里出现的这些新的挑战，还必须用信息时代的技术手段来应对。

采用信息时代的技术手段，能减少或取消产品研发的工作内容，以提升产品研发的效率和效益吗？

答案是，不能。

无数的事实表明，企业的产品研发涉及确定项目带头人、履行立项建议书手续、通过项目可行性研究报告审批、获得项目编号或代号、搭建项目团队、提出项目实施方案、编列项目专项预算、开设临时性专门账户、下达项目任务书、按计划组织项目实施等工作。其中，组织项目实施又可分解为需求分析、概念设计、产品设计、产品研制、产品测试、项目验收或终止结项等工作。严格地说，要想取得产品研发的最后成功，这些工作内容"一个也不能少"——任何减少或取消这些工作内容的指望都是徒劳的，只能让提升产品研发的效率和效益的目标落空。

而采用信息时代的技术手段，能改变或创造产品研发的工作形式，以提升产品研发的效率和效益吗？

答案是，能。

无数的事实也表明，靠信息化手段，能够及时捕捉和高速处理海量的市场信息——确定的和可能的、直接的和间接的、间断的和连续的、固定的和变化的、显现的和潜在的、当下的和未来的、域内的和域外的……，使企业基于客户需求所开展的产品研发由即时研发、串行研发、单向研发、节点研发、模糊研发、粗放研发、独自研发等工作方式，改变为超前研发、并行研发、多向研发、持续研发、精准研发、集约研发、协同研发等工作方式，从而提升产品研发的效率和效益。

譬如，传统意义上的产品研发，因为仅能捕捉和处理在时间、空间、数量、质量上相当有限的市场信息，所以大多只能开展即时研发——使所谓"生产一代、开发一代、预研一代"中的"预研一代"往往成了"美丽的谎言"；而信息化手段下的产品研发，因为能够捕捉和处理在时间、空间、数量、质量上几乎无限的市场信息，所以完全可以开展超前研发，走在客户需求的前面，主动引导着客户需求，使企业真正成了市场上的弄潮儿。

又如，传统意义上的产品研发，因为仅能捕捉和处理在时间、空间、数量、质量上相当有限的市场信息，所以大多只能开展串行研发、单向研发、节点研发——由最初的项目立项到最终的项目验收或终止结项，循序而行、逐次递进；而信息化手段下的产品研发，因为能够捕捉和处理在时间、空间、数量、质量上几乎无限的市场信息，所以完全可以开展并行研发、多向研发、持续研发，既可以节省串行研发、单向研发中大量的等待时间，又可以适时地对节点研发进行持续调整，以更好地应对客户需求出现的种种变化。

再如，传统意义上的产品研发，因为仅能捕捉和处理在时间、空间、数量、质量上相当有限的市场信息，所以大多只能开展模糊研发、粗放研发、独自研发——不能知彼知己，就只好摸着石头过河，走一步看一步，也只好形单影只、埋头苦干；而信息化手段下的产品研发，因为能够捕捉和处理在时间、空间、数量、质量上几乎无限的市场信息，所以完全可以开展精准研发、集约研发、协同研发，做到知己知彼，就容易有的放矢、善作善成，也容易勠力同心、同舟共济，以显著地提升产品研发的效率和效益。

……

常言道"兵来将挡，水来土掩"，未来，产品研发面临的新的挑战，仍可以利用信息时代愈加丰富和愈加先进的技术手段，如现已面世的大数据、云计算、人工智能（Artificial Intelligence，AI），以及许许多多尚未面世，但一定会面世的全新的技术手段来一一应对。

第10章

生产运营

10.1 生产运营管理的最终目的

生产活动是人类社会的基本活动之一，其痕迹至少可以上溯到数百万年前的原始社会。原始人类想做到自给自足往往都很难，自然不可能有商品交换，现代意义上的企业所从事的种种经营活动就更是无从谈起了。

今天，生产运营指企业为客户及时且保质保量地生产各类产品或培育各类服务的经营活动。与企业其他的，如市场营销、产品研发等经营活动一样，生产运营也需要管理者实施计划、组织、指挥、协调和控制等管理行为，以保证其高效率和高效益。

高效率和高效益？没错。

我认为，提高生产运营的效率和效益——使生产过程更为高效，使生产成本和制造费用更为低廉——就是企业生产运营管理的最终目的所在。

其实，所有管理活动的目的，都可以概括为通过提高效率和效益来提高企业的市场竞争力，只是生产运营管理更能体现这一特征罢了。

之所以这样说，缘于生产运营较之其他板块，如企业文化、战略、组织、行政、人力、财务、市场营销、产品研发等：一是管理更为容易，其他板块因涉及的人为因素、环境因素、不可控因素等要多得多，因果关系往往也要复杂得多；二是降低营业成本的效果更为明显，其他板块因涉及的成本费用相对于生产成本和制造费用来说，在营业成本中的占比较小，其对营业成本降低的边际贡献自然也就小得多。

如何达到生产运营管理的最终目的？

一靠制订生产计划。

生产计划是由主生产计划（Master Production Schedule，MPS）、生产能力计划（Production Capacity Planning，PCP）和物料需求计划（Material Requirements Planning，MRP）等组成的一个计划体系，是企业开展产品生产的基本前提，也是产品生产得以有序进行的依据与保证。制订生产计划是企业对自身年度生产运营工作做出总体安排的行为。没有生产计划，企业所有的生产运营活动都无从谈起。

二靠组织和执行。

组织和执行是将生产计划下达各生产车间、制造分厂，以及采购、仓储和物流部门等生产任务承接单位，并组织其贯彻、执行生产计划的行为。与其他工作一样，离开了组织和执行，再美好的思路、设想都是奢望、空谈，再周密的计划、安排都会一败涂地、颗粒无收。

三靠协调和控制。

协调和控制是对生产组织和执行中出现的、相较于生产计划有较大偏差的问题进行分析，找出问题的根源，提出解决问题的措施，并协调相关方关系，对生产组织和执行过程及时加以干预和调整，使企业能够在生产成本、制造费用基本可控的条件下，完成产品种类、数量、质量和交货期等生产计划目标的行为。不进行协调和控制，生产组织和执行中的问题就得不到解决，即使是一个小问题也可能泛滥成灾，最终导致企业经营的大堤就此崩塌、毁于一旦。

四靠安全生产。

安全生产是遵循安全生产法规，定期组织安全生产培训和安全生产大检查，防止发生安全生产事故的行为。安全生产就如同一道红线，一旦在生产运营中发生人身伤亡、设备和厂房设施损坏等安全生产事故，则对生产运营实施的计划、组织、指挥、协调和控制等所有的管理行为，就都化为了泡影。

另外，新企业还要考虑生产设施配置、建设，以及产品生产工艺路线设计等；老企业则应考虑生产运营的流程再造，这既包括去除多余的流程或搭建缺失的流程，也包括简化繁杂的流程或丰富粗略的流程等。

当然，请别忘记了，凡此种种的生产运营工作的最终目的就只有一个：提高生产运营的效率和效益。

10.2 要流程再造之"革命",还是要流程优化之"改良"

面对全球信息技术革命和世界经济长期低速增长带来的竞争压力,由美国的迈克尔·哈默(Meker Hammer)和詹姆斯·钱匹(James Champy)在1993年出版的《企业再造》[①]一书中指出,必须进行企业流程再造(Business Process Reengineering, BPR)——"为迅速地改善成本、质量、服务、速度等现代企业重大的运营基准,需要对业务流程进行的根本性的重新思考及彻底改革",即通过对企业全部的生产经营流程进行全面、认真的研究分析,对其中不合理的流程,包括战略、组织、营销、生产、质量控制等流程进行彻底的变革和设计,即"从头改变,重新设计",以达到使其合理化的目的。

此说一经问世,就引发了一场震动。于是,有大量的企业投身于所谓"流程再造"的运动。其中,成功的企业有之,如国际商用机器公司(IBM)的信贷公司通过流程改造,由一个信贷通才代替原来多位信贷专才,并将向客户提供金融借贷服务的作业时间由原来的7天减少到了4小时;而不成功的企业也比比皆是,如不少企业只是在开始时大张旗鼓、踌躇满志,到头来却是半途而废、不了了之。

结果为什么会这样?

其原因可能至少有二。

其一是流程再造理论本身尚不成熟。

譬如,流程再造一说要求将原有流程完全推倒重来,要"从头改变,重新设计"流程。这显然不符合事物发展由内向外、由浅入深、由低级向高级、由简单到复杂的,波浪式前进或螺旋式上升的客观规律,与唯物主义哲学的世界观与方法论相背离。

再如,流程再造一说要求全盘否定原有流程,哪怕是原有流程中存在的某些合理内核,完全割裂了原有流程与后续新流程之间的必然联系。这显然太过绝对和片面,既与"管理学不是一门科学,而是一门艺术或是一门科学加艺术"的基本的学术思想相左,也与管理学综合的观点、系统的观点、人本的观点、权变的观点等相违。

[①] 迈克尔·哈默,詹姆斯·钱匹.企业再造[M].南昌:江西人民出版社,2019.

其二是推行流程再造的实践跑偏、走样。

譬如，流程再造的基本原则，一是流程再造的工作重点是面向市场、面向客户的业务流程，且首先是那些流程再造风险小、代价低的业务流程；二是流程再造的目的并不是单纯地调整组织架构和裁撤人员；三是对流程再造，除了企业管理层达成共识以外，还必须发动员工广泛参与；四是要以流程再造后企业是否能为顾客带来更多的价值作为判定流程再造是否成功的标志。而在具体实践中，少有企业将这些基本原则全部做到或真正做到位的。

再如，流程再造的主要步骤，一是设立相关组织流程再造活动的工作机构；二是对原有流程进行全面的功效分析，发现其存在的问题；三是设计新的流程并进行方案评估；四是制订与新流程方案配套的组织架构、人员配置等的变革计划；五是同步推进实施。而在实践活动中，少有企业能够对这些主要步骤完整地加以考虑和组织执行的。

又如，流程再造的关键时机，应该发生在企业市场的客户需求出现根本变化，或企业主动进行战略调整转型的时候，这时才需要企业进行流程再造，并对自身的商业模式、组织架构等进行彻底的变革。而在实践活动中，少有企业能够对此关键时机予以准确的认识和把握——其实，在大多数正常的市场竞争情况下，并不需要搞什么流程再造，只坚持做一些企业流程优化（Business Process Improvement，BPI）就好了。

众所周知，经营管理工作原本就是对工作内容和工作流程的管理，以求提高企业的经营管理效率和效益。因此，一家正常经营的企业，能够且应该随时随地地对现有流程，包括直接影响业务发展的业务流程和间接影响业务发展的其他工作流程进行梳理、完善、改进，即对原有流程去其糟粕、留其精华，循序渐进、有条不紊地进行流程优化，以适应企业日常的、带普遍性的市场竞争的需要。

显然，相较于流程再造的思想，流程优化的思想已很难追溯其由何人原创于何时、何地，大概其始终与人类文明相随、相伴，进而与现代企业共生、共存，像人们手中的一块瑰宝。难怪中国先秦时就有荀子所云："见善，修然必以自存也；见不善，愀然必以自省也。善在身，介然必以自好也；不善在身，菑然必以自恶也。"[1]

---

[1] 方勇等译注.荀子[M].北京：中华书局，2011.

同样，相较于流程再造，流程优化不会是什么划时代的新奇之说，不可能"博眼球""博出位"，自然也就无法"圈粉""引流"，以换取多大的商业价值，但其温和且可持续，更符合企业实际，也更容易为企业所接受。只要企业坚持进行流程优化，完全可以发挥其提升市场竞争力的作用，如荀子所云："夫骥一日而千里，驽马十驾则亦及之矣。……故跬步而不休，跛鳖千里；累土而不辍，丘山崇成。厌其源，开其渎，江河可竭；一进一退，一左一右，六骥不致。"[①]

因此，如果要在流程再造和流程优化之间做出选择，我通常不会选择流程再造之"革命"，而会选择流程优化之"改良"。前者如狂风暴雨，可倒海翻江——是非常时期的非常行动；而后者像春风化雨，可润物无声——是通常情况下更合理和更可行的作为。

10.3　精益化生产只是对"理想"不断追求的"过程"

"精益化"的概念，源自二十世纪七八十年代日本丰田汽车公司为应对市场需求而采取的一种新的，可多品种、小批量排产的生产模式。

所谓"精益"，其基本的含义一是"精"，即精准、精确、精细，指企业生产的产品与客户的需求没有丝毫的偏差，能够完全满足客户的一切需求；二是"益"，即收益、利益、效益，指企业在生产运营中投入更小而产出更大，能够为企业，同时也为客户带来更多的好处。

精益化的终极目标应该是，企业在生产环节中能够做到零周期、零库存、零间断、零差错、零浪费……

零周期是没有制造时间的生产，即一旦签约、下单，企业就能立即实现对客户的供货，不存在任何时差。但除非企业正好有已生产出来的现货，如在签约、下单前的预投、预产，或展会、商场里的展品、样品，以及以前客户退单、退货的产品等，否则的话，要实现零周期是不可能的。

零库存是没有库存货物的生产，即生产中既没有原材料、零部件、配套

---

① 方勇等译注. 荀子 [M]. 北京：中华书局，2011.。

软件，也没有在产品、半成品、产成品等，不存在任何存货。但如果不是"头部"企业——其实那些"头部"企业实现的所谓的零库存，不过是利用其在市场上的强势地位将自己的库存压力"甩锅"给了众多的供应商而已——要实现零库存是不可能的。

零间断是没有流程停顿的生产，即生产一经启动，就始终保持着连续作业的状态，不存在任何中断。但除非是石化、煤化、化工、冶金、玻璃、水泥、制糖、制盐等生产企业——遗憾的是，这样的企业因生产工艺和加工设备的要求只能采取流水作业，只能承接少品种、大批量排产的产品加工——否则的话，要实现零间断是不可能的。

零差错是没有数量、质量、交货期等问题的生产，即所有的产品和全部的生产过程都十全十美，不存在任何瑕疵。但除非是不生产或至少是不承接新品生产，发生问题的概率或一再发生问题的概率为零，否则的话，要实现零差错是不可能的。

零浪费是没有无端消耗的生产，即每一笔成本开支都事出有因、精打细算，所有投入都合情合理，都有产出予以回报，不存在任何挥霍。但除非已经实现了零周期、零库存、零间断、零差错，即已做到了尽善尽美、精益求精，否则的话，要实现零浪费是不可能的。

如此说来，精益化，只是理论而非现实。在现实中，精益化或者本身就不存在，或者早已被现实击得粉碎。

譬如，就以零库存来说，大名鼎鼎的戴尔公司（Dell, Inc.）就实现了在产品直销和照单生产方式下的零库存——由各供应商按照戴尔的零部件需求清单，将零部件备齐后于戴尔每天开始生产的数小时前才送达戴尔的生产厂，而各供应商需要在其位于戴尔的生产厂附近的物料仓库中，储备大约可使用两周的零部件，实行滚动补货；但如果因戴尔的原因导致在两周内无法用完零部件库存时，戴尔会承担这些零部件库存给相关供应商带来的损失。也就是说，即便已居于个人电脑（PC）"头部"企业地位的戴尔，也只是做到了理论上的零库存，而并非做到了现实中的零库存。

对企业而言，虽然精益化的终极目标有些可望而不可即，但通过自己的不懈努力去减少制造时间、库存货物、流程停顿，解决数量、质量、交货期等问题和无端消耗，尽可能地逼近精益化的终极目标，还是一桩可能实现的、应该终其一生而为之努力的事情。

所以，我认为，在市场需求多样化、快闪化的今天，精益化只是企业对"理想"不断追求的"过程"。

理想总是美好的，但追求的过程往往很痛苦、很漫长。

企业追求精益化，需要详尽的数据支撑，需要及时的分析决策，需要资源的优化配置，需要反省问题和总结经验，需要砍掉一切不必要的岗位、组织和工作程序，需要深入培训员工和有效激励骨干，需要广泛开展技术改造、产品创新和工艺革命，需要体系的标准化、零部件通用化、技术架构平台化、产品品种规格系列化，需要保证作业现场洁净、安全、有序、合理的定置管理、看板管理、目视管理，需要来自企业上下左右、方方面面的理解力、执行力和行动力……，还需要坚持——除了在行为上的坚持，更多的是在思想、精神、作风、意志和文化上的种种坚持。

对此，企业应该"下定决心，不怕牺牲，排除万难，去争取胜利"。[1]

10.4　在均衡生产计划下的舒服日子已一去不复返了

生产计划通常由主生产计划（Master Production Schedule，MPS）、生产能力计划（Production Capacity Planning，PCP）和物料需求计划（Material Requirements Planning，MRP）等组成，是企业对其年度生产运营工作做出的总体安排，既是企业有序组织产品生产的依据与前提，也是企业实现自身经营目标——在确定的交货期内，以确定的价格，向市场保质保量地销售产品并获取一定的收益——的重要手段。

一直以来，企业编制生产计划，包括 MPS、PCP、MRP 等的策略主要分为均衡生产策略、订单追随策略和弹性安排策略三种。

其一是均衡生产策略，指企业根据自身的生产加工能力和物料保障能力来安排生产，使生产量在一定的时间里，如每季度、半年、一年，始终保持在一个固定的水平上，而不随具体的产品订货量的波动而变化，依此编制生产计划。

---

[1] 毛泽东. 毛泽东选集 [M]. 2 版. 北京：人民出版社，1991.

显然，在均衡生产计划下组织生产运营，可能是企业感觉最为"舒服"的日子了——简单、易操作，按部就班，以不变应万变。但其后果也是显而易见的——企业需要保有很大的库存量，以应对市场需求出现的急剧变化。

其二是订单追随策略，指企业根据产品订货量的情况来安排生产，使生产量始终随着产品订货量的波动而变化，即遵循照单生产原则——订货量增加则生产量增加，订货量减少则生产量减少，依此编制生产计划。

显然，在订单追随计划下组织生产运营，市场需要多少就生产多少，企业基本上不需要保有太多的库存量，理论上甚至可以做到零库存。但其不足也是显而易见的——因为没有什么库存，所以在面对市场需求出现的急剧变化时，企业往往会措手不及，只能选择放弃出现的"大单"或"急单"的市场机会。

其三是弹性安排策略，指企业在兼顾均衡生产策略和订单追随策略的优劣后，对二者进行适当调整，即以对二者进行一定弹性的变动为前提来安排生产，依此编制生产计划。

该策略具体又可以分为两种。

一种是在采取均衡生产策略的同时，依据企业对市场订货量的预测情况，实行随市场订货量的预测情况而分段的弹性均衡生产策略——合理地减少库存量，以减少存货资金占压和存货跌价损失等风险。

另一种是在采取订单追随策略的同时，依据企业的生产加工能力和物料保障能力，实行考虑生产加工能力和物料保障能力的弹性订单追随策略——合理地增加库存量，包括适当的预产、适当的超产等，以抓住出现的"大单"或"急单"的市场机会。

而自工业革命以来，尤其是在第二次世界大战之后经济由"复苏"转入"腾飞"以来，社会生产力得到了空前的发展，全球性供求关系的天平逐渐由卖方滑向了买方。随着人类社会进入信息时代，由于科技革命的不断推动，社会生产力再一次呈现出了爆发式增长的势头，致使买方市场几乎彻底统治了世界。在这种形势下，企业今天要想对市场需求进行相对精准的预测，几乎成了一句空话。

因此，除极少数企业仍"抱残守缺""食古不化"之外，绝大多数企业已放弃了均衡生产策略，而完全专注于订单追随策略或弹性安排策略，因为谁也不愿意在多变和快变的市场面前，仅仅为了抓住不知道会不会出现的什么"大单"或"急单"，就甘愿去冒因保有很大的库存量而导致的存货资金占压和存货跌价损失等风险了。

个中的原因，其实并不在于企业编制生产计划的行为本身，而在于企业对市场的所谓"预测"的无感——没有人能够预测中长期的市场需求的走势，就像没有人能够预测未来的生产力，尤其是以信息时代科技革命为特征的新型的生产力有多么巨大一样。

"你知道二三十年后科技进步会达到怎样的高度吗？"

"哦，我不知道……无法想象……完全无法想象！"

所以，我的认识结论是：对企业来说，随着信息时代的演进、科技革命的层出不穷，以及生产力浪潮的汹涌澎湃，以往企业所期盼的，在均衡生产计划下的舒服日子已一去不复返了。

10.5　不解决问题的生产分析会还是不开为好

会，在中国人看来既代表若干人聚在一起，参与欢庆、娱乐或文体等活动，如企业里的迎春团拜会、职工运动会、司庆文娱晚会等，类似西方人嘴里的 Party；也代表若干人聚在一起，参与审议事项、通过决议或做出决定等行为，如企业年度工作会、总经理办公会、公司董事会会议等，类似西方人嘴里的 Meeting。

其中，前一类会并非正式的，会议组织较为宽松，会议的目的性也不强，甚至可随参会者的兴致而定；后一类会则很正式，会议组织较为严格，会议的目的性也很强——要力求解决某一或某些问题。

显然，企业的生产分析会，当属后一类会议。

生产分析会，也有人将其称作"计划调度会"，大多是由生产运营部门召集，并由各生产任务承接单位、相关职能部门或业务单元参加的，对生产执行中出现的与生产计划不符的问题进行分析，找出成因，提出解决措施，及时加以干预和调整，通过会议决议或做出决定，使生产执行符合生产计划的要求而定期召开的会议。

在生产执行中出现的与生产计划不符的问题，一是在数量上，包括各种原材料和零部件等的采购量、入库量、领用量或出库量、库存量等的不符，以及各种产品的生产量、外协加工量、入库量、出库量或发货量、库存量等的不符；二是在质量上，包括各种原材料、零部件等的质量和供应商生产过程中的质量因素、环境因素、员工职业健康安全因素等的不符，以及各种产品的质量和生产过程、外协加工过程中的质量因素、环境因素、员工职业健康安全因素等的不符；三是在成本费用上，包括各种原材料、零部件等的采购成本、订货费用、物流运输费用、仓储成本、缺货成本等的不符，以及各种产品的生产成本、制造费用和外协加工成本、费用等的不符；四是在时间上，包括各种原材料、零部件等的采购时间、订货周期、物流运输时间、到货时间等的不符，以及各种产品生产的准备时间、生产周期、产品交货期等的不符。

生产分析会是企业实施生产控制的重要手段和主要形式，其目的就是解决生产执行中出现的与生产计划不符的问题，使生产执行重回生产计划的轨道——对生产计划已进行调整的除外，以实现企业编制、下达的生产计划目标。

既然生产分析会的目的是解决问题，那么，对于那种不解决问题的生产分析会，譬如名义上是生产分析会，而实际上是"工作汇报会""抱怨扯皮会"等的，我看还是不开为好。

因为，"工作汇报会""抱怨扯皮会"等不可能真正找到问题的症结，不可能协调、处理会议参与方之间的矛盾，也不可能提出解决问题的措施和要求，其结果只能是会议照常开，问题照样有，而且问题还可能越积越多，越攒越大。

对这样的生产分析会，开它又有何用呢？

10.6 要抱西瓜而不要捡芝麻

大规模、批量化生产属于一种具有高重复性和高确定性的人类劳动，能更方便地推行机械化、电气化、信息化、网络化、人工智能（Artificial Intelligence，AI）化等各种自动化手段，其结果是可以大幅提高产品产量，并提高产品的设计质量、加工质量和运维服务质量，还可以明显降低生产成本和制造费用，以及摊薄管理费用、财务费用和营销费用等各种期间费用，从而极大地提升生产效率和经济效益。因此，自工业革命以来，大规模、批量化生产就逐步演变成了在众多实体企业中占主导地位的生产运营方式。

然而，随着企业的大规模、批量化生产所提供的物质财富与精神财富越来越多，客户的物质生活与精神生活的需求也就变得越来越多。如果供给与需求之间的矛盾仅仅体现在产品的数量和质量上，这种矛盾总能以彼此的"你追我赶"来实现动态平衡。但问题是，如果供给与需求之间的矛盾不仅仅体现在产品的数量和质量上，而主要体现在产品的门类和品种上，这种矛盾就很难靠彼此的"你谦我让"来实现动态平衡了。

事实上，今天，在许多脱离贫困、开始进入或已完全进入富裕社会的国家或地区，人们对所需求的产品已变得越来越挑剔——希望获得小规模、多品种生产的产品，最好就是为个人单件定制的产品，以彰显自己独特，甚至奇特的个性。

显然，如果企业继续坚持大规模、批量化生产，就可能无视希望企业能够实行小规模、多品种生产的某些顾客的需求；而如果企业就此放弃大规模、批量化生产，就可能失去既有的较高水平的生产效率和经济效益。

该如何是好？

靠实施所谓"柔性加工"？这并不能完全解决问题。因为柔性加工也是相对的、有条件的，并不能在大规模、批量化生产与小规模、多品种生产间实现随意切换、自由切换，以及无缝切换、无碍切换、无损切换。

靠实施基础平台与应用产品分离策略？即基础平台仍坚持大规模、批量化生产，应用产品则采用人工操作程度较高的小规模、多品种生产。这也并不能完全解决问题。因为这需要打破企业原有的生产运营体系：在产品研发环节就要实现产品的基础平台化；要将不同应用产品的营销、研发和生产运营环节等切分成一个个相对独立的小型业务单元，但这种切分总是有限的，不可能与人们对物质生活与精神生活的近乎无限的个性化需求一一对应。

究竟该如何是好？

依我看，甘蔗没有两头甜。面对是要大规模、批量化的生产方式，还是要小规模、多品种的生产方式这一两难的问题，要抱西瓜而不要捡芝麻。如果企业认为大规模、批量化的生产方式是西瓜，那就放弃小规模、多品种的生产方式这一芝麻吧；反之，如果企业认为小规模、多品种的生产方式是西瓜，那就让大规模、批量化的生产方式这一芝麻随风而去吧。

什么时候，这一两难的问题才会彻底消失或完全被解决？

我想，一定是人类社会拥有极其发达的生产力水平的时代。那时，无论选择何种生产方式，人类所创造出来的物质财富和精神财富都会远超人类对物质生活与精神生活的需求——不管这种需求是众性的，还是个性的。

10.7 解决大、小单生产问题的妙招

在实际的生产运营中，企业经常会碰到大、小单（订单）问题：有的订单很大——在交货期内，要生产的产品数量可能已超过了企业的最大产能；而有的订单很小——在交货期内，要生产的产品数量可能已低于企业盈亏平衡点要求的数量。

对大单，企业通常只好安排工人加班和设备不停车等，但如此的"拼产能"，既要额外支付工人的加班工资，还有可能因工人紧张、疲惫和设备得不到维护、保养而出现产品质量问题，甚至发生技术事故或责任事故等重大安全事故；对小单，企业一般只好先吞下这一小单所造成的亏损的苦果，虽也指望以后能从其他的所谓"好活儿"中找回一些补偿，但能否实现就不得而知了。

除此之外，还可以怎么办呢？

我能给出的妙招是，拆单生产或并单生产。

拆单，即对大单，可将其拆解为若干个不超过企业最大产能的、相对小一些的单子逐次进行排产；并单，即对小单，可将其合并为一个不低于企业盈亏平衡点的、相对大一些的单子一起进行排产。

这一妙招看起来简单，也不怎么起眼儿，但其"'拆'可至无穷小，'并'可及无穷大"所蕴含的"万物总是运动变化的"的思想，远可至中国先秦的庄周和三国魏晋的刘徽，近可及西方近代英国的艾萨克·牛顿（Isaac Newton）和德国的莱布尼茨（G. W. Leibniz）等人。

《庄子·天下》中录有惠施的观点："一尺之棰，日取其半，万世不竭。"[1]

刘徽在《九章算术注》中论及从圆内接六边形开始割圆时提到："割之弥

---

[1] 方勇译注. 庄子 [M]. 北京：中华书局，2015.

细，所失弥小，割之又割，以至于不可割，则与圆周和体而无所失矣。"[1]

艾萨克·牛顿在研究流数和无穷级数时指出，变量是由点、线、面的连续运动产生的，连续变量为流动量，对流动量的导数为流数。他提出，已知连续运动的路程，求给定时刻的运动速度用微分法；已知运动速度，求给定时间里经过的路程用积分法。

莱布尼茨在研究微积分时创设了微积分符号，并从几何学的研究角度出发提出了基本的微积分法则，为后世高等数学的微积分学科的发展奠定了必要的学术基础。

由于固定不变始终是相对的，而运动变化才永远是绝对的，因此，企业完全可以采取拆单生产或并单生产的方式来应对大单或小单给自身生产运营带来的困扰。

当然，拆单生产或并单生产是有条件的——必须在签订订单之前，或至少在企业排产之前，经市场营销部门与用户沟通，并得到用户对该产品交货期可做适当调整的认可。

10.8　供应链管理的两种思路

放眼今日之世界，从原材料到零部件，再到最终产品，由一家企业独自研发、生产、销售的情形几近绝迹——所有企业都只是一条完整产业链中或大或小的一环而已。

这表明，任何企业都需要拥有自己的供应链。

对产品制造企业，其供应链为企业提供原材料、零部件、平台软件、应用软件等，或者为企业承担部分外包生产任务；对系统集成企业，其供应链为企业提供部分甚至全部的最终产品；对批发、零售企业，其供应链为企业提供全部的最终产品……

企业既然拥有自己的供应链，就需要对其加以管理。不同的企业对供应链管理的方式方法不尽相同，但大体出自两种不同的管理思路——紧密型管理思

---

[1] 刘徽注．蔡践编译．九章算术 [M]．南京：江苏凤凰科学技术出版社，2016．

路或松散型管理思路。

采取紧密型管理思路的企业,要建立一整套严格、周密的供应商认证、考核、评价制度。据此,首先对有意愿成为其供应商的企业进行初选——履行资质审核,包括经营资质、生产许可资质、质量体系资质、产品样本资质、既往业绩资质等,安排现场考察和组织第三方尽职调查;随后,与初选合格的企业签订"试用期供应商协议",由其承担试用期供应商任务;试用期结束,与通过试用期考核、评价的企业签订"合格供应商协议",由其承担合格供应商任务;在常态化管理阶段,定期进行合格供应商的考核、评价,确认其继续为合格供应商或中止其合格供应商资格。

采取松散型管理思路的企业,也要建立一套供应商管理制度,但该管理制度要宽松、简略得多;据此,对有意愿成为其供应商的企业进行经营资质、生产许可资质、质量体系资质、产品样本资质、既往业绩资质等的审核;随后,与审核合格的企业签订"供应商协议",由其承担供应商任务;在常态化管理阶段,可安排供应商的考核、评价,确认其继续为供应商或中止其供应商资格;也可直接按照"供应商协议"的约定,经提前通知,确认其继续为供应商或中止其供应商资格。

采取紧密型管理思路的企业,多为大企业、传统企业、制造企业,这类企业通常将供应链视作自身生产线的一种延伸,就像企业具有的组织器官一样,与企业保持着不可分割的紧密关系;在供应链管理上,既看重供应商供应的结果,也看重供应商供应的过程。

采取松散型管理思路的企业,则多为中小企业、新兴企业、销售企业或系统集成企业,这类企业通常将供应链视作自身网络体系的一种扩张,就像企业所处的外部环境一样,与企业保持着若即若离的松散关系;在供应链管理上,往往只关注供应商供应的结果。

可能有人会认为,企业采取紧密型管理思路属于集约型管理,企业采取松散型管理思路则属于粗放型管理。

其实并不尽然。

因为单从紧密型管理思路和松散型管理思路各自的优劣点而论:对供应商管理的成本——前者大,后者小;对自身创新的影响——前者大,后者小;对供应商信息的掌控程度——前者大,后者小;对供应结果所冒的风险——前者大,后者小;而对市场变化的适应性——前者强,后者弱;对网络资源运用的程度——前者小，后者大……。我们无法从中得出前者就是集约型管理，而后者就是粗放型管理的结论。

在现实中，还存在第三条道路可走，即采取兼顾型管理思路——按照二八定律，对20%"关键少数"的供应商，如事关企业价值显著变化的核心零部件、系统或平台性软件的供应商，采取紧密型管理思路；对80%"非关键多数"的供应商，如无关企业价值显著变化的非核心零部件、非系统或非平台性软件的供应商，采取松散型管理思路。如此可以使企业的供应链管理收放自如、得心应手。

当然，严格地说，兼顾型管理思路并没有真正独立于紧密型管理思路和松散型管理思路，其不过是企业在紧密型管理思路和松散型管理思路之间的一种"取巧"的选择，如果拿捏得当，自然不失为一种上上之策了。

10.9 现场管理的重要之处

现场管理，通常指企业采取科学的管理方法，通过计划、组织、指挥、协调和控制等管理职能，对生产一线的各种资源，如人、机、料、能源、信息、场地及周边环境等，进行优化配置与合理调度，实现优质、均衡、高效、安全的生产作业，以完成生产计划，包括主生产计划（Master Production Schedule，MPS）、生产能力计划（Production Capacity Planning，PCP）和物料需求计划（Material Requirements Planning，MRP）等所分解下达的生产运营目标。

现场管理主要发生在某个制造单元或某一车间、工段、班组，属于企业基层管理的范畴，是企业诸多基础管理行为之一——来自生产一线的实际信息可为企业中、高层管理提供生产运营的决策依据，并使中、高层管理的决策意见、方案，乃至各类生产计划，如MPS、PCP、MRP等和各种业务计划得以具体地贯彻执行。

现实中，现场管理的方法有很多，其中主要的方法是标准化管理、定置管理、"5S"管理、看板管理、目视管理等。

标准化管理指制订生产执行中的标准规程，并依据标准规程对生产运营行为予以相应的规范。这些标准规程包括各种规定、规则、指引、说明、操作手册等，大都是经过实践验证的、具有普遍合理性的生产作业流程。通过指导、培训和生产作业人员自身的实践，这些标准规程能够潜移默化地融入其工作行为之中，使其少走弯路、少犯错误。

定置管理是在科学分类、整理和整顿的基础上，确定人、机、料、操作场地、传送通道等的相对位置，绘制定置平面图，使人与物的联系更加规范、合理，做到人定岗，物定位，操作有规范、传送有路径，既可消除无效动作，降低劳动强度，又可杜绝各种瞎干、蛮干问题的发生。

"5S"管理是日本人最先提出来的——日本人在精细化管理方面的确常有"真经"可念。"5S"管理具体包括：Seiri（日语"整理"）指对滞留物应区分要用与不要用，经常要用的东西放在作业区，不常用的东西放到仓库区，不要用的东西应立即清除出作业区；Seiton（日语"整顿"）指对整理后要用的东西进行整顿，做到定位和定量摆放，达到物在其位、数可目知，且取用方便的目的；Seiso（日语"清扫"）指时常清扫设备和周边环境，去除污垢，同时对设备进行日常检查和润滑保养，使设备和周边环境处于干净、舒适的状态；Seiketsu（日语"清洁"）指通过整理、整顿、清扫，并根除有害烟雾、粉尘、噪声、光污染等，始终保持作业区的清洁卫生；Shitsuke（日语"素养"）指员工能自觉遵守各种作业制度和操作规定，养成良好的行为风气和习惯，拥有和谐的人际关系与强烈的集体意识，做到认真、勤勉、守业、敬业。

看板管理是通过各种公开化、可视化的黑板、白板、标语、横幅、宣传画、公告栏、趋势图、数据表、张贴板、电子屏等形式，把制度、文件、生产计划等对生产作业的要求与生产作业的实际情况揭示出来，使任何一位生产作业人员都能够随时掌握二者之间存在的差距，从而能够及时提出应对措施，并实施和加以改进。

目视管理是利用人的视觉（也可以是听觉、嗅觉、触觉等手段）来感知信息，如各种醒目的、易于判断的和能够准确理解的操作流程提示板、标志牌、设备运转灯、装配进度灯、异常告警灯、标识线、区域线、行进箭头等，让作业人员能够迅速觉察、接受和执行各种感知信息的要求，以减少操作失误和安全事故的发生。

我年少时就喜欢"捣鼓"，从制作矿石收音机，到组装多波段调频调幅收音机；从拆卸闹钟，再到修理电灯、水龙头、煤气灶，干过不少需要动手操作的事。如果预先将螺丝钉、螺丝帽、连接件、电子元器件等做好标记，分装入盒，将起子、扳子、电烙铁、万用表等摆放有序，可以手到擒来，"捣鼓"时自然就不会手忙脚乱，也不易发生划伤、烫伤等事故。后来我大学毕业进了工厂，一头扎进了机修车间和制造分厂，直接从事产品生产工艺的编制工作，其间，既目睹了重视现场管理所收获的颗颗甜瓜，也见识了忽视现场管理所带来的粒粒恶果。

我认为，现场管理的内容与表现形式虽然多种多样，但重要之处就在于，强化现场管理可以提高生产运营的效率和减少安全隐患。

而这两条对企业来说都是性命攸关的大事——如果现场管理水平低下，跑冒滴漏严重，生产运营效率低迷，产品的数量、质量、交货期等均无法保证，企业还能具备什么市场竞争力和创造什么经济效益吗？如果现场管理混乱不堪，违规操作四处可见，安全事故必然多发、频发，企业还能平安无事，一帆风顺地发展吗？

当然不能！

10.10　生产系统的能工巧匠多多益善

我以为，无论是在人类社会已全面进入信息时代的当下，还是在万物互联和人工智能（Artificial Intelligence，AI）之风会席卷大地的将来，实体企业，尤其是制造企业的生产系统，仍离不开具备某些特殊技艺的能工巧匠，且各种各样的能工巧匠多多益善。

提到能工巧匠，人们往往会想到中国先秦时鲁国的公输般，又称公输盘，即鲁班。身为世家匠人子弟，经耳濡目染并在广泛的实践中不断地积累与总结，鲁班练就了一番过人的设计和制作技艺。据传，鲁班发明了锯、刨、铲、凿、曲尺、墨斗、机封等土木工具和石磨、石碾、雨伞、竹鹊、锁钥等生活器物，以及钩强、云梯等古代兵器[①]。因此，鲁班在后世一直拥有"百工圣祖"的光荣称号。

其实，在中国先秦时还出现过一位与鲁班一样的具有过人的设计和制作

---

① 散见于《礼记》《墨子》《世本八种》《古史考》等。

技艺，但在思想、教育、科学、军事等领域的贡献上又远胜鲁班的人，他就是祖上曾为宋国贵族，自己却出身于平民的墨翟，即墨子。相传"墨子学儒者之业，受孔子之术"[①]，但他并不完全认同儒学"礼""乐"等思想，而提出了"兼爱""非攻""尚贤""尚同""天志""明鬼""非乐""非命""节葬""节用"等主张，并广收来自社会基层的，着"短褐之衣"、食"藜藿之羹"的学生[②]，形成了在先秦诸子百家中独树一帜，宣扬仁爱大同、抗击侵略战争、重视农工技艺、讲求节俭实用的墨家。据信，正是墨子最早定义了"同长""平（行）""中（心）""圆（形）""正方（形）"等几何学概念，提出了"力""重力""（静）止"等力学观点，揭示了"光直线传播""小孔成像"等光学原理，并在机具设计制作上展现出了非凡的才能。《墨子》中就有相关记载。"公输盘为楚造云梯之械，成，将以攻宋。子墨子闻之，起于鲁，行十日十夜而至于郢。"墨子先以一言大义让鲁班心服口服，又用数语机锋让楚王无言以对。"王曰：'善哉！虽然，公输盘为我为云梯，必取宋。'于是见公输盘。子墨子解带为城，以牒为械，公输盘九设攻城之机变，子墨子九距之。公输盘之攻械尽，子墨子之守圉有余……楚王曰：'善哉，吾请无攻宋矣。'"[③]墨子以此让宋国百姓的一场刀兵之灾得以免除。所以，墨子不但是一位思想家、哲学家，还是一位在中国科技发展史上被尊崇为"科圣"的杰出人物。

从鲁班和墨子的经历与作为中不难发现，能工巧匠通常具有某些特征。首先是技高一筹、能超一方，可想别人不敢想的事，能干别人干不了的活儿；其次是出自生产一线、深入生产一线，能在实践中学、在实践中练，在实践中积累，增强自己的技艺；再次是富有钻研和创新精神，善于对自己和他人成功的经验与失败的教训加以归纳、总结、提炼和升华，以不断攀登新的技艺高峰；最后是坚忍不拔、百折不挠，勇于战胜一切艰难困苦，不忘初心、抱定信念，不达目的决不轻言放弃。

对能工巧匠的培养，一靠实践锤炼，没有亲历实践，没有踏实务实，那些活生生的技艺不可能从天而降；二靠善学勤思，离开了有针对性的和持续性的学习，不对问题和解决问题的方式方法做深入的思考，想要拥有超群的技艺是

---

① 陈广忠译注. 淮南子 [M]. 北京：中华书局，2022.
② 方勇译注. 墨子 [M]. 北京：中华书局，2015.
③ 方勇译注. 墨子 [M]. 北京：中华书局，2015.

万万不可能的；三靠不断创新，只知道跟在别人后面亦步亦趋、拾人牙慧，而没有创造、没有突破，就不可能成为一匹于万马齐喑之中呼啸而出的火龙驹。

论及能工巧匠的贡献，一是在数量上，在相同的加工时间和相同的加工条件下，其生产的产品数量一定更多；二是在质量上，在加工的产品数量相同的情形下，其生产的产品质量一定更好；三是在创新上，无论是加工工具或加工材料的创新，还是加工思路或加工工艺的创新，其都能做到非同凡响、至臻至美，而这一切作为的最终结果，往往可以让企业的生产效率进入无双的状态，生产效益达到无敌的境地。

正因为如此，能工巧匠理应得到企业更多的激励，包括给予高额报酬、委以特别重任、受到无限尊敬——锣鼓喧天、树为标杆、披红戴花、跨马巡街、组织"拜师会"，设立工作室，成为企业、行业甚至全社会的精英……

像这样的生产系统的能工巧匠，多多益善！

10.11　怎样做才可以杜绝事故的发生

企业有不发生事故的吗？大概没有。即使某一企业从诞生之时直至今日都没有发生过事故，也不代表明天、后天，或未来的某一天它不发生事故。

这似乎是一种宿命，就像我们的人生，总会有波折，都不是一帆风顺的一样。

企业中的事故，大体可以归为三类。

一是自然事故。因自然状态发生剧烈变化——如遭遇不依人的意志为转移的，具有不可抗力的地震、火山喷发、飓风、海啸而引发的事故等。

二是技术事故。事故原因主要有两种：一是技术自身尚不成熟、不完善，如在现阶段利用核聚变技术研制发电机组而引发的事故等；二是技术仪器、设备突发不良，如正常工作的自动机床突然制动失灵而引发的事故等。

三是责任事故。事故原因主要有两种：一是操作人员自身违反有关安全生产的管理规定，如在车床切削加工时违规佩戴手套所引发的事故；二是强令他人违章冒险作业，如要求叉车司机违章将货物临时放置于物流通道内所引发的事故等。

发生事故，尤其是发生重大安全生产事故，或导致厂房崩塌、设备物资毁于一旦，或导致人身伤亡、四面八方悲情笼罩，企业除了暂停正常的生产运营之外，还会因事故善后处理中的种种不易而劳民伤财、焦头烂额。

那么，怎样做才可以杜绝事故的发生？

靠召开安全生产会议，靠组织"安全生产月"活动，靠更多的安全人员加强现场管理，靠督导组进行安全生产大检查，靠开展广泛深入的警示教育，靠事前对作业人员甚至对全员进行安全生产培训，靠事后对直接和间接责任人、企业负责人等进行惩罚……

遗憾的是，所有这些做法，最多可以降低事故发生的概率，却无法从根本上杜绝事故的发生。

怎样做才可以杜绝事故的发生？

我认为，只有识别并根除事故发生的危险源，才可以杜绝事故的发生。除此之外，别无他法。

识别并根除事故发生的危险源，具体可能有几种情形。

一是无法识别危险源。如因地震造成的自然事故，或因技术仪器、设备突发不良造成的技术事故，其危险源在事故发生前可能完全无法识别。

二是能够识别危险源，却无法根除危险源。如火山喷发、飓风、海啸造成的自然事故，即便其危险源在事故发生前就已经被识别——包括有所觉察、有所发现并做出预报等，但就整个人类目前已具备的能力而言，要想去除其危险源，还是那样的无能为力。

三是能够识别危险源，也可以根除危险源，却因为某些原因而没有根除危险源。如某一技术自身尚不成熟、不完善，但因攻关项目的紧急需要，就只能冒发生技术事故的风险而坚持采用该技术进行了产品实验；再如某一自动化生产线已超过正常使用年限，但因资金困难，就只能冒发生技术事故的风险而推迟了对其进行更新换代；再如某一机械加工，如冲床、剪床加工中，在人工送料时容易发生砸伤、剪掉手指的事故，本可以通过增加光控制动装置，即对原有设备进行技术改造根除危险源，但因要消耗一定的人力物力财力，就只能冒发生责任事故的风险而未对该机械加工设备进行技术改造；等等。

显然，除了无法识别危险源，或虽能够识别危险源，却无法根除危险源的情形之外，能够识别危险源，也可以根除危险源，却因为某些原因而没有去根除危险源的情形，在现实中，还是出现得越少越好。

第 11 章
信息化

11.1　信息化在企业中扮演的角色

环顾四周，今天还没有开展信息化建设的企业，恐怕越来越少了。

那么，信息化在企业中应该扮演什么角色？

高看信息化的人可能认为，其像日月经天，举足轻重，是企业无所不能的一位"天神"。离开了信息化，企业一天也存活不下去。

而低瞧信息化的人可能认为，其如草芥弃地，不足挂齿，是企业可有可无的几许"香灰"。没有了信息化，企业也许略有不适，但绝无生死之患。

我认为，如果将企业运营比作一座典型的中国古代建筑——由下部的台基、中间的立柱和上部的屋顶所构成，信息化是与企业文化、战略、组织、行政、人力、财务等类似的企业的"资源柱"：它们既不是企业[①]的"业务顶"，即企业的产品研发、生产、销售或服务设计、培育、提供等所形成的业务群；也不是企业的"供需平台"，即企业运营涉及的社会和自然环境等，要将企业需求的物质或精神"食粮"输入进来，也要将企业产生的物质或精神"成果"输送出去。显然，相较于"业务顶"和"供需平台"来说，"资源柱"既重要，又不十分重要，没有它们，企业运营的大厦会倾斜，但在一定时间内还不至于轰然倒下。

既然扮演的角色是企业的"资源柱"，信息化就发挥着一种新的生产力的

---

① 在此处，不包括那些向市场提供信息化系统产品与服务的企业。

作用。

传统意义上的生产力由劳动者、劳动工具和劳动对象构成。

就生产力中的劳动者而言，信息化可以使劳动者转化成拥有和掌握信息知识与技能的劳动者，且在越来越多的工作领域中，劳动者已不再是"生物人"，而变成了具有人工智能（Artificial Intelligence，AI）的形形色色的"机器人"。

就生产力中的劳动工具而言，信息化除了对研发、生产使用的设备仪表，甚至土地厂房的占有与使用方式等进行技术改造，使其自动化程度更高，也更加智能、绿色和环保以外，还为企业搭建了认识自己和认识世界的桥梁——随着经济全球化、产品与服务需求个性化的趋势，今天的企业已完全处于一个对内和对外日益开放的系统之中，已不可能再仅仅依靠信函、电话或面对面沟通的方式来满足不断出现的物质或精神交换的需要，而更多的是通过移动、数据与卫星通信网、互联网等，使用诸如电子邮件、电子公告、QQ、微信、微博、公众服务号、条形码、二维码、电子芯片，以及各种探测器、传感器和智能手机、计算机、服务器、运算中心等信息工具，来融入这个万物互联、相互感知和彼此作用的世界。

就生产力中的劳动对象而言，信息化本身虽然不是直接的劳动对象，但企业通过信息化可以对原材料、零部件等物资资料进行更为高效的开发、利用，还可以对各种信息进行采集、加工、处理、分析和提炼等，以向电气装备、仪器仪表、通用和专用设备市场，以及电信、广播、电视、卫星传输、互联网服务，甚至农林牧渔、采矿、建筑建材和房地产、金融保险、住宿餐饮、文教卫生体育、水电热力燃气等产业领域推出各类信息产品，从而使信息化转化成了间接的劳动对象。

生产力对于整个人类社会来说是最具有创造性和推动性的原始力量，对于企业来说也是如此。而信息化正是企业中的这样一种力量。

11.2　一个好的信息系统应该是什么样子

踏入一家企业，只要稍加留意，你就可以发现有各种资源在企业里不停地流动。这些资源流大体可以分为五大类——人力流、资金流、物资流、能量流和信息流，它们一同发挥着对企业经营管理的支撑、保障作用。

而企业信息系统就是由种种信息资源、计算机软硬件和网络设施、用户信息门户，以及该企业的信息化制度体系等组成的，可进行信息处置，包括采集、传递、加工、分析、提炼和应用推广等，以帮助企业改进业务和管理流程，为提升企业运营效率和企业价值创造能力的工作平台。

那么，什么叫好的信息系统？或者换句话说，一个好的信息系统应该是什么样子？

我想，一个好的信息系统应具有使信息处置更为安全、通畅、高效、适用、开放的特征。

一是安全。该信息系统应坚固、耐用、持续稳定，不出现宕机、崩溃等运行异常问题，可以做到系统管理权限明确并实现系统访问与使用权限受控，具备软件加密和硬件物理隔离功能，设置了安全通信协议、防火墙、多重病毒防御和冗余备份架构，不会发生数据损坏、丢失和失窃、失密等问题。

二是通畅。该信息系统应在信息处置的全过程中，包括在起点至终点，以及中间各节点之间，使信息始终快速、便捷地流动，满足设计所需的必要的带宽、合理的路径、快捷的数据存取速度和运算速度等。

三是高效。该信息系统应具有较高或很高的投入产出比，"少花钱，多办事"，且建设时间短、使用时间长，还具备带前瞻性和可拓展性的基础架构，可以根据企业运营的发展变化不断地增加或删减具体的应用模块。

四是适用。该信息系统应基于企业的基础条件和主要问题进行规划、建设，并逐步优化、升级和滚动发展，既不要贪大求洋、好高骛远，也不要照搬照抄、东施效颦，更不要想着一步到位、一口吃成个大胖子，而是以能够满足企业自身的现实和未来发展对信息资源的实际需要为前提——因为适合自己的就是最好的。

五是开放。该信息系统应能与系统内外部环境保持相互联系和相互作用，在一定的受控条件下，可对内外部用户实现全方位的开放，其中外部用户可扩展至合作伙伴、供应商、客户或服务对象，以及所有的利益相关方，使系统可识别、可访问，数据可查询、可追溯、可生成、可利用，并在此基础上，不断地充实、完善、优化和发展，以满足系统与内外部环境始终共生共荣的客观需要。

11.3　企业信息化就像一条乌篷船

乌篷船，两头尖、中间宽，一蓑烟雨绣江南……

乌篷船是有着"东方威尼斯"之誉的绍兴及其周边一带常见的一种水上交通工具，据考从"春秋五霸"的越王勾践时算起，至今已经跨越了2500多年的历史时光。

在乌篷船的船体中部有一个，或在其前部或后部再有一个以竹片、竹丝和箬叶制作，再用烟煤粉和桐油搅拌在一起后，经反复涂刷而成的半圆形船篷。因船篷的颜色发黑，故这种船被称为"乌篷船"。

作为绍兴人，现代作家周作人曾在其散文名篇《乌篷船》[1]里向世人介绍了这种具有当地特殊韵味的船。其中，稍大的乌篷船是"三明瓦"，即一种有三道"亮瓦"的乌篷船，其"三道船篷之高大约可以使你直立，舱宽可放下一顶方桌，四个人坐着打马将……"；而较小的乌篷船，"则真是一叶扁舟，你坐在船底席上，篷顶离你的头有两三寸，你的两手可以搁在左右的舷上，还把手都露出在外边。在这种船里仿佛是在水面上坐，靠近田岸去时泥土便和你的眼鼻接近，而且遇着风浪，或是坐得少不小心，就会船底朝天，发生危险，但是也颇有趣味，是水乡的一种特色。"

而我以为，企业信息化就像一条乌篷船——要做到"两头尖"与"中间宽"。

两头尖，说的是企业信息化一头要聚焦于经营业务，为市场营销、产品研发和生产运营等经营业务部门提供客户需求状况、技术发展趋势、供应物流动态等真实的业务数据，以推动企业的经营业务向更为深远的业务领域不断拓展；另一头要聚焦于职能管理，为行政管理、人力资源管理、财务管理等职能管理部门提供战略决策支持、人力资源开发、资金资产配置等高效的系统工具，以促进企业的职能管理向更为简捷的管理流程持续变革。

中间宽，说的是企业信息化一方面要做到规划设计合理，基础平台厚实，具备一定的前瞻性、可扩展性，可以消除技术的不断更迭和市场需求的快速变化等给企业带来的千般困扰——避免随着时间的推移，出现原有的信息化系统

---

[1] 周作人. 周作人散文精选[M]. 武汉：长江文艺出版社，2017.

不适应而需要全盘推倒重建的问题；另一方面要做到数据架构灵活，总体系统开放，具备一定的包容性、可交互性，在满足自身系统安全和关键商业数据保密的前提下，主动融入由企业内部组成要素和所有外部环境要素构成的泛在网络——防止因为空间上的禁锢，发生固有的信息化系统不适应而需要彻底推倒重建的问题。

这就是：信息化，两头尖、中间宽，企业花开香满天……

11.4　规划对信息系统建设至关重要

子思曾在《中庸》中录有孔子的一句话："凡事预则立，不预则废。言前定，则不跲；事前定，则不困；行前定，则不疚；道前定，则不穷。"[1]

孔子在这里说的是：对于任一事项，预先做好准备、做好安排，那样才会成功；如果预先没有做好准备、做好安排，那么便会失败。在说话之前，先想好再说，那就不会语无伦次了；在做事之前，先想好再做，那就不会手足无措了；在定行——确定品行或行为等之前，先想好再定，那你就不会心有不安了；在寻道——寻觅道理或道路等之前，先想好再寻，那你面前的"大道"也就无穷无尽了。

而规划，就是信息系统建设的"预"。不做或没有做好规划，即事无"前定"，则信息系统建设必将一地鸡毛。

规划类似战略，具有某种基础性、全局性、前瞻性和导向性。

所谓基础性，指决定事物性质的最基本的内外在因素，对事物的存在与发展发挥着最初的、原始的，却往往是根本性的作用。正如俗语所说，"基础不牢，地动山摇"。失去了基础性，任何事物就成了无本之木、无源之水，其结局必然是枯死、干涸。

所谓全局性，指不是以个别的、局部的、单一角度和单一层次的立场和观点，而是以全部的、大局的、各个角度和各个层次的立场和观点去看待事物和认识事物，在整体上和系统上把握事物存在与发展的本质及其客观运行规律，

---

[1] 陈晓芬，徐儒宗译注．论语·大学·中庸 [M]．北京：中华书局，2015．

从而拨云见日，不为事物的纷乱无序所困扰。

所谓前瞻性，指向前看，往远处看，不是拘泥于事物的现在，甚至沉湎于事物的过去，而是带着长远的眼光，由现在去展望和预知事物的未来；能够知道现在做什么、将来做什么，也能够懂得现在划什么船才能够乘风破浪驶往将来想要抵达的彼岸。

所谓导向性，指能够引导事物发展的趋势和指引事物前进的方向，可以发挥昭示、牵引作用，可将散乱的思路和微小的力量聚合起来，形成共识与合力，以推动、指导事物沿着正确、合理，甚至理想化的方向发展，不达目的决不罢休，而不会各自为战、群龙无首、跌跌撞撞，最终一事无成。

但规划又有别于战略，具有某种具体性、针对性、可操作性和可调整性。

所谓具体性，指所有的认识与实践，除了要考虑事物存在的普遍情况以外，更要考虑某一事物存在的个别情况，要与该事物的自身情境相适应，要符合该事物存在与发展的实际需要。否则，再美的珠玑也只能是金玉其外，再艳的华服也不过是败絮其中。

所谓针对性，指所有的认识与实践都应聚焦于某一事物存在与发展的特定问题，都要围绕特定问题展开，与特定问题密切相关，甚至直接契合，并希望通过实施能够切实地解决这一特定问题。离开了针对性，一切问题的解决都会成为空话，都会是镜花水月，都会变成浮生者的一场春秋大梦。

所谓可操作性，指所有的认识与实践，不能只在纸上画画，在墙上挂挂，充斥着空洞、教条之气，而应该是可执行、可落实的，且为每一个执行者、落实者主动、积极地去执行、去落实。否则，就如文不对题的文章，即便读起来朗朗上口，也只能是泛泛而谈，只会让人不知所云罢了。

所谓可调整性，指所有的认识与实践，应在保证总体方向和总体目标不变的前提下，对具体的方案、措施、步骤等进行个别的、局部的、非战略性的适时调整，以更好地适应企业自身发展与变化的需要。那种自以为什么都是一成不变的"绝对真理"，只能一条道走到黑，显然不是一种实事求是的态度和行为。

正因为规划具有基础性、全局性、前瞻性和导向性，以及具体性、针对性、可操作性和可调整性等种种特点，才保证了企业信息系统建设前的准备充分、计划周全，建设中的循序渐进、有条不紊，以及建成后的运行稳定、质量可靠和效率卓著，使之真正成为企业信息系统建设的大"预"、好"预"。

11.5 企业信息系统的基本架构

架构通常既包括一个系统的组成要素及其属性、质量、数量或其他量能大小等,也包括各组成要素之间的相互关系,如其空间关系、时间关系、因果关系、依存关系、转化关系、对立统一关系等。

而对于企业信息系统的基本架构,其组成要素及各组成要素之间的相互关系,站在不同的角度,恐怕会产生不同的认识。

我个人倾向于将企业信息系统的组成要素划分为三个层面:一是基础层,包括机房,电源,空调,网络设备如集线器、分线器、网关、路由器、网络交换机等,部分计算机硬件如文档服务器、数据服务器、容灾备份服务器、Web服务器、防火墙等,部分计算机软件如操作系统、数据库管理软件、中间件软件、防病毒软件以及该系统的制度体系等;二是应用层,包括部分计算机硬件如各种应用程序服务器等,部分计算机软件如各种应用程序,常见的如综合管理信息系统(Integrated Management Information System,IMIS)[①]、企业资源计划(Enterprise Resource Planning,ERP)[②],以及海量的信息数据资源等;三是结果(输出)层,包括各类用户终端如个人电脑(PC)、手机,以及键盘、显示器、硬盘、网络打印机、复印机、投影仪、音视频录制和播放设备、增强现实技术(Augmented Reality,AR)和虚拟现实技术(Virtual Reality,VR)设备等。

同样,围绕这三个层面,我个人认为,企业信息系统的各组成要素之间的相互关系几乎包罗万象:如操作系统与应用程序之间的空间关系、时间关系、一般与特殊关系等,以及信息数据资源与信息系统进行信息数据的加工、处理后产生的方案、报告的结论之间的因果关系、具体与抽象关系、现象与本质关

---

① 综合管理信息系统,常见于综合管理和职能管理领域,包括办公自动化(Office Automation,OA)模块和战略管理、人力资源管理、财务管理、研发等模块,以及决策支持系统(Decision Support System,DSS)等。

② 企业资源计划,最初常见于业务处理和专用领域,但现在一些较为完整的企业资源计划已包括市场营销、产品研发、生产运营模块——涵盖主生产计划(Master Production Schedule,MPS)、生产能力计划(Production Capacity Planning,PCP)、物料需求计划(Material Requirements Planning,MRP),以及人力资源管理、财务管理、战略管理模块和决策支持系统等。

系、基础与应用关系，甚至哲学意义上的存在与意识关系、平衡与冲突关系、静止与运动关系等。

显然，这样的企业信息系统的基本架构，既能够完成各类信息数据的汇集、加工、处理、分析和提炼，帮助企业改进业务流程和管理流程，还能够便捷地融入企业的私有云，甚至社会泛在的公有云所具备的，以设施云（Infrastructure as a Service，IaaS）、平台云（Platform as a Service，PaaS）和软件云（Software as a Service，SaaS）等三层结构为特征的信息化技术体系，以更好地发挥企业信息系统对企业价值创造和对社会价值创造的巨大作用。

11.6 云与云的两面性

天上的云，或东或西，或聚或散，往往给人几分虚无缥缈、亦真亦幻的感觉。

云，本身是一种自然现象。尽管人类现已具备了一定的改造自然的能力，但要让云随时随地地听令于人类的调遣，让其在这儿停留、在那儿快跑，恐怕还只是人类自己的一种奢望而已。

而信息化所论及的云又该如何？

云，或者叫"云计算""云服务"，指通过互联网方式，以相对于用户来说更为宏大的信息技术资源，为用户和大项目、特殊项目等提供商业性或政策性的，且具备负载均衡、容灾备份等功能，可实现网络存储、网络计算——包括集中式计算、分布式计算、并行式计算等信息服务的技术概念，以及相应的行为活动。

无论何种云，按其用户应用模式，大体可以划分为三层技术结构。

最下面一层为设施层（Infrastructure as a Service，IaaS），为用户提供一些最基本的网络存储、网络计算等计算机虚拟空间，用户可以在这些虚拟空间建立自己的业务平台；中间一层为平台层（Platform as a Service，PaaS），为用户提供一些具备开发接口的、简单易用的业务平台，用户可以在这些业务平台上快速开发自己的应用业务；而最上面一层为软件层（Software as a Service，

SaaS），为用户提供各种具体的应用软件服务，用户可以通过自己的网络终端设备直接使用这些应用程序。

有了强大且完善的云，企业就可以不再建设自己独立的信息系统，而是依托云，包括虚拟化的信息系统软硬件，可共享化和非共享化的信息资源，来实现企业自身业务与管理的信息化，并最终完成企业的数字化转型。

任何事物都有其正反、优劣、好坏、长短等两面性，云也一样。

云的长处是对用户，尤其是对企业用户而言，可以不用单独建设自己的信息系统，也就不用面对建设信息系统常见的"五大困扰"：投入大，包括大量的资金资产和专业人才队伍投入；能耗大，要满足不间断的存储、计算以及设施散热的电力消耗；成本大，人工、折旧和物业等费用开支高昂；资源浪费大，难以在系统利用上做到时时处处保持均衡，即便是最小安全配置可能仍有部分系统资源存在工作任务"不饱满"现象；风险大，市场的风险、技术的风险、投资的风险等都不小，从而很难实现高效的资源配置并实现更可观的投入产出比。

而云的短处是对用户，尤其是对企业用户而言，一是不能满足用户对数据就近存储、就近计算的快捷性需求，容易造成数据存储、数据处理和数据传输上的时延问题；二是不能满足用户独特、异构、个性化的需求，容易造成云无法适应用户极具个性化的需求的问题；三是不能满足用户数据上云后的安全和保密的需求，容易造成不让用户放心和被业界广泛质疑的窃密和失密等问题。

当然，随着信息时代的发展、演进，随着网络基础算力、智能算力、应用算力的普遍提高，超级芯片技术、高速率全光网和5G、6G等通信技术在数据传输速率和带宽上的突破创新，以及网络加密技术、主动防护技术和智能防护技术等安全技术的日新月异，加之相关法律体系和道德体系的强化与完善，能够充分满足用户的快捷性和个性化需求，且能够切实保证数据安全和保密，具有超级灾备的"极速云""万能云""可靠云"，正在变成并将最终变成人类社会的现实。

对这样的云，你是受之，还是拒之呢？

11.7 私有云会被公有云取代吗

私有云，通常是由业务或项目众多，子公司和分支机构遍布各地甚至全球的大企业，如 Google、Amazon、Intel、IBM 等，以及中国移动、中国联通、中国电信等通信运营商，百度、阿里、腾讯等互联网企业，或由国内的相关政府机构自建、自有、自用的云。

既然是私有云，就是自己搭建统一的数据中心（IDC），并进行相应的逻辑分层、分区，为内部用户提供虚拟存储、虚拟计算等信息服务的局域云。

公有云，通常也是由大企业，或由国内的政府机构等自建、自有，但非自用，而是为外部用户，尤其是中小企业或公众等所使用的云。

有意思的是，公有云的投资建设方和公有云建成后的产权，并不姓"公"，只是拿出来"公用"而已。其出现的目的不外乎两个：一是商业性的——大企业可从云的服务市场上获得盈利的机会；二是政策性的——相关政府机构可将云作为扶持区域内中小企业发展的一种产业政策的体现。因此，严格地讲，公有云若改称为"公用云"大概会更为准确一些。

既然是公有云，就是自己搭建统一的 IDC，并进行相应的逻辑分层、分区，为外部用户提供虚拟存储、虚拟计算等信息服务的广域云，甚至是全域云。

假如有一天，公有云可以覆盖、笼罩所有的时空，变得随时随地唾手可得的话，哪还会有谁来投资建设并拥有私有云呢？换言之，那时，私有云就会被公有云取代吗？

这也未必。

为什么？

因为公有云是广域云、全域云，而私有云是局域云，上公有云就比上私有云缺少了快捷性——局域云的范围一定小于广域云、全域云，而范围越大，数据传输和数据处理的时延就越大。如对车辆自动驾驶、外太空飞行器发射等场景来说，哪怕再小的时延也可能会带来灾难性的后果。

因为公有云是普世的，而私有云是专属的，上公有云就比上私有云缺少了针对性——普世的只能解决一般性的、共性化的需求问题，只有专属的才能解决特殊的、个性化的需求问题。如对病毒基因变异分析、台风行进趋势分析等问题，只能用一些特殊的、个性化的解决方案去解决。

因为公有云需要更多的虚拟存储、虚拟计算和虚拟网络，用户也不计其数，且形形色色、良莠不齐，上公有云就比上私有云缺少了安全性——更容易遭遇病毒入侵、恶意攻击、系统宕机、数据窃密和失密等风险。如在军事演习或军事行动中，在可以预见的将来，仍需要私有云来担纲。除非某一天，天下彻底大同了，没有了争斗、厮杀，到处都是鸟语花香、阳光雨露，否则，像计算弹道导弹的飞行时间、飞行坐标、飞行轨迹和弹头毁伤程度等"重活儿"，怎么可能会交给公有云去干呢？

11.8 云的泛在化将势不可当

我以为，云存在的主要形式就是集中化或泛在化。所谓"私有云""公有云""混合云""分布式云"等，都可以归于云的集中化或泛在化中的某一种，或者是二者结合后的某一类。

云的集中化，即"一对多"——由一个云对多个用户，但用户数依然有限。

这种云，最初是在大企业自建的、专门为自己服务的私有云的基础上发展起来的，后来拓展到了自己的客户层面。这种由"大企业俱乐部""大企业社区"对外提供的云服务，既方便了自己，又方便了自己的客户——可以通过获取客户信息、建模和大数据分析，向客户推送各种定制化的服务，并从中发现商机，提前把握住了商机。

随后在国内又有不少政府机构等陆续投资建设了一批大型的数据中心（IDC），既为智慧城市建设，如智慧政务、智慧交通、智慧教育、智慧养老等，以及美丽乡村建设，如稻田管理、施肥杀虫、机播机收、河湖管理、山林防火等提供集中化的算力支持；又作为产业扶持政策的体现，为非政府用户，尤其是区域内的中小企业等提供集中化的云服务。

而云的泛在化，即"多对多"——由多个云对多个用户，甚至是所有的云对所有的用户。

这种云，是随着用户对上云的数据读取、存储和计算的便捷性、安全性，以及针对性和适用性等提出越来越高的要求，在集中式云向分布式云，以及向边缘计算，包括边侧计算、端侧计算等逐步演变的趋势下发展起来的。

单纯的集中式云，即便是大型或超大型的集中式云，用户依然有限；对所处地域遥远的用户，直接接入集中式云，存在数据传输和数据处理较大的时延，存在云运营成本费用的一些不合理的开销；不利于集中式云之外的其他网络算力的有效利用，不利于为用户提供更有针对性和适用性的云服务等；何况一些由大企业建立的集中式云，在用户数据安全的问题上也容易让用户产生诸多的疑虑。而泛在式云恰恰可以弥补单纯的集中式云存在的这些不足。

其实，泛在式云，是现今以及未来各种形式的云的一种有机的融合。

随着信息技术，包括通信技术、网络技术等的突飞猛进，以及网间、云间、中心点与分支点间、分支点与端点间各种配置和管理协议等的日臻完善，最终能够满足物联网发展趋势的，包括网络的泛在、计算的泛在、感知的泛在等内容和层次的泛在化的云，必然纵横天下——使云无时不在、无处不在，召之即来，来之能战，战之而无不胜，以真正实现数据共享与万物互联。

11.9 企业人工智能的主战场

最早让人工智能（Artificial Intelligence，AI）博得世间无数眼球、得以横空出世的"大事变"，发生在20世纪90年代。

1996年2月，国际象棋特级大师、已10年蝉联国际象棋世界冠军头衔的俄罗斯的卡斯帕罗夫（G. K. Kasparov），与IBM的超级计算机深蓝[①]进行了初次对决。结果，卡斯帕罗夫不负众望，以4∶2的成绩赢得了胜利。但开发深蓝的IBM的科学家没有气馁，经过一年多的持续优化与改进，在1997年5月，他们派出超级计算机深蓝Ⅱ（也被称为"更深的蓝"）与卡斯帕罗夫进行了再次较量。深蓝Ⅱ存储了世界上几乎所有的棋谱，对卡斯帕罗夫过去下过的所有

[①] 深蓝（Deep Blue）是一款IBM RS/6000 SP计算机，处理器采用32位P2SC，操作系统为AIX，另配有480颗特制的VLSI国际象棋芯片，下棋应用程序以C语言写成，重约13000千克，浮点运算速度达到113.8亿次/秒，并不快，当时在世界超级计算机排名中仅列第259位。

棋局和每一步下法都了如指掌，还能据此进行程序优化，平均运算速度达到2亿步/秒，可以预估随后的12步棋，而卡斯帕罗夫只能预估随后的10步棋。结果，被卡斯帕罗夫称为"怪物"的深蓝Ⅱ，让他以2.5∶3.5的结果败下阵来。由此，"机器能够战胜人类"的声浪呼啸而至，曾一度席卷全球。

从20世纪90年代至今，几十年过去了。今天，一场场"人机大战"仍在上演，而一个个"人机替代"的现象更是出现于包括众多行业、众多企业在内的人类社会的各种领域。

哪里会是企业AI的主战场？机器人最有可能出现在企业的管理部门还是出现在企业的业务单元，是出现在企业内部还是出现在企业外部……

我以为，这些部门或这些地方都有可能。但这一答案并不准确，并未触及问题的关键所在。

仔细想一想当年深蓝，尤其是深蓝Ⅱ凭什么可以战胜卡斯帕罗夫吧。

其实，深蓝和深蓝Ⅱ都不算已拥有了足够的智能，其依靠的只是相对于人脑更为强大的存储能力和计算能力来穷尽已知的所有下法，从中选择某一最佳的下法以取胜，且能够始终做到凝心聚力、心无旁骛，而与其对弈的人，即便是卡斯帕罗夫，迟早也会精疲力竭、神思涣散。

因此，在企业里，凡是需要人从事的重复性、确定性工作的岗位——这样的岗位往往创新性不高、选择性不强，也容易造成人的困顿、疲惫和懈怠，就是企业AI的主战场。机器人最有可能在这样的岗位上大显身手，而并不在乎这样的岗位属于企业的管理部门还是企业的业务单元，属于企业内部还是企业外部……

在这样的企业AI的主战场上，以机器人替代人工作，可延长工作时间、减少故障率、差错率，达到大幅提高工作效率和大幅降低成本费用的目的。

另外，对一些高风险岗位，如煤炭、矿山等采掘业的井下高危工作的岗位，也可以优先考虑让机器人替代人去工作，以降低万一遭遇冒顶、透水、瓦斯爆炸时井下人员伤亡的概率。当然，这不是从深蓝Ⅱ凭什么可以战胜卡斯帕罗夫的思考中得出的结论，而是人类常识的结论、人道主义的结论。

机器能够战胜人类吗？

我认为，不能。

因为无论是深蓝和深蓝Ⅱ，还是后来形形色色的机器，都是人类创造的。人类不可能自己创造机器来战胜人类自己，除非人类自己犯傻或者疯了。最多可以说，在某些特定的场合——如果机器代表新的、更强大的生产力，而人类代表旧的、更弱小的生产力的话，人类会通过创造机器来代替人类自己去干活儿而已。

11.10　从 ChatGPT 的石破天惊所想到的

2022 年 11 月 30 日，发生了一起对全球人工智能（Artificial Intelligence，AI）研发与应用领域，甚至可能对整个人类社会来说石破天惊的大事件——美国人工智能研究实验室 Open AI 研发工作组在 GPT（Generative Pre-trained Transformer，即生成式预训练转换器程序）各版本[①]的基础上，正式对外发布了 ChatGPT（Chat Generative Pre-trained Transformer，即聊天生成式预训练转换器程序）。

在 ChatGPT 问世之前，传统的 AI 其实并不能算作严格意义上的 AI，最多可以称作"初级 AI"。其不能自主学习、自主思维、自主创造、自主提供完全创新性的成果，只能将采集到的文字、图案、音频、视频等数据信息与计算机系统中已存储的相应的数据信息进行比对，选择最大匹配概率下数据信息所对应的运算模型，进而从已知的解决方案中找到相对最佳的解决方案，以最终形成相应的计算机指令，并在该指令的驱使下完成机器人的具体行为，如对话、翻译、对弈、肢体运动、身份识别、辅助决策，等等。

而 ChatGPT 则是与传统的 AI 有本质区别的"高级 AI"。其应用场景虽然是聊天，但其依靠自身拥有的千亿量级的数据处理能力和类似人脑中的大脑、胼胝体、边缘系统等复杂的神经网络组织，可以自主学习、自主思维、自主创造、自主提供完全创新性的成果——既能通过理解和学习人类语言来聊天，又能对聊天内容进行泛化和推理，以瞬间生成创新性的聊天内容，像真正的人与

[①] GPT-1，是 2018 年 6 月推出的第 1 代版本，使用 1.2 亿个数据参数，可生成一般质量的自然语言文本；.GPT-2，是 2019 年 11 月推出的第 2 代版本，使用 15 亿个数据参数，可生成高质量的自然语言文本，甚至可模仿人类的写作风格；GPT-3，是 2020 年 5 月推出的第 3 代版本，使用 1750 亿个数据参数，可生成高质量和流畅的自然语言文本，甚至可完成更加复杂的对话、问答等任务；InstructGPT，即 GPT-3.5，是 2022 年 1 月推出的第 3.5 代版本，可基于与 GPT-3 聊天时人类的反馈结果对 GPT-3 进行强化学习，使之更臻完美。

人之间的聊天一样，既能互动交流，还能迅速生成图片、音频、视频材料，甚至写诗、作词、创作脱口秀、完成科研论文、编写计算机代码、开发软件应用程序，等等。

于是，ChatGPT 一经推出，就迅速在社交媒体上走红。短短 5 天，注册用户数就超过了 100 万；两个月后，其月活用户数就突破了 1 个亿，成为有史以来用户数增长最快的一款消费者应用程序。

2023 年 2 月初，微软公司通过官方公告对外宣布，旗下所有的产品将全线整合 ChatGPT；同月底，在对微软公司 Bing 搜索引擎和 Edge 浏览器整合 ChatGPT 后的一项测试中，有 71% 的测试者对 Bing 搜索引擎和 Edge 浏览器整合 ChatGPT 后的搜索、浏览结果予以了认可。

2023 年 3 月，谷歌公司宣布，自己的类 ChatGPT 产品——Google Bard 正式开启测试进程。

2023 年 5 月，OpenAI 表示，ChatGPT 的手机应用软件已在克罗地亚、阿尔巴尼亚、法国、德国、爱尔兰、牙买加、韩国、新西兰、尼加拉瓜、尼日利亚和英国等国家和地区的 App Store 上线。

……

一时，围绕 ChatGPT，以及由 ChatGPT 带来的有关 AI 的热浪此起彼伏、绵绵不断。

为此，不少科技机构或信息技术行业的泰斗们纷纷发声，为 ChatGPT 鼓掌叫好。

如比尔·盖茨在 2023 年 3 月的一篇博文[1]中写道："我平生见识过两次令我印象深刻、革命性的技术演示。

"第一次是在 1980 年，当时有人向我介绍了一个'图形用户界面'——包括 Windows 在内的所有现代操作系统的前身。我和这个向我演示的人，一位名叫查尔斯·西蒙尼的优秀程序员相邻而坐，我们随即进行了一场头脑风暴，从用户友好角度出发，讨论了在计算机领域能做的事情。查尔斯最终加入了微软，Windows 成为微软的支柱，而我们在那次演示后所做的思考，则帮助我们

---

[1] 摘译自《盖茨笔记》之"人工智能时代已经开始"，原文见于网络：https://mp.weixin.qq.com/s?__biz=MzI4MjU0MDcwOA==&mid=2247487723&idx=1&sn=541b7cf841d98f976095aa491d2d3219&chksm=eb993f20dceeb63688ec2665a0a824a702dbacdc9dcf179e61050d770503a337907d4b91520d&token=511695837&lang=zh_CN&utm_source=kawo&utm_medium=weibo&utm_campaign=none&utm_content=app.kawo.com%2F641c384f39e1837df0d7d889#rd。

确立了微软未来15年的蓝图。

"第二次大惊喜就发生在去年。自2016年以来，我一直与OpenAI的团队会面，他们的稳步进展给我留下了深刻印象。2022年年中的时候，我对他们的工作感到叹服，于是我给他们出了一个挑战性的课题：训练AI，使它通过一门大学预修生物学考试，让它在没有经过专门训练的情况下有能力回答问题（我选择大学预修生物学考试，是因为这一考试不仅仅考查它对科学事实的简单复述，还要求它对生物学进行批判性思考）。我说，'如果你们能做到这一点，你们就取得了真正的突破'。我原本以为这个挑战会让他们忙上两三年，但他们只用几个月就完成了。去年九月，当我再次与他们会面时，我惊诧地目睹了他们拿大学预修生物学考试中的60道选择题测试他们的AI模型GPT——它答对了其中的59道。然后，它还出色地写下了考试中六个开放式问题的答案。……随后，我们问了它一个非科学的问题：'你会对一个有生病孩子的父亲说些什么？'它给出了一个经过深思熟虑的，可能比房间里大多数人给出的答案都要好的答案。整个测试令我大为惊叹。

"那时，我知道自己刚刚目睹了自'图形用户界面'以来最重要的技术进步。

"这引发了我思考AI在未来五到十年内可以实现的所有事情。AI的发展将和微处理器、个人电脑（PC）、互联网、手机的发明一样重要。它会改变人们的工作、学习、旅行、医疗和相互交流的方式。所有行业将围绕它重新洗牌。企业也会根据其利用AI的程度来区分优劣。"

与此同时，一些政府机构或法律权威们，也对ChatGPT问世可能对人类社会造成的种种风险做出了相关的反应。

如2023年3月31日，意大利个人数据保护局宣布，从即日起暂时禁止意大利用户使用ChatGPT和暂时限制OpenAI处理意大利用户数据，并已就OpenAI开发的ChatGPT涉嫌违反意大利个人数据收集政策展开全面调查。对此，OpenAI回应称，愿与意大利个人数据保护局密切合作，并表示当晚已将ChatGPT在意大利下线。

又如2023年6月14日，继2021年欧盟委员会提出《人工智能法案》提案和2022年欧盟理事会通过"关于《人工智能法案》的共同立场"之后，欧洲议会以499票赞成、28票反对和93票弃权的表决结果通过了《人工智能法案》授权草案，为欧洲议会与欧盟委员会和欧盟成员国之间尽快开展三方谈判，使《人工智能法案》获得欧洲议会的最终批准并开始实施铺平了道路。

根据欧洲议会公布的内容，《人工智能法案》（将成为世界上首部涉及 AI 监管的法律）有以下几个方面的成果。

第一，确定了立法的目标。这使欧盟在发展安全、可信和有道德的 AI 方面成为全球领导者，同时坚持"人道主义"原则。

第二，确定了法律的规制范围。在欧盟进行开发和市场投放的 AI 产品或服务，包括在欧盟外进行开发但在欧盟进行市场投放，以及在欧盟外进行开发但数据采自欧盟的情形（暂不包括为军事目的而进行的开发）。

第三，强调了构建完整的治理体制。设立欧盟 AI 委员会，各成员国设立 AI 监督机构并定期向欧盟 AI 委员会报告，建立"沙盒"监管[①]机制以促进 AI 产业创新，提议非高风险的 AI 提供商制订自发性的行为准则。

第四，确定了划分 AI 风险等级并加以区别监管。一是不可接受风险，包括通过潜意识、操控或欺骗技术影响人类，利用弱势群体的特征操控弱势群体，根据人们的社会行为、社会地位、个人特征进行评分，对人的安全、生计和基本权益有明显威胁等的 AI 应用将被禁止；二是高风险，包括对人进行生物识别和分类，运营和管理关键基础设施，参与基本的私人服务、公共服务及福利，参与执法、司法和民主进程等的 AI 应用将被管制，必须按照行业法规接受第三方评估合格后才能投放市场；三是有限风险，包括对不是高风险，但存在有限风险可能的大多数的 AI 应用，提供商应履行透明度义务后才能投放市场；四是低风险或无风险，将制订行为准则，实行提供商的市场自律，以促进此类 AI 应用快速发展。

第五，针对 ChatGPT 问世后生成式 AI 新的技术与市场发展态势，确定了对生成式 AI 监管的新要求。生成式 AI 的设计开发必须符合欧盟法律和人的基本权利；生成式 AI 提供商应披露构建 AI 模型时使用的技术、数据等的版权信息，以保护版权方的利益和强化版权方在生成式 AI 产业链中的地位……

那么，由 ChatGPT 的石破天惊所想到的该是些什么呢？面对 ChatGPT，作为企业，是惊喜，还是担忧？是跃跃欲试、一马当先，还是蹑手蹑脚、犹豫

[①] 指英国金融行为监管局（Financial Conduct Authority，FCA）在 2015 年 3 月率先提出的"沙箱"监管（Regulatory Sandbox）概念，旨在对金融创新型项目给予一定的政策空间，允许在小范围内先行先试，不成功可以全盘推倒——倒在沙子上也不会粉身碎骨。FCA 在 2016 年 5 月开始实施"沙箱"监管项目，随后该概念和此类项目逐步为许多国家所引进和推广。

245

不前？

我以为，对企业而言，无论是 IT 企业（也许本身就是 AI 产品或服务的提供商），还是非 IT 企业，首先需要认清 ChatGPT 的性质与作用，明辨其可能给企业带来的机遇或者对企业造成的风险，然后才能因势利导、扬长避短，确定自身的发展战略，提出具体的行动计划，以全力以赴地去完成既定的战略目标和业务经营目标。

ChatGPT 是一款生成式 AI，它不是一种初级 AI——只能做人已做过的，但不想再做的事情，而是一种高级 AI——不但能做人已做过的，还能做人从未做过的事情。目前，ChatGPT 的应用场景主要是聊天，但在不久的将来，一定会出现能够适用于各种应用场景的"超级 AI"。

初级 AI 与高级 AI 或超级 AI 的差别在于：初级 AI 是劳动工具，只对企业生产经营的过程负责，可提高企业的效率和效益；而高级 AI 或超级 AI 是劳动者，能对企业生产经营的结果负责，可实现作为劳动者的意图和目的。

大多数人都知道，工具本身无善恶，而掌握工具的人有善恶。换句话说，使用初级 AI，企业不会担忧，或者虽有担忧也不会太严重；而使用高级 AI 或超级 AI，企业会担忧，甚至会有严重的担忧。这样说的理由很简单，就因为初级 AI 属于劳动工具，可以影响企业；而高级 AI 或超级 AI 属于劳动者，可能颠覆企业——假如作为劳动者的高级 AI 或超级 AI 的意图和目的，与企业的意图和目的背道而驰、水火不容的话。

所以，人类社会必然会建立相应的法律法规体系并严格执法，对创造高级 AI 或超级 AI 可能出现的恶意的动机与行为进行限制和干预，以维护社会的伦理道德，保障 AI 的使用者、消费者的合法利益，使人类的基本权益不受侵害，在 AI，尤其是在生成式 AI 的生存与发展环境得以净化的前提下，促进各种 AI 技术创新，并推进各类 AI 在全社会、各领域的广泛应用。

显然，作为 AI 产品或服务的提供商，企业必须严格遵守相应的法律法规的要求，不能徇一己私利而从事可能违背社会公序良俗、践踏人伦道德底线的 AI 开发和市场投放行为；要主动服从、配合分类分级监管体制的管制，及时申报其 AI 产品或服务的关键信息，并保持透明度，自觉披露其 AI 产品或服务使用的来自外部的程序、数据等的知识产权情况；同时，还要建立和完善内部 AI 开发、市场投放的制度体系，开展 AI 算法、数据、模型的全生命周期审核，并在坚持自主创新的基础上，积极开展国内、国际合作，参与制订行业标准、国家标准和国际标准，参与平台共建和资源共享，尽快使企业成长为遵纪守法，能够提供安全、可靠、先进、优质的 AI 产品或服务的一流供应商。

同样，作为 AI 产品或服务的使用者、消费者，企业应当设立专门的 AI 风险管理机构，建立和完善内部 AI 使用、管理的制度体系，规范性地采购和使用符合法律法规要求，具有安全、可靠、先进、优质的特征与资质的 AI 产品或服务。既要防止因采购和使用不良 AI 导致的危害企业进而危害社会大众的恶劣事件发生，又能顺应业务和管理活动的 AI 化趋势，实现企业内和谐、自然的人机交互，并在高效、可控的前提下，充分发挥高级 AI 或超级 AI 自主学习、自主思维、自主创造、自主使用劳动工具、自主加工劳动对象、自主适应内外部环境、自主提供完全创新性的经营管理成果的作用，直至实现企业完全的自动化、数字化、无人化、AI 化，为市场提供更多、更好的，可以满足人类社会不断增长的物质生活与精神生活需求的产品或服务。

一旦做到了这些，即便面对的是 ChatGPT 或其他生成式 AI、各种高级 AI 或超级 AI，企业又有何惧呢？

11.11 企业数字化改造的行为与结果

生产力的进步程度决定了社会的形态，也决定了社会组成要素之一的企业的形态。

远的不说，自 18 世纪中叶至 19 世纪中叶，蒸汽机的发明和蒸汽热力的普遍应用，以及无数的现代采矿、冶金、纺织企业和汽车、火车、轮船制造企业所产生的巨大的生产力，使第一次工业革命的汽笛声由最初的英格兰中部逐步响彻所有欧美国家。于是，社会由农耕时代进入蒸汽时代；企业由小规模的手工作业方式转为大规模的机械化生产方式，企业的人多了，咆哮且笨重的机器多了——这就是工业 1.0。

自 19 世纪下半叶至 20 世纪上半叶，以发电机、电动机的发明和电力的广泛应用，以及电话、电报、广播、电视技术的发明带动的通信技术的发展和内燃机的发明带动的化石能源的开采和利用，所产生的更为巨大的生产力，使第二次工业革命的风暴由欧美国家逐步席卷了所有国家。于是，社会由蒸汽时代进入电气时代；企业由大规模的机械化生产方式变成了更大规模的电气化生产方式，企业的产出多了，冒着浓烟的烟囱少了——这就是工业2.0。

自20世纪中叶至20世纪下半叶，电子计算机的发明和信息技术、生物制药技术、航天航空技术、新能源和新材料技术、资源与环保技术等现代科学技术的迅猛发展，所产生的甚为巨大的生产力，使第三次工业革命的浪潮由发达国家逐步蔓延至整个世界。于是，社会由电气时代进入信息时代；企业由大规模的电气化生产方式变成了同样大规模的信息化生产方式，产品的科技含量多了，对资源和能源的消耗少了——这就是工业3.0。

自21世纪的第一缕阳光照射到地球上的那一刻开始，以电子计算机和全光有线网络、5G无线网络为平台，以大数据、云计算、增强现实技术（Augmented Reality, AR）、虚拟现实技术（Virtual Reality, VR）、人工智能（Artificial Intelligence, AI）、万物互联、量子传输与运算等为特征的高新技术所产生的可能极为巨大的生产力，使第四次工业革命的大幕正在发达国家和新兴发展中国家，尤其是中国的大地上徐徐展开——但要我看，这不过是拓展了作为一种资源的信息数据的更为宏大的应用场景而已，还不足以将其视为一道由第三次工业革命迈入第四次工业革命的大门。于是，社会由信息时代进入了后信息时代，或称"网络时代""AI时代""万物互联时代"，等等；企业由大规模的信息化生产方式变成了内外部环境低碳环保绿色的全自动化生产方式，企业的人变少了，而无声且聪明的机器多了——这就是工业4.0[①]。

其实，时至今日，工业4.0依然是一个相对模糊的概念，需要众多的企业去探讨和实现。但有一点是确凿无疑的：要实现工业4.0，对新建企业自不必细说；现有的企业，无论其处于工业1.0或2.0或3.0，都需要进行彻底的数字化改造。

我认为，企业数字化改造的行为可以概括为数据化、数类化、数量化和数模化。

数据化，是企业将工作的最初情况和最后情况，或事物的期初情况和期末情况，以及工作过程或事物的发展变化过程，生成为数据——由若干数位的数

[①] 工业4.0的概念最早由德国在2013年的汉诺威工业博览会上正式提出，想以此提高德国工业的竞争力，使德国在新一轮工业革命中占领先机。同年，德国政府将实现工业4.0确定为"德国2020高技术战略"中的十大未来项目之一，上升为国家战略，旨在支持在德国工业领域开展新一代革命性的技术研发与创新。

字编码组成，或转化为数据的行为。

数类化，是企业依据自身或行业或全社会通行的数据门类体系标准，对所有数据进行分类，将不同属性、不同层级、不同领域、不同……的数据分别置于不同的数据门类的行为。

数量化，是企业对经数据化和数类化后的数据，确定其在一定时间段内累积的数据量大小——可能是数量极小的偶然性数据，也可能是数量极大的经常性数据。

数模化，是企业对经数据化、数类化和数量化后的数据进行分析、研究，确定不同数据间的相互关系，如因果关系、层级关系、内外关系、顺序关系、制约关系和依存关系等，发现其产生、发展、变化的运行规律，从而建立相应的数据模型。

这些数据化、数类化、数量化和数模化的行为，其程度可粗可细，范围可窄可全，但愈细和愈全，工作量就愈大，企业付出的各种代价也会愈大。

同样，我认为，实施企业数字化改造的结果，就是拓展、扩大数据在各种企业经营活动中的具体应用，创造更多的实际工作场景和全新的商业应用场景，如实现居家办公，建设无人化工厂，直接连通内外部环境，及时调整自身经营策略，达到更优的投入产出比，最大限度地满足会实时变化的、海量的、碎片化的客户需求，等等，即实现广泛、深入的数用化，以高效利用一切信息数据，发挥信息数据这一空前的新的生产力的作用，为企业赢得市场、赢得收益、赢得未来，而这样的结果，也许就是工业4.0吧！

11.12　企业信息化的未来

信息社会自二十世纪六七十年代显露端倪以来，可以说，现在世界上几乎没有什么人没有感受到信息化为人类带来的巨大变化。

今天，各种企业、行业和经济圈层中的信息化，深刻、全面地改造了传统意义上的劳动者、劳动工具和劳动对象，使其转化成了新的生产力的代表。

其中的场景可能是：由一个拥有先进信息知识与技能的劳动者，指挥着一群人工智能（Artificial Intelligence，AI）的"劳动者"，利用大数据、全光网、5G、物联网、探测器、传感器、智能手机、个人电脑（PC）、服务器、云计算，以及增强现实技术（Augmented Reality，AR）和虚拟现实技术（Virtual Reality，VR）设备、量子通信与计算等信息技术的劳动工具，对作为劳动对象的信息进行生成、处理和大规模利用，从而再生或创造了全新的海量的信息成果——关乎政治博弈的、商业机会的、社会服务的、人际交往的……，由此引发了生产力的爆炸式增长。

于是，就有了生产关系的重构，进而引起经济基础与上层建筑的种种改变。其实，这种改变一直就存在，不过未来会变得益发快速、多样和巨大罢了。

社会层面的姑且不说，我以为，至少时下已经能够清晰地感到企业的种种脉动。

一是企业愈加开放。企业与同行业的、全球的商业伙伴持续开展广泛、深入的各种合作，如研发集成合作、生产分工合作、供应链全向合作等；即使是竞争对手，也不再强调零和博弈、你死我活，而提倡同舟共济、合作共赢，以共同面对可能是春风杨柳，也可能是惊涛骇浪的市场风云。

二是企业愈加能够满足客户个性化的需求。企业不再向客户提供统一的、带共性化的产品或服务，而是提供各种各样的、完全定制的、能够体现客户天性的产品或服务。

三是企业向轻资产、低能耗、高附加值的业务领域拓展。企业由传统制造业逐渐迁移至服务业和高科技产业，如金融、保险、资讯、文化、旅游、教育、体育、康养、咨询等服务企业已层出不穷，新能源、新材料、生物医药、航空航天、海洋工程、基因技术、仿生技术、下一代移动通信技术、量子通信与计算技术等企业也不断涌现。

四是企业组织形式愈加灵活。企业不再热衷于"大一统"的中心组织、上下层级组织、长期组织、刚性组织……，组织架构日益扁平化、分部化、项目化、临时化、柔性化、平台化，甚至居家化、个体化，使形形色色的高新特精企业、"独角兽"企业、"小巨人"企业、家庭企业、个人企业等如雨后春笋般涌现，波澜壮阔。

五是企业人员减少。企业中除了不确定因素决策、思维畅想、情感交互、首创独创、小概率性工作等特殊岗位以外，绝大多数岗位上的人将逐步为初级AI机器人、高级AI机器人或超级AI机器人所取代。但显然，对本身从事AI

机器人开发的企业不在此列。

……

而反过来,各种企业、行业和经济圈层中生产关系的重构,以及经济基础与上层建筑的改变,又将反作用于生产力,使信息化向更深、更广的层面不断调整、优化、迭代和演进。

所以,社会层面的姑且不说,我以为,至少时下已经能够大体地预判到企业信息化的如此的"未来"。

一是企业信息化业务体系进一步延伸——由企业内部延伸至合作伙伴、供应商、客户与服务对象,由产品研发、生产运营等产业链前端延伸至工程建设、运维服务等产业链后端,由业务经营延伸至战略、组织、行政、人力、财务等职能管理,由执行过程延伸至决策时刻,……并使每一位用户可以方便快捷地访问、查询与使用,以实现由单一的信息化业务体系对企业全部经营管理活动全覆盖的目的。

二是企业信息化技术体系愈加开放——由在内部自己建设信息化系统,如由软硬件组成的设施云(Infrastructure as a Service,IaaS)、平台云(Platform as a Service,PaaS)和软件云(Software as a Service,SaaS)结构等,转变为由外部他方建设信息化系统,企业使用外部提供的各种私有云、公有云、集中云、分布云、全域云、局域云、恒久云、临时云、单一云、混合云等的机会将大为增加,既可以取长补短、优势互补,还能从整体上有效地减少对社会和自然资源的占用。

三是企业信息化数据体系愈加广阔——在统一数据库结构的前提下,数据类型、数据定义、数据格式和数据代码等将变得更为全面、准确、精细,数据仓库可分散配置于各项目、各分支机构和各子公司,所有用户都可生成自己独立的元数据模型,以明显减少数据传输时滞,并大幅提升数据处理算力。

四是企业信息化管控体系愈加灵动——在统一规划、建设的前提下,对信息化系统的中心集权管控、制度规则管控、人为干预管控,将更多地转向用户自主管控、问题自适应管控、AI自动管控等,使管控体系面对信息化系统规划、建设和运维中的各种实际问题时能够应对自如,更加智能、灵活和高效。

五是企业信息化概念体系愈加模糊——由客户需求的快变性、多元性和技术进步的颠覆性、划时代性导致的企业经营业务碎片化、组织架构离散化、工作场所自由化、生产组织柔性化、软硬件系统云端化、数据资源共享化、系

管理者之翼

统用户泛在化……，总是变化多端、层出不穷，使有数的、既有的企业信息化概念将被无数的、新生的企业信息化概念所突破和重构，而变得不再清晰和确定，且这一过程还会持续下去。

……

企业信息化的未来，应该是这样的吗？

答案也许并不肯定。因为，这毕竟只是一种预想、一种推测。

那就让我们拭目以待吧！

后记

随着最后一个句点的落笔，《管理者之翼》脱稿了。

两年来，我或著布衣，或食淡饭；或居寓所奋笔，或立原野沉思……只缘心中有光，故终能无怨无悔、青云不坠。是否已达成了我的初衷——让管理者，尤其是企业管理者，以及有志于未来成为企业管理者的读者，可以从书里所述的若干管理思想中有所收获，以帮助其成功管理企业，我不知道。我只知道，自己已经尽力了。

同样是两年来，空谷之中常会有朔风呼啸，而孩童脸上如花儿般的微笑也不总在绽放……但包括我在内的，几乎所有对未来抱有美好憧憬的人都相信：自然界必会繁茂兴盛，人类社会终将文明进步。

而管理者所管理的企业呢？亦如此或亦希望如此吧。

……

2023年的秋天已至。这是色彩斑斓的季节、果实沉甸甸的季节、丰庆锣鼓声响彻大街小巷的季节。

放眼望去，空中雁南飞，地上叶尽红。

张晓成

二零二三年秋